岩波文庫

38-127-1

ニーチェの顔

他十三篇

氷上英廣著
三島憲一編

岩波書店

目次

ニーチェの顔　他十三篇

ニーチェの顔

ニーチェの顔といえば、まず思いだすのはあの大きな口ひげである。シュテファン・ツヴァイクがニーチェを論じたもののなかに、[1] Vercingetorix のひげという語が使ってあるが、このヴェルツィンゲートリクスというのはガリア人の勇猛な族長でシーザーと戦い、敗北し、ローマで首をはねられた人物らしい。私はいまその肖像をさがす便宜がないので、おそらくニーチェのようなひげを持った人物なのだろうと思うよりほかない。ニーチェの写真は幾葉か残っており、ごく若い時代は別として、どれもみな口ひげをたくわえ、一八八〇年代になると、それがしだいに大きくなって、やがては口もともすっぽり隠れてしまう仕儀になる。老いた母親と並んで立っている写真や、ハンス・オルデの腐食版画「落日をみつめるニーチェ」と呼ばれているものなどは、みな発病後の状態であるが、以前にも増して大きな口ひげを盛りあげている。

こうした写真や肖像のたぐいは日本の読者にも当初から強い印象を与えたらしい。明治四二年に若き小宮豊隆が在独の寺田寅彦にあてた手紙が最近紹介されたが(2)、その一節に、

「この頃は頻《しき》りに、からだがもつと大きくなつて、さうして濃い口髭が生えてくれればいいと思つてゐる。今の世の中のやつ等は、見かけが威嚇的に出来てゐないと、駄目だと見くびつて仕舞ふから、いやになつて仕舞ふ。こんど死んで生れ変はつてくる時は、山本権兵衛か、フリードリッヒ・ニーチェのやうな獰猛な顔に、生れて来たいものだと思つてゐるんです」

とある。だいたいこういう印象をニーチェの顔は一般に与えてきたらしい。内村鑑三はしばしばニーチェに似ている風貌の持ちぬしといわれてきたが、この場合ももちろん口ひげが、あきらかに指摘されるにせよ、そうでないにせよ、大きな役割をはたしていたと思われる。武者小路実篤は内村鑑三を追想して、

「日本人で最も頭のいい一人だつたと思ふ。頭の動きの鋭さでは無類のものがあり、その顔もニーチェを思はせるやうな鋭さがあり、それ以上のものがあつたと思ふ」

といい、(3)野上弥生子は

「……そのあひだでいまでも印象がふかいのは内村さんである。……眼光が、炯々《けいけい》として、下半面が突起し、大きな口と、その上に盛りあがつた髯がそれをなほも強調した顔。……またカーライルにも似てゐると思つたし、ニーチェは、もし彼がもつと細面であつたら内村さんの従兄ぐらゐにはあたるだらう、と考へたこともある」

と書いている。(4)

しかし、ひそかに思うに、こうした感想の原因となっているニーチェ像は、実物が醸《かも》しだしていた雰囲気とはかなり違うのではなかろうか。というのは、ニーチェはすこぶる強度の近視であって、ほとんど球状ともいうべき分厚い眼鏡を用いていた。そして写真をとるときには、二、三の場合をのぞいて、いつも眼鏡をはずしている。そのため目には光がなく、その周辺にも生気がなく、感情の動いている気配がない。そのうえ口を隠すほどの大きなひげがあるというわけで、写真はニーチェの風貌をヴィヴィッドに伝えているとはとうてい言いがたいように思われる。ニーチェの思想のなかでも、権力意志とか、未来の立法者とかいう予言者的色彩の強いものは、あの太くたくましい口ひげに象徴されているようで、似つかわしくもあるが、一方ふかい陰翳を刻み、鋭敏で、警抜で、機知にも反語にも事欠いていないエスプリは、あの口ひげとはきわめて結びつきが悪いように思われる。あの顔は多くの犀利《さいり》で繊細なアフォリズムが飛びだしてくる顔でもないし、シュティフターの静謐、クロード・ロレンの金色の諧調とつながる顔でもなさそうである。流布している肖像はニーチェという思想家をあやまらせるものであるかもしれない。しかしいまではニーチェといえばあの口ひげの連想をともなうものとなってしまった。

ニーチェの『曙光』の中にはつぎのようなアフォリズムがある。[5]

「かれの〈一部〉を知る。——われわれは、はじめて会う他人の眼には、意識している自分とはまったく違った者となって映るということを、とかく忘れる。たいがいの場合、印象を決定するのは、いきなり眼に飛びこんでくる一部にすぎない。そこでこのうえなく柔和で公正な人物でも、大きな口ひげさえ持っていれば、いわば口ひげのかげに隠れて、おさまりかえっていることができる。——通常の眼は、彼を大きな口ひげの付属物として見る。つまり軍人的な、怒りっぽい、場合によっては乱暴をしかねない性格と見る、——そこでそれ相応にこっちも構える。」

このアフォリズムを書いたニーチェが自分のひげを意識しなかったはずはない。してみると、彼の蓄えているひげは、またひとつの心理的な陰翳を帯びてくるようであり、いわば仮面じみたものに見えてくるのではなかろうか。

ところで、実際にニーチェとつきあった人たちはどのような印象を得ていたのであろうか。ワーグナーの取りまきの一人ともいえるエドゥアール・シューレ(Edouard Schuré)はつぎのように書いている。この人はアルサスの若い著述家で、のちに『楽劇』(*le drame musical*)という本を書いて世に知られた人だが、一八七六年バイロイトにおけるワーグナーの「ニーベルングの指輪」の上演の機会にニーチェと知りあいになった。

「ニーチェと話して、私は彼の精神の卓抜さ、そして容貌の異様さに一驚を喫した。広い額、ブラシで撫であげられた短い髪、とびだしたスラヴ型の頬骨、太く垂れている口ひげ、大胆な構図の顔だちは、私には正体のつかめない臆病と傲慢という共存がそこになかったら、まず騎兵将校といった外見であったろう。音楽的な声、ゆっくりした話し方は芸術家的な体質をあらわしていた。慎重で考えぶかい歩き方は哲学者のそれであった。彼の表情の一見平静と受けとれるものぐらい人をあざむくものはなかった。じっと動かない眼は彼の思索の苦悩にみちた作業を語っていた。それは狂信者の眼であり、するどい観察者の眼であり、そして同時に幻視者(Visionär)の眼であった。この重複した性格が彼に何かおちつかないもの、まわりをもおちつかなくさせるものを付与していたが、そのうえ彼がいつもなにか唯一の点を固執しているように見えただけにますますそうであった。思いを吐露する瞬間には、その視線が夢みるように潤《うる》んだ。が、まもなくまた敵意にみちてくるのであった……」⑹

すぐれた観察で、これを注意深く読むと、ニーチェの風貌が写真や絵画などよりも、ずっと穿《うが》って描かれているように思われる。一口にいって不気味な顔であり、異相といってもいいすぎではあるまい。とりもなおさず底にひそむ精神の不気味さを反映しているわけだが、ニーチェを論じるときには、この彼が発散している異常な雰囲気を忘れてはなるまい。その文章があるときは無類の冴えを見せ、明晰、精緻、犀利のきわみといったおもむきを呈するときでも、筆者の実体を背後に思いみると、そうしたものがやはりあやしく、面妖に、うさんくさくも思われる。このニーチェの面魂を、彼の著作を読むときに、われわれの心の一隅に確保しておいた方がよさそうである。若いニーチェが「ギリシア人の悲劇時代における哲学」で、エフェソスの隠者ヘラクレイトスにまとわせた、平常の人間なら悪寒をおぼえて身を背けるようなものが、彼自身のまわりにも漂っていたような気がする。ニーチェをあげつらうときには、それを取り逃がさないようにしなければなるまい。この人の思想は幾重もの仮面の奥にかくれているところがあるので、ちょうど文楽の人形使いが人形を華やかに動かしながらもそのうしろで黒衣をかぶって静かに専念しているようなものを察しなければならない。ニーチェの断片やアフォリズムの中から自分の気にいったのを後生大事にかつぎまわってもはじまらない。性急な結論は危険である。

ところで、いまのシューレの一文の中で、スラヴ型のとびだした頬骨ということがあった。ニーチェは折にふれて自分がポーランドの貴族ニエッキイ(Niëzky)の後裔だと称している。外貌もポーランド人のように見えるといっている。彼が錯乱におちいる前年

(一八八八)、ゲオルク・ブランデスに宛てた自己紹介的な手紙の中にも「外国では、私は通常ポーランド人として通っています。この冬もニースの外国人登録で一見ポーランド人と記入されました。私の頭の恰好はマテイコ(Matejko)の描くところに多く見られるものです」と書いている。(ついでに言えば、このブランデス宛の手紙で、ニーチェはブランデスから写真を贈られたことを感謝し、それに対し、自分の方には写真のようなものはない。手もとのは、結婚して南米にいった妹が持ち去ってしまった、とすげなくこたえている。これはニーチェが自分の写真に好感を持っていなかった証拠とも取れそうである)。マテイコ(一八三八—九三)というのは多くの歴史画を描いた著名なポーランドの画家である。

『この人を見よ』を読むと、ここでもニーチェは自分がポーランド系で、その貴族の子孫だと主張している。しかし彼がそう思っていた(思いたがっていた)にもかかわらず、ニーチェ家の家系をくわしく調べたニーチェの従弟マックス・エーラーの結論では、どうもそうではないようである。妹エリーザベットの書いた伝記によれば、そうした言い伝えがニーチェの生家にあったということだが、それ以上のものではなさそうだ。系譜的なものを重視するニーチェの思想がこうした思いこみに傾斜したと見るべきであろう。

シューレの一文で、さらに注目すべきはニーチェの声のことだが、この声の特色を強調しているもう一つの証言をここに挙げておこう。これはニーチェがバーゼル大学の教授時代の講義ぶりを、ルードウィヒ・フォン・シェフラー(Ludwig von Scheffler)がつたえたもので、このシェフラーという人はのちに詩人プラーテンの同性愛的な日記を刊行して世に知られたが、当時はバーゼル大学の一学生としてニーチェの古典文献学の講義を聞いていたのである。教室に出てみて、シェフラーは、この大学も終えないうちにバーゼル大学に迎えられた評判の秀才教授が、きわめて謙遜、むしろ卑下にちかいのにおどろく。彼はニーチェの著作の挑戦的な調子から推して、それとは反対のものを期待していたのだった。まず、ニーチェの年長の同僚、すぐれた文化史家ヤーコプ・ブルクハルトとの対比ではじまる。

「私は、たとえばブルクハルトのような先生が、その燃えあがった思想のままに教室に乗りこんでくるなどとは夢にも思わなかった。また一著述家の挑戦的な調子がかならずしもご本人の個人的な風格と一致するものでないことも経験ずみであった。しかしニーチェが現われたときのようなああした謙虚さ、いやむしろ卑下ともいうべきものは、なんとしても意外であった。それに背も中背というより、むしろ低目であった（ニーチェの身長は一七一センチと記録されている——氷上）。ずんぐりした、といってもどこか弱そうな身体についた頭は肩の間に深くおちこんでいる。顔はキラキラする分厚な眼鏡と深々と垂れた口ひげにかくされて、いくら背が低くても威厳を付与するはずの精神的表現が見あたらない。とはいえ、人前なんか気にしないといった印象からはどう見ても遠かった。ここにはヤーコプ・ブルクハルトのあの短く刈りあげた頭髪もなく、あの粗末なシャツもなく、あの着古された上衣が、哄笑するストア主義者のがっちりした体軀にしおたれさがっているさまも見られない、いや、ニーチェは流行調を身につけていた。彼は明色のズボンをはき、短い上着をつけ、カラーのまわりには同様に明色のきれいに結んだネクタイをひらひらさせていた。こうした服装に、何か人目をそばだたせるものがあったというのではない。ニーチェはダンディを気取ろうとしたのではなく、——およそドイツの教授でダンディ気取りがうまくいったためしがあろうか——むしろ自分の外観にどこか芸術家的なものがほしかったのだろう。長く伸ばした髪もそのために役立っていたが、それももちろん捲毛ではなく、ただその髪の束が青白い顔をふちどっていたのである。

しかし、この人のそれ以外の特色は、芸術家的な放縦からは何と遠かったことだろう！　ゆっくりと、ほとんど疲れきったような足どりで、小綺麗な小型の靴をはいた足を運ぶと、彼は講壇にのぼってきた。腰をおろすと、その姿は首のあたりまで卓のうしろに隠れてしまった。ニーチェ教授は眼鏡をはずした。私ははじめて彼の眼を見た。なみはずれた近視の、無表情の、なんとも異常で、ひとを訝《いぶ》からせる眼――というのは、暗黒の瞳孔が溢《あふ》れるようにすでにきわめて大きく見えているのに、さらにそれが白眼の部分をつらぬいて瞼の方へつりあがっている。これは横顔で見ると、目つきに何かいらだたしい、残忍めいたものを与えた。ニーチェのいくつかの写真が与えるあやまった印象がこれである！　実は、このおだやかな善意の人の眼はけっしてそうした感じを与えることはなかったのだ。ライン河がオルガンの最高音を発してどよもし流れていた。窓は閉めてあったが、教授の声がそのために掻き消されるのではないかと、私は心配になった。しかし、そのとき私はわが心をひどくとまどわせるような経験をした。ニーチェはひとつの声を持っていた！　雄弁家の朗々たる調子ではない。また多くの大学教授たちのパトスを特徴づけるところの、あの音節をひとつずつ区切って発音するものの、実際にはあまり効果のあがらぬ抑揚でもなかった。ニーチェの唇を離れてくる声は、ただひとつのものを持っていた。それは魂から出て来たものだった！　従ってそれは聞く者にすぐ伝わって共感を強いるのであった。目で読むだけなら、きわめて激しい抵抗をひきおこしたかもしれぬ諸観念を、安々と近づけ、有無をいわさせない威力があった。今日もなお、それは私の心中に作用しつづけている。あの声の魅力は！　それは和らげ浄化しつつ、きわめて異様にひびく彼の発言をも蔽い包んでいる。彼のことばの暗示的なメロディを経験しなかった者は、ニーチェをただの半分しか知っていない。⑺」

いかにもニーチェ教授をまざまざと見るかのような記録である。それにしてもあの太いひげの下からそのようなやさしく魅力ある声音が出てくることを誰が想像するであろうか。しかし声を聞かなくてはニーチェを半分しか理解しないといわれても、声の録音が残っていない以上、まことにせんすべない話である。

ザーリス・マルシュリーンス(Meta von Salis-Marschlins)という女性もつぎのように声の印象をつたえている。⑻前の二つの観察がいずれもバーゼル時代、すなわちニーチェが古典文献学の教授であった時代に属するのに、これはその後、ニーチェが教職を捨て、一介の漂泊の人となり、自嘲をこめていうところの「さまよう逃亡奴隷」となった時代のものである。彼女はマルヴィーダ・フォン・マイゼンブークを中心とする交友範囲に属し、そうした関係で、ニーチェについてかねがね聞き知っていたのだが、一八八四年の夏、スイスのチューリッヒではじめて彼と出会った。

「すでに最初の印象からして、いままでに受けたどの印象とも似ていなかった。顔だちの異様な、非ドイツ的なところは、まったくドイツの教授らしくない謙遜な身のこなしとつりあっていた。強い自覚はポーズを不必要なものとしていた。虚栄心のなかに奴隷制度の残滓を見ていたこの人には、肩で風を切るような俗物的な学者の態度はすこしも見られなかった。」

非ドイツ的というのは、さきに出たスラヴ型というのと合致している。また虚栄心についてここで『善悪の彼岸』の中のアフォリズム(Aph. 216)が引用されているが、それは省略することにして——

「やわらかでメロディのある低い声と非常にしずかな話し方には、最初の瞬間、意外の感に打たれた。英国の下院でグラッドストーンの声をはじめて聞いたとき、その繊細な咽喉におどろいたのとほぼ同じであった。南国の空気に浴して青銅色に灼けた顔を、微笑が明るくするとき、それは感動をさそうほど子供っぽい、心打つ表情となった。視線はおもに内部に向けられていて、ちょうどギリシアの神々の像に見られるような具合か、あるいは深処から、希望の絶えたものをなおも探しだすかのような様子に見えた。ともあれ大いに苦悩した人間の眼、勝利を博することは博したとはいえ、生の深淵の上に憂愁にみちでたたずんでいる人間の眼であった。克服者の自由によって輝きながら、大地の意味が無意味に、その美が醜に変えられたのを嘆き悲しんでいる忘れがたい眼であった。」

やや女性的で文学的で、ニーチェの思想から逆に印象をこしらえているようなきらいがなくもないが、ここでも彼の声が注意され、また眼の特異さがとらえられている。これらは写真にあらわれない部分である。

だいたいニーチェに関する文献となると、古いことばを使えば汗牛充棟ということに

もなるが、ニーチェの顔が与えた直接的な印象については、資料がそう無限にあるわけではない。これはニーチェと個人的に接触した人でなければ書けないわけで、写真を見て書くわけにはいかない。おのずから資格者の数は限られてくる(それらの印象もそれぞれ若干のズレがある)。またそうした人たちにしても、かりに非常に近いところにいたからといって、かならずしもニーチェの容貌について縷々《るる》と述べるというものではない。たとえば妹エリーザベットであるとか、あるいはパウル・ドイセン(Paul Deussen)などがそうである。ドイセンなどはシュール・プフォルタ校時代からの友だちで、ボン大学もいっしょだったし、バーゼル時代にも会っているし、ジルス・マリーアの寂寥の中へも訪ねているし、廃人になってからも訪問しているので、細部描写の力があればニーチェの容貌とその変化を描きえたと思われるが、このインド学者はそうした関心を示していない。彼の『フリードリヒ・ニーチェの回想⑨』はそれ自体としてはきわめて興味ある文献ではあるが、その意味ではあまり役にたたない。ただあの回想記の中で、ドイセンがバーゼルのニーチェの下宿をたずねると、不在で、しばらく待ったのちに帰ってきたというくだりがある。そのときニーチェはブルクハルトとの話に熱中して帰ってきたところであって、意気軒昂として「若き獅子のようであった」そうである。このニーチェがどういう顔をしていたのか、すこぶる興味がある。そうした元気溌剌たるニーチェについていうなら、妹の伝記が語るように、若い大学生としてのニーチェが友人のエルヴィン・ローデ(Erwin Rohde)とともに乗馬に興じ、この二人の俊秀が、

「乗馬服で、鞭を手にしたまま、英知と健康と若々しい元気にみちあふれて、リッチュル教授の講義を聞くべく颯爽とはいってくると、他の者は〈まるで若い神々のように〉二人に見とれたものだ」

という、そうした生気あふれたニーチェの顔、あるいは『この人を見よ』にあるような「ツァラトゥストラ」のインスピレーションに恍惚としてアルプスの山中をひとり行く彼の顔などは、ただ想像するよりほかない。ドイセンは「若い獅子のような」ニーチェを見てから、数年後にジルス・マリーアをおとずれ、憔悴してすっかり弱気になったニーチェに会うが、そうした打ち砕かれたニーチェの顔も、われわれは空想裡に描くのである。

ところで、一八八二年の数か月、期間は短いけれどもニーチェと深い交際(この関係

にどういう名称を与えるにせよ)を持ったルー・アンドレーアス・サロメ(Lou Andreas-Salomé)がニーチェの印象をどう書いているかは、ひとの最も知りたいところであろう。彼女がニーチェを論じた著書『作品におけるフリードリヒ・ニーチェ』は一八九四年に刊行され、まとまったニーチェ論としては最も早いもので、しかも今日もその価値を失わない著作であるが、これはその標題がすでに示すようにニーチェの作品を通してその思想をあとづけ、明確化することに眼目があり、ニーチェとの間の個人的ないきさつは意図的に伏せられている。(彼女が晩年に書いた『人生回顧』の中にもニーチェは出てくるが、むしろより「人間的な」パウル・レーとの交際のかげに隠れている)。それにもかかわらず、彼女がニーチェその人の印象を書いた部分はやはり透徹したものがあり、その後に出た多くのニーチェ論や先にあげたような印象記のたぐいは、この著書になんらか負うところがあるのではないかと推察されるほどである。

ルー・サロメは書いている⑩。

「この隠遁的なもの、語られざる孤独のけはい、これがニーチェという人物がわたしの心をとらえた最初の強い印象であった。かりそめに彼を見ただけだったら、何ひとつ目をひくものはなかった。きわめて単純とはいえきわめて気を使った服装をつけ、おちついた表情で、褐色の髪をかきあげたこの中背の人はひとびとから容易に見過ごされたことだろう。きれいな、いとも表情にあふれた口の線は、前に梳《す》きおろされた大きな口ひげによってほとんど完全に蔽われていた。」

――さすがにニーチェと親しかったルー・サロメならではの観察といえるかもしれない。誰ひとり、彼女以外にニーチェの口ひげの下の表情に富んだ口もとを指摘した者はいない。

「彼は低い笑い声と、しずかな話し方の持ちぬしで、慎重な、考えぶかげな歩きかたをし、歩きながらいくぶんうなだれて見えた。こうした姿を雑踏の中に想像するのは困難であった。――それは傍観者、孤立者の相貌を帯びていた。たぐいなく美しく気高いかたちをしていて、視線が思わずひきつけられたのは、ニーチェの手であった。ニーチェ自身、手が自己の精神を語っていると信じていた。それを狙《ねら》ったことばが『善悪の彼岸』にある。〈どんなことをしてもエスプリが発揮されてしまう人間がいるものだ。いくらじたばたしてもだめだ、エスプリがあらわれている眼を手で蔽ってもだめである（——まるで手が物をいわないかのように！——）〉」ニーチェの手が指摘されたのち、つづいて耳が出てきて、眼に及んでゆく。——

「同じような価値を、彼は稀有な、小さく美しいかたちをした耳に与えていた。彼によればそれは〈未聞《みもん》のことを聞く耳〉（『ツァラトゥストラ』）である。——まさしく、眼も物を言っていた。なかば盲目に近いとはいえ、ニーチェの眼は多くの近視者のように、窺ったり、またたいたり、われしらず厚かましく凝視したりすることがなかった。むしろ彼の眼は、自身の宝物の衛士、声なき秘密の護り手であって、招かれざる視線が窺うのを拒んでいるのであった。視力の欠陥は彼の容貌にまったく独特の魅力を与えていた。それは変転する外界の印象を反映するかわりに、もっぱら彼の内部を過《よ》ぎるものだけを再現していたからだ。この眼は内部を見、そして同時に——眼前の対象をはるかに越えて——遠方を見ていた。というのは、究極において、彼の思考自身、人間のこころをその未発見の諸世界の方向に、〈そのいまだに呑みほされない可能性の方向に〉(『善悪の彼岸』)探究することにほかならなかったからだ。これを彼は休むことを知らず試みていたのであった。水いらずの会話で、彼が興に乗ってあるがままの自己を見せるとき、彼の眼の中に、ひとの心を打つかがやきがあらわれ、消えることがあった。――しかし彼が陰鬱な気分になったときには、その両眼から、さながら不気味な深淵からのように暗く、ほとんど脅威的に、孤独が語っていた、――それはニーチェがいつもひとりきりでいる深淵、誰もそこへ来ることができず、彼自身もときどきは恐怖におそわれたあの深淵――彼の精神がついには呑みこまれてしまった深淵である。同じように隠遁的なもの、沈黙にかくれたものの印象を、ニーチェの挙動がまた与えた。普通の生活では、彼はきわめて慇懃で、ほとんど女性的な温厚さと好意的な平静を失うことがなかった。――彼は交際にある高尚な形式をよろこび、それに価値を置いていた。しかし、つねにそこには偽装のよろこびがあった。――ほとんどあらわにされることのなかった内生活への外套と仮面があった。」

「私は思いだす。ニーチェとはじめて会ったとき――それはある春の日、ローマの聖ペトロ寺院の中であった――最初の数分間は、彼のわざと形式ばった調子が私を面喰わせ、欺《あざむ》きもした。しかし、まるで砂漠や高山からやってきた者が並の人間の上衣を着たように、あまりにも不器用に仮面をつけたこの孤独な人物は、そんなに長いことは欺きとおせなかった。間もなくわが心に浮かんできたのは、ニーチェ自身の要約的表現を借りていえば、まず次のような問いであった。〈ある人間がなにくれとなく人目《ひとめ》にさらしているものについて、われわれはこう訊ねることができる。それは何を隠しているのだろうか。それは何から眼を逸《そ》らすためなのだろうか。どういう先入見を抱かせようとしているのだろうか、それからさらに――この偽装のたくみさはどこまで及んでいるのだろうか。そしてどこで、しっぽを出しているのだろうか、と〉(11)――ニーチェのこうした特徴はたんにニーチェの孤独の裏側をあらわしているにすぎないのであって、この孤独からニーチェの内生活がことごとく把握されなければならない、――それはたえず高まっていく自己孤独化と自己教育の内生活なのだ。」

ニーチェから離れたのちリルケの恋人となったこのルー・サロメという女性の非凡さをあらためて感じさせる一節である。ニーチェの手や耳や眼についての観察につづいて、ニーチェの孤独への洞察にいたり、その不気味な深淵、ニーチェ自身も恐怖におそわれ、ついに彼の精神が呑みこまれた深淵、というのはすでに狂気を読み取っているのである。狂気を読みとり、しかもそれを貶しめていない。ニーチェの外面的ないっさいが仮面で、偽装であることを見、同時にその背後にあるものを、畏れをもって掬《すく》い取っている。しかも仮面のよろこびをも察知している。

ここまでくれば、大きな口ひげをもったニーチェの顔もまた仮面であり、しかも下手《へた》なかぶり方をした仮面であるといえないだろうか。彼の顔は本質を隠すことに骨折り、ついに隠しきれない顔であり、隠しきれないという不整合、もしくは不協和音によって逆に深淵の深さを暗示している顔なのである。

ニーチェは自伝『この人を見よ』の中でこう書いている。

「こういう経験の二重の系列、一見、離れ離れともいうべき世界にすっとはいって行けるということは、私の本性上、あらゆる点でくりかえされているものだ。——私は二重存在者だ。私は第一の顔のほかに「第二」の顔も持っている。ひょっとするとそのうえ第三の顔も。」

経験の二重の系列、というのはそれまでの文章を受けているので、彼はたしかにデカダンスの人間、すなわち病弱と衰退の人間であるが、同時にその反対の存在、すなわち本質的な健康者でもあるということである。自分はひどい病患に悩んでいた。しかし本質的に健康な人間にとっては、病気であることも、より充実した生への強力な刺戟にほかならない。病気の恩恵として、繊細で敏感な感覚が身についた。血液と筋肉の極度の衰弱によって、すべてを甘美に、軽快に、霊的に感得する心境が贈られた。自分には病気と健康と、両方の視野が可能になった。両方の視野を交換することもできるようになった。

「病者の光学によって健康な概念と価値を見わたし、さらにその逆に、豊かな生命の充実と確実さからデカダンス本能のひそかな作業を見おろす。」

——これが彼の「いちばん年季をいれた修業」であった。

ニーチェは病気の運命に従って、その奥底まで味到し、自分の健康を確かめる。同じように、精神的な問題でも、自分を強く魅惑するものがあれば、どこまでもその中に籠絡され、とりこになってゆく。その底まで行ってようやく自己を取りもどし、息をふきかえす。ニーチェの思想的生涯はこうした方法の連続のように見える。彼ほどショーペンハウアーのファンだった者はいない。心底から打ちこみ、傾倒した。しかしやがて師から脱却し、克服と批判にいたった。ワーグナーに対しても同じである。トリープシェンにおける「雲ひとつない友情」から、『ニーチェ対ワーグナー』その他の痛烈無比な批判と克服にいたった。祖国ドイツに対しても、それはいえる。普仏戦争が起ったとき、中立のスイスからわざわざ志願兵となって参加したこの大学教授の気持は、親しい友人にも理解できなかった。「このような人間としては、まったく不可解な愛国心の発作」(ドイセン)である。しかし戦争がやむと、『反時代的考察』を書き、ドイツ批判がはじまり、やがて「良きドイツ的とは脱ドイツ的ということ」(gut deutsch sein heisst sich entdeutschen)と考え、「ドイツの及ぶところ文化は汚染される」と断罪するにいたった。脱ショーペンハウアー、脱ワーグナー、脱ドイツ、脱キリスト教、脱ヨーロッパ、脱人間(超人)、脱時空(永遠回帰)、すべて傾倒と没入、批判と克服の精神の運動にほかならない。この精神は深く沈潜する。透体脱落して、すべてのものの底が見えるところまで行く。それは自分自身についてもいえる。何かに感動せずにはいられず、感動すれば、その極致に自己を放下したあげくに、感動を批判せずにはすまない。分析と克服によっておのれを取りもどし、自己を自由にせずにはいない。これは徹底的な自己観察者であり、自己批判者であって、何かひとつの立場に立って晏如《あんじょ》としている者を、いたたまらなくさせる精神である。

こういう精神にはどんな顔がふさわしいのだろうか。ベルジャエフは言う。人間の顔は物質ではない。さりとて精神そのものでもない。それはひとつの実存であると。(12) ニーチェの顔、――あの大きな口ひげをもった顔が実存ならば、それは仮面としての実存ということになるだろう。

私はさきに『この人を見よ』に自伝という語を冠したが、『この人を見よ』ははたして自伝であろうか。簡単に否定することもできないが、簡単に肯定することもできない。自伝とか自叙伝とか呼ばれるものの底には、どこか自然主義的な素朴な歴史観がある。わが人生を回顧し、時代と環境の中に自分を置いて眺める。その成長をあとづけ、外的運命のはたらきを見定めるといった態度である。ルソーの『告白』はきわめて個性的な自我の記録であるが、その序文が示すように真実をあえて語ろうとする一種のみえがある。自伝の持つこの一種の泥臭い拘束を見抜いたのはゲーテで、『詩と真実』という標語を発明し、その自叙伝にいかにもゲーテらしい構成を与えた。ニーチェの『この人を見よ』はそうしたたぐいのカテゴリーをもはるかに超えており、むしろ強烈な自己主張であり、自己演出であり、自己を素材に使ってこしらえた作品である。ここまで強烈に自己を演出できる人、――「どうして私はかくも賢明であるか」「どうして私はかくも良き書物を書くか」といった諸章を書くことのできる人は、あえて逆説的に言うなら、通常の自己をまったく喪失した人ではなかろうか。この境地までくると、人間ニーチェはもぬけの殻で、その代りにひかえているものは――仮面の神ディオニュソスということになるだろう。『この人を見よ』の最後が「十字架に掛けられた者対ディオニュソス」で結ばれているのは周知のことである。

ニーチェは仮面の問題について、いくつものすぐれた断想を書いた。たとえば『善悪の彼岸』の四〇、「すべての深いものは、仮面を愛する」にはじまる有名なアフォリズム。しかし、私はここに同書二八九を挙げておこう。この隠遁者こそニーチェその人であり、ルー・サロメが感得した〈隠遁的なもの、語られざる孤独のけはい〉を発散する人物にほかならない。

「隠遁者の著作の中からは、つねに荒野のこだまが聞える。また孤独がつぶやいたり、もの怖じて周囲を見まわしたりするけはいが聞きとれる。彼が強烈に語り、叫喚を発するそのさなかにも、さらに新しい、より危険な種類の沈黙、口をつぐむけはいが聞きとれる。くる年もくる年も、昼も夜も、彼はひとりおのれの魂を相手に親しいあらそいをつづけ、対話をかわし、膝をつきあわせて坐っている。またかれの洞窟——それは迷路ともいうべく、あるいはまた黄金の鉱坑かもしれぬ——の中にいて、ホラアナグマ(古生物)か、宝の捜し屋か、もしくはその守護役の竜か、そんなものになっている。彼の抱く諸観念そのものもついに一種独特の薄明の色をおび、深みとともに黴《かび》のにおいを放ち、近くを通る者があれば、およそ親しみのない不快ないぶきをつめたくふきかける。この隠遁者は、哲学者なるものはこれまでもつねにまず隠遁者であったはずだと思うからして、そうした哲学者がその固有の最後の見解を書物の中に書きしるしたとは信じない。——そうだ、彼は疑うのだ。書物とはまさしく、人が持っているものを隠すために書かれるものではないか？　およそ哲学者は「最後の、固有の」見解などを持ちうるものであろうか？　彼の内部の一つ一つの洞穴の裏には、さらにより深い洞穴がひそんでいるし、ひそんでいるはずではないのか？　上辺《うわべ》をつきぬけた、さらに広い、異なった、豊かな世界があるのではないか？　あらゆる根拠(Grund)の背後に、あらゆる「根拠づけ」の下に、さらにひとつの深淵があるのではないか？　と。――すべての哲学は、前景(Vordergrund)の哲学なのだ、――これが隠遁者の判断である。彼は思う、「この哲学者がここにたたずみ、ふりかえり、見まわしたということ、またさらに深く掘ることをやめ、ここでシャベルを捨てたということ、ここには何か恣意的なものがある。――疑わしいところがある」と。すべての哲学はさらにひとつの哲学を蔵しているのだ。すべての見解はひとつの隠れ家であり、すべての言葉もまた仮面である。」

われわれはどこまでみちびかれて来たのだろうか。古代ギリシアにあっては、新しく醸された葡萄酒は、掻きまわされ、汲みだされ、ディオニュソスの神にささげられた。その祭りの場の正面の柱には、ディオニュソスの仮面がかかっていた。W・F・オットーの説くところによれば、(13)そのあるものはきわめて巨大であって、通念としての、人間がかぶる仮面とはまったく類を異にしていた。むしろこの場合、ディオニュソスそのものが仮面の神と見らるべきである、と彼は言う。つまり日本流にいうなら、ディオニュソスの神のご神体が、仮面なのである。お神楽の面のようなものではなく、仮面そのものがディオニュソスの神なのだ。なぜなら、ディオニュソスはまさしく存在の実相であって、混沌であり深淵であり、いっさいを生みだし、かつ呑みこんでしまう創造と破壊の現実、弱い人間の立場からは恐怖と不安の神であり、狂気と陶酔によるしか、これに近づく道のない端倪しがたい変貌の神であるから。ニーチェはこの神への道を歩いていったのであった。「ディオニュソスの最後の弟子、その秘儀への参加を許された者」として……。(14)

わたしは大きなひげをもった彼の顔を思いうかべる。それは無限にひきつけ、また無限につきはなすがごとくに見える……。

(1)　Stefan Zweig, *Der Kampf mit dem Dämon* (*Hölderlin, Kleist, Nietzsche*), 1925.
(2)　太田文平「寺田寅彦あての小宮豊隆の書簡」『図書』第二六六号(岩波書店)参照。
(3)　『回想の内村鑑三』(鈴木俊郎編)所収。

（4） 同右。なおこれらのほかにも両者の類似を語ったものがいくつもある。
（5） Nietzsche, *Morgenröthe.* Aph. 381.
（6） Vgl. Leopold Zahn, *Nietzsche,* 1950. S. 312.
（7） Vgl. Carl Albrecht Bernoulli, *Franz Overbeck und Friedrich Nietzsche,* 1Bd. S. 252ff.
（8） Meta von Salis-Marschlins, *Philosoph und Edelmensch. Ein Beitrag zur Charakteristik Friedrich Nietzsches,* 1897. S. 12f.
（9） Paul Deussen, *Erinnerungen an Friedrich Nietzsche,* 1901.
（10） Lou Andreas-Salomé, *Friedrich Nietzsche in seinen Werken.* S. 11ff.
（11） Nietzsche, *Morgenröthe.* Aph. 523 である。
（12） ベルジャエフ『孤独と愛と社会』（氷上訳）参照。
（13） Walter F. Otto, *Dionysos. Mythos und Kultus,* 1933. とりわけ Das Symbol der Maske の章参照。
（14） 『善悪の彼岸』の二九五、なお『偶像のたそがれ』の結末など参照。

犀・孤独・ニーチェ

いろいろな孤独のすがたがある。

「千山鳥の飛ぶ絶え、万逕人のあと消ゆ。孤舟蓑笠の翁、独り釣る寒江の雪」と歌ったのは柳宗元である。

「考える葦」と言ったのは周知のようにパスカルである。「人間は一本の葦にすぎない。自然のなかで最も弱いものである。だがそれは考える葦である」。この一本の葦のイメージには、宇宙のなかでひとり目ざめている人間の孤独が、みごとに浮彫になっている。

「われはさまよう、ただひとり犀《さい》のごとくに」――というのは誰の言葉であろうか。パスカルの「考える葦」に劣らず、私はこの孤独に心ひかれる。

これはニーチェの言った言葉、というよりむしろニーチェの愛した言葉であった。犀というあの異形の、重厚だが、時には獰猛な突進ぶりを見せるといわれ、前史的な遺物のごとく、古風といえば古風、ユーモラスといえばどこか悲しくユーモラスな東洋的動物が、孤独で不屈な思想家ニーチェの姿と重なって忘れることができない。

パスカルの葦は、パスカル研究者が指摘するように、イザヤ書の「傷ついた葦を折ることなく……」の句と関連がある。ところでパスカルの葦が聖書ならば、ニーチェの犀は、それと対照するように、仏典から来ている。

すでに三〇年以前にもなるが、私はニーチェの『曙光』を訳そうと思って努力していた。そのときこの句に出会ったのである。『曙光』は多くのアフォリズムを集成したものだが、その一つ、「賢者の非人間性」というみだしをもった一節は、つぎのように書きだされていた。

「仏教の歌にいう「犀のごとくひとりさまよう」賢者の、あの重い、何もかもおしつぶすような歩みは、——時にはもっと宥和的な、おだやかな人情味を見せる必要がある……」

つまり、こうした取りつくしまもない態度では、弟子たちが賢者についていけなくなり、反感と憎悪さえ抱くようになる――という意味の一文だが、ここで、犀のごとくひとりゆくというのはいいが、「一切をおしつぶす重い歩み」(der schwere, alles zermalmende Gang)というのは「賢者」の形容としては、どうもおちつかない気持がしてならなかった。われわれがふつう抱いている賢者(der Weise)の像は、もっとおだやかで、平和で、聡明な、――時には「竹林の七賢」のように風狂ではあっても遁世的隠者的で、時には拈華微笑《ねんげみしょう》といった超越味もただようすがたであって、一切をおしつぶす破壊性とは相容れないように思われる。また仏教の歌といわれるものは何だろうなどと、当時の私は疑った。

まもなくニーチェの書簡集を読んでいると、関連のある個所が出てきた。

それはニーチェが友人のゲルスドルフ男爵に宛てた一八七五年一二月一三日付の手紙である。当時ゲルスドルフはシュトゥットガルトに近い自分の領地におり、ニーチェはバーゼル大学で古典文献学の教授であった。三一歳になる。このころにはすでに彼の運命と切離せない病気の影響がかなり濃くあらわれている。

「「きのう君の手紙がとどき、けさは本をもらった。つらい勤務の一週間がはじまるというその時にだ」。——つらいのは病気のせいである——「こうも親身に心配してくれる友人のことを思って、元気を出したい！　まったく君の友情のすばらしい本能——本能というと動物的にひびいてわるいが——に感心する、というのは、君がこのインドの箴言集を思いついてくれたときに、ちょうど僕は一種のいや増す渇望を抱いて、はるかインドの彼方に、二か月このかた思いをめぐらしていたからだ。僕はシュマイツナー(ニーチェの出版者)の友人のヴィーデマン氏(作曲家・著述家)から、スッタ・ニパータの英訳を借りた。これは仏教徒の聖典のひとつだ。このスッタのある章に出てくる復唱句を、僕はすでに座右の銘にした。曰く、——われはさまよう、ただひとり犀のごとくに(So wandle ich einsam wie das Rhinozeros)。」

ゲルスドルフはクリスマス・プレゼントとしてインドの箴言集を美しく製本させてニーチェに贈ったのである。これは Indische Sprüche. Sanskrit u. Deutsch, hgb. von Otto Böhtlink という三巻物で、いまもニーチェの蔵書として残っている。ゲルスドルフという人はプロイセンの名門貴族であった(Freiherr Carl von Gersdorff, 1844-1904)。ニーチェと親しかった友人といえば、そのほとんどが学究か芸術家といった顔ぶれだが、そのなかでこのゲルスドルフだけがプロイセンの要職についた実際的な人物であった。この人はまたすぐれた知識人でもあった。同年のニーチェとはプフォルタ高校以来のつきあいで、音楽への愛がふたりの少年を結びつけたのである。兄が二人いたが、あいついで亡くなると、家を嗣いで、広大な領地を管理した。背も高く、偉丈夫で、いかにもプロイセン貴族の典型のような人物であったらしい(ニーチェは母に宛てた手紙の中で、ゲルスドルフのことを「北ドイツ人のあらゆるすぐれた性格を真に代表するひと」といい、そうした人柄で彼はワーグナーにも気にいられたと書いている)。ニーチェの深い思想の中まで踏みこむという資質ではないが、ゲルスドルフは彼なりのペースでニーチェを終始尊敬し、ニーチェもこの友人を愛していた。おそらくニーチェの交際範囲でこの人だけが上流社会(die grosse Welt)に属していたといえるだろう。ニーチェが貴族について語るとき、たとえば『ツァラトゥストラ』の中や、あるいは『善悪の彼岸』などで「高貴とは何か」と問いかけるとき、そのモデルとしてこのゲルスドルフが彼の脳裡に浮かんでいたと思われるふしがある。「君の性格の中には、何か英雄的なものがあって、闘いと労苦にみちた世界を創造しようとしている」などと、ニーチェがこの友人に書き送っている手紙もある。ゲルスドルフの父はプロイセンの国王やビスマルクに重んじられ、祖父はゲーテも仕えたザクセン・ワイマルのカール・アウグスト公の大臣で、ウィーン会議では領地拡大のために大いに手腕を発揮した人物であった。また母方の系譜ではナポレオンの一家とも遠い縁続きになっていた。ゲルスドルフがニーチェに宛てて書いた手紙は百五十数通にもおよぶ。当時の知識層がショーペンハウアーやワーグナー、あるいは政治家ビスマルクなどをどう受けとめているかを知るためのよき資料であり、ニーチェの時代的背景を知るのに大いに役立つ。その平明達意の文体はおのずからゲルスドルフの人柄をあかしている。

ところで、「われはさまよう、ただひとり犀のごとくに」の句は、引用の手紙であきらかなように、ゲルスドルフから贈られたインドの箴言集のなかにあるのではなく、仏典スッタ・ニパータに由来するものであり、英訳のスッタ・ニパータのなかに出てくるリフレーンをニーチェが自家用に独訳したものだ。ここでスッタ・ニパータについて述べる順序だろうが、その前にこうした友情の背景、つまりゲルスドルフがインドの箴言集を贈り、ニーチェがスッタ・ニパータのような古い仏典を人から借用して読むというような雰囲気について一考しなければなるまい。こうしたものは言うまでもなく、ショーペンハウアーの影響なのである。ニーチェが二一歳の大学生として、ライプチヒの古本屋でショーペンハウアーを発見し、たちまちその擒《とりこ》となってしまったことは有名な話だが、このニーチェを中心としてショーペンハウアー熱はその周囲の友人たちに感染した。かれらは日頃からニーチェの精神的優位をみとめていたからそういう状況になったのである。ゲルスドルフもそのひとりであり、パウル・ドイセン、エルヴィン・ローデなどがそれに加わる。ショーペンハウアーに深入りすることは、インドにまなざしを向けることであり、かれらのまわりにはこうして東洋の風が吹きはじめたのである。ニーチェが書いたように「いや増す渇望を抱いてはるかインドの彼方に思いをめぐらす」といった気運が醸成されてきたのだ。いま名をあげたドイセンについては、改めて紹介するまでもあるまい。ドイセンはこうしたきっかけから、ショーペンハウアーの形而上学を勉強し、サンスクリットに通暁して、ついにはインド学の権威となった。ニーチェを日本に紹介した高山樗牛の親友で、ショーペンハウアーの主著を『意志と現識としての世界』の題下に邦訳した宗教学者姉崎正治（嘲風）はその弟子である。姉崎の自伝によれば、「梵語とショーペンハウエルを一人の先生で習う」ために、キール大学の「ドイセン先生のところを目指して」留学した（明治三三年）とある。

若いゲルスドルフがショーペンハウアーを読みはじめた頃の手紙(たとえば、一八六六年三月二一日付)などを読むと、この時代でもショーペンハウアーの思想がいかに一般の社会的意識と遠いものであったかを感じさせる。彼は冬をすごすために両親とゲルリッツに滞在している。毎日午前中熱心にショーペンハウアーを読んでいる。しかし家族のあいだでこの哲学者の名を口にすることができない。というのは、その宗教観などはとても共感をえられそうもないからである。とりわけ彼の母はきわめてきびしいキリスト者なのだ。「そうだ、人は彼のショーペンハウアーとともにこの世で孤立状態となる。だがそれだけ熱心にそれは読まれなければなるまい。しかし僕のまわりにいる人たちに対しては、それだけの能力がある人と思っても、僕はショーペンハウアーに近づける試みをしない。なぜならきっと悲しむべき結果になるにきまっているからだ、ここでは宗教があまりにも深い根をはり、それが聖なる最高善と考えられ、育成されているからだ。対立的な見解をもちだして軽い反対をするだけでも、罪悪視されるだろう。」こうした空気はゲルスドルフのような貴族社会だけではないのである。ショーペンハウアーの厭世観でもこのくらいだから、さらにラジカルなニーチェの思想にいたっては容易に受けいれられるはずがない。ニーチェの卓抜な文体、深い洞察にみちたアフォリズム、さらには『ツァラトゥストラ』のようなものが、どうして当時あのように無反響でとどまったのか、不思議のようだが、こうしたゲルスドルフの手紙などを読むと、いくぶんわかる気がするのである。

ショーペンハウアーは若いニーチェに決定的な影響を与えた。しかしその意志の形而上学よりも、むしろ自己に誠実な思索者の毅然とした生きざまが、ニーチェに強く作用したように見える。たとえば『悲劇の誕生』のなかに出てくるショーペンハウアー像である。現代文化は荒廃と衰弱におちいっていて、われわれの心を未来に向かってはげましてくれるものは何もない。ただの一本でも根をはった木、ただの一片でも実りゆたかな土地が見つからないかと捜しまわっても、いたるところゴミと砂ぼこり、硬直と憔悴が目にうつるばかりだ。

「こうして慰めもなく孤独の思いに胸しめつけられる人にとって、デューラーの描いた「騎士と死と悪魔」以上にぴったりした象徴はえらび出せるものではあるまい。甲冑に身をかため、青銅のような、きびしいまなざしを持ったあの騎士、戦慄すべき道づれにも迷わされず、しかもなんの希望もいだかず、ただひとり馬と犬をつれて、その恐怖の道を進むことのできるあの騎士である。われわれのショーペンハウアーはこのようなデューラー的騎士のひとりであった。彼にはなんの希望もなかった。しかし彼は真理を求めたのだ。彼にならぶ者はいないのである。——」

秋山英夫氏の訳文(岩波文庫)を借りたが、秋山氏はここで注をつけて、「この唐突なショーペンハウアー讃美は『反時代的考察』第三篇の前奏である」としているが、この「唐突」というのは訳者として実にもっともな印象だと思う。そして指摘のようにこれが『反時代的』の中の「教育者としてのショーペンハウアー」につながる。——そしておそらくその先へつづいていく——ショーペンハウアーから離れても、それはやはり重要な主導旋律のひとつなのである。この「教育者」というのは何もショーペンハウアーが大学講師であったというのではなく、今様のことばでいえば「人生の師としてのショーペンハウアー」ともいうべきもので、そこではこの哲学者の学説はほとんど語られず、むしろ自己に忠実に生き、みずから進んで「誠実」の苦悩を負う態度が讃えられる。こうした誠実に徹する苦悩、それはおのれのエゴイズムを殺すことでもあるが、同時に真実をさらけだして語るから、他人の眼には悪意の発現のように見える。しかもひるまずこうした生きざまをつらぬくのは「英雄的」な生涯である。——ニーチェは近代があいついで打ちたてた三つの代表的な人間像を挙げる。ルソーとゲーテとショーペンハウアーである。ルソーは通俗的な熱気をはらみ、革命を誘発する力だが、それよりもゲーテの器局の大きな静観性、いやそのゲーテよりもむしろショーペンハウアーの英雄性を高く買うのである。この英雄的という形容と、消極的な厭世主義者、ある意味では仏教的なショーペンハウアーを結びつけるのは無理なようだが、このあたりがニーチェの思索をつらぬくきわめて特色ある線だといえるだろう。敢えて言えばここから犀のように孤独な賢者がすべてをおしつぶす歩みを持つ理由が窺えるのであり、それはまた『ツァラトゥストラ』の中で「荒々しい智恵」という、これまた一種の唐突さをもった象徴が出現するモチーフでもある。それはまた第三部「幻影と謎」の章で、死をも殺す勇気が讃えられる根拠でもある。こうした連想はさまざまな例証を挙げさせるものだが、そうしたものは結局『この人を見よ』の序文の一節に収斂されるように私は思う。

「誤謬(——理想の存在を信じこむこと——)は、盲目のせいではない。それは怯《きょう》懦《だ》のせいなのだ……認識におけるあらゆる成果、あらゆる前進は、勇気から、自己に対する苛酷、自己に対する潔癖から生じる。」

ニーチェがあれほど仏教を高く評価しながら、結局その究極の「涅槃《ねはん》」の境地に拒絶反応を示したのは、やはりこの一線が最後まで物を言ったのだと思われる。

ニーチェが借りて読んだスッタ・ニパータは、例の手紙の日付の前年一八七四年にロンドンで出た英訳(Sir Muttu Cumaraswamy によるもので、英訳として最初のものである)と思われるが、確かめることができなかった。私は英訳のスッタ・ニパータを二冊見た。一つは Harvard Oriental Series にはいっている Lord Charmer によるパーリ語対訳のもの、もう一つは The Sacred Books of the Buddhists(Oxford University Press)にはいっている E. M. Hare の訳である。邦訳は中村元氏のもの(『ブッダのことば』岩波文庫)と渡辺照宏氏のもの(河出書房新社「世界の大思想」中の『仏典』所収)を見た。スッタ・ニパータの第一章は「蛇の章」Uragavagga と題されているが、その第一章の第三節は

「犀」Khaggavisāṇasutta と題されている。この「犀」の節は四行詩三六篇から成っていて、そのどれもが eko care Khaggavisāṇakappo というリフレーンで終っている。これがニーチェの「われはさまよう、ただひとり犀のごとくに」の究極の出典だが、これをヘーアは Fare lonely as rhinoceros と訳して一様に終行に位置せしめているが、チャーマーは第一行の冒頭に alone! としたり、あるいは Go forth alone! の句をいずれかの行にはさんだりして厳密にはリフレーンの体をとどめていない。しかしこの両方の英訳とも原典のおもかげを伝える韻文訳であるが、二つの邦訳はどちらも散文体である。ところで邦訳のばあい、中村訳では「犀の角のようにただ独り歩め」、渡辺訳では「犀の角のように、ただひとり行動せよ」(渡辺訳では「第三経、犀の角」というように章の表題がなっている)というぐあいで、どちらもただの「犀」ではなく「犀の角」となっているが、私にはそのへんの事情がよくわからない。たしかに犀の頭上の一本の角は孤独のイメージとしてははっきりするが、犀そのものが孤独であるという方が余情があるような気がする。私はさらに中村氏の後注に、犀の角についてはカール・オイゲン・ノイマンの詳細な注記があると書かれているので、ノイマンのスッタ・ニパータの独訳も見てみたがなぜ「角」でなければならぬかはやはり釈然としなかった(Die Reden Gotamo

Buddho's aus der Sammlung der Bruchstücke Suttanipāto des Pāli-Kanons. Übersetzt v. Karl Eugen Neumann. Leipzig 1911)。ノイマンもまた Allein nur wie das Nasehorn mag man wandern と独訳し、これも角とは取れない。あるいは漢訳がこの一章を「犀角経」と訳しているので、日本にはその伝統が残っているのかもしれない。

犀はもともと孤独な動物なのである。古代インドではそのため犀はひとり遍歴する巡礼の別名でもあったし、また孤独な修業によって悟りをひらいた覚者の呼び名でもあった。この一本の角を持ち(二本のアフリカ犀は後になってヨーロッパに知られた)、堅い皮に鎧われた奇蹄類の動物は、伝説化されて早くから西欧に伝えられていた。中世以来しきりに夢想された一角獣は一種の合成物だが、その要素のひとつは東方の犀らしい。大旅行者マルコ・ポーロあたりになるとすでに実物の犀を目撃しているらしいが、ヴァスコ・ダ・ガマがインドに到着してから、やがてポルトガルの部隊は犀一頭をいけどってリスボンのマヌエル大王に送った。ブルクハルトはその『イタリア・ルネサンスの文化』の中で、当時の自然科学的な関心の増大とともに、珍奇な動物の飼育が行われるようになったことを述べ、この犀がマヌエル大王から一頭の象とともに教皇レオ十世に献

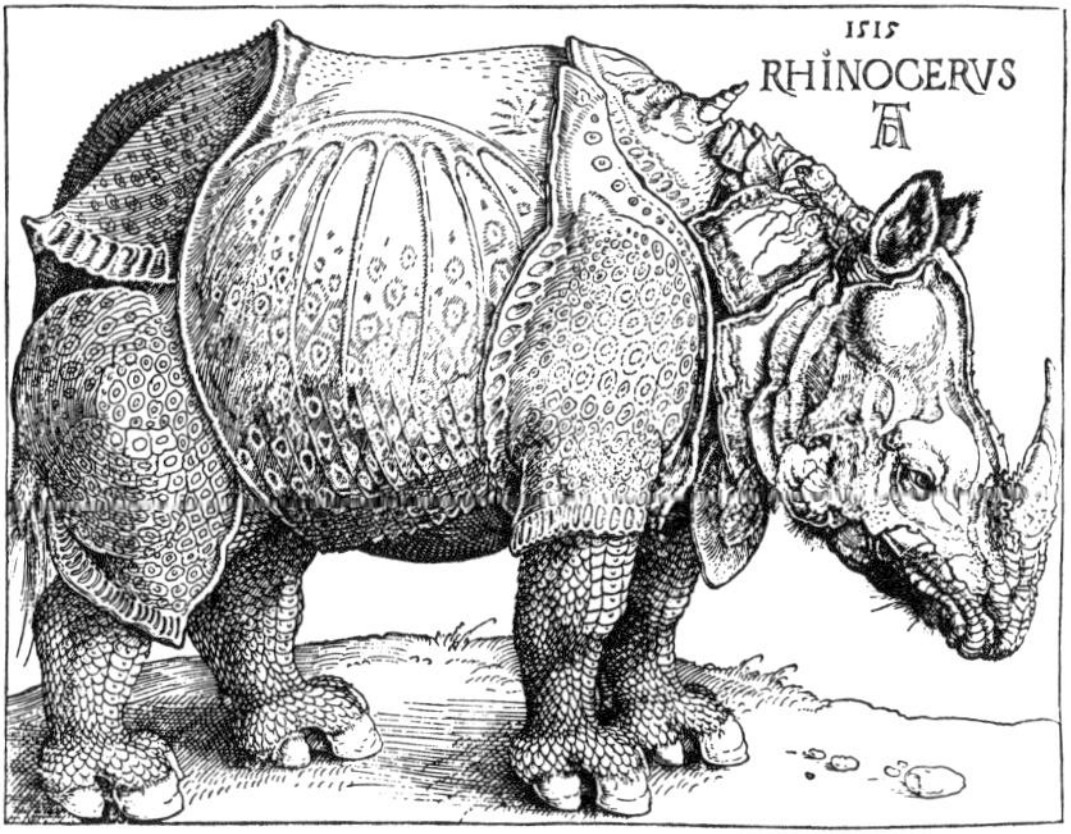

アルブレヒト・デューラー作「犀」(1515年)
240×330 mm

上されたことを一例として挙げている。ところでこの犀をポルトガルの無名の画家が写生したものがあり、それをまたかの「騎士と死と悪魔」の画家デューラーが精緻に模写して、それがいまも大英博物館に残っている。この犀の図はその後三世紀にわたって図鑑や教科書に利用され、ヨーロッパ人の犀の観念として定着したものだといわれる。手近なところでは岩波『図書』の一九七一年一二月号の表紙になっていて、前川誠郎氏の解説が付せられている(図版参照)。最近も邦訳されたH・ヴェントの《Auf Noahs Spuren, Die Entdeckung der Tiere》(邦訳名『物語・世界動物史』平凡社)の中でも挿絵になっているからこれを見ることができるが、前の犀が右を向いているのが、今度は左を向いている。ヴェントによると、この犀は輸送中狭い船倉に長いこと閉じこめられていたので、皮膚にたくさんの腫れ物ができてしまった。写実的なリスボンの画家から、ドイツ的徹底性を発揮したデューラーの丹念さを通じて、この腫れ物がその後のあらゆる博物誌上に犀そのものの特徴として掲げられているそうである(江戸の画師谷文晁がこの犀をこれまた精緻に絹地に写したものが残っている。これは蘭書を経由したもので、その子文二の「己が父がヨンストン動物図譜」によって写したむねの記録がある)。——犀が中国に伝わったのはこれもきわめて早く、すでに漢書にはその記載がある。犀の皮を利用した甲冑があり、舟があり、犀利とか燃犀といった成語があり、犀角は薬剤として珍重された。中国の西南部の少数民族の民話を君島久子氏の邦訳で読むと、その中に文字を持たないプーラン族の天地創造の神話があり、それによると巨人グミヤーは巨大な犀の身体の諸部分から万物をつくった。天をささえるためには犀の四本の足を東西南北に配して柱としたなどとあるが、犀はあるいはこのあたりの辺境まで棲息していたのであろうか。日本では犀川というような川の名はあるものの、実物が渡来したことはどうもないらしい。

ニーチェは少年時代に妹のエリーザベットをラマ（駱馬）と呼び、この綽名を生涯使った。一八八八年、つまり発狂に近いころの手紙でも当時パラグアイに渡っていた妹に、「わが愛する、愛するラマよ！」というように書きだしている。ニーチェの少年時代に読んだ博物の本にラマのことが出ていた。エリーザベットはその著『若きニーチェ』の中でこの回想を書いている。その博物の本には――「ラマは奇妙な動物である。どんな重い荷物でもはこぶことをいとわない。しかしそれを強制したり、虐待したりすると、食物を取ることを拒み、横になって死んでしまう」と書いてあって、「この性質が私にそっくりで、事あるごとに兄はその感を強めたらしい。とりわけ何かむずかしいことでもあって私の力を必要とするような時には、兄はいつもこの名前を使った。兄以外の誰もこんな名で私を呼んだものはいなかった」。

この博物の本が何かはわからないが、デューラーの描いた犀がその時代にも使われていたかも知れない。一九世紀の後半大いに読まれたブレーム（A. Brehm）の六巻の『動物の生活』（*Thierleben*, 1864-69）はまだ出ていなかったと思われる。このブレームの中で犀のことを書いたところが、前記ノイマンの注に引かれていて、その中の記述がスッタ・

ニパータの詩句の中の犀の特徴と合致することが指摘されている。犀は河や沼や湖といった水辺や泥地、叢林を好むが、「このような巨大で鎧装された動物に対しては、密生したジャングルも、他の動物の立ちいりを許さないような内奥をひらき、おそるべき荊棘もその威力を失う。密林の中にもおのずから道ができてしまう。インドのジャングルの中には犀によって作られた長い直線的な道が見受けられる。そうした踏みしめられた道が山地にもあって、森から森へ、岩石の傾斜面を越えて通じていたりする。犀は三千メートルの峯にものぼる」などと一九世紀的なスタイルで書かれている。まさしく「重い、すべてをおしつぶす」歩みなのである。

ルーマニア生れの劇作家イオネスコの芝居『犀』では町中の人間がしだいに犀に変身し、その大群が咆哮し、足踏みならし、砂埃りをあげて疾走する。しかしこの犀の集団化に対して、登場人物の一人ベランジェ(彼ひとりが最後まで人間として残る)は叫ぶ。「犀の大群だ！　犀っていうのは孤独な動物って聞いていたのだが、嘘だ。この考えは改めなきゃいかん！」――これも犀は孤独だという通念を語っているものといえよう。

扉のアフォリズムが出て来たのは、前に書いたようにニーチェの中間期の作品『曙光』の中であるが、この『曙光』にはどこか東洋的な影がさしている。この原稿はもと『ヴェネツィアの影』(*L'ombra di Venezia*)と題されていた。一八八〇年彼はペーター・ガストに誘われてはじめてヴェネツィアを訪れた。ニーチェはヴェネツィアに「光り輝くオリエント」の一部を感じた。また思索する人間たちのために作られた町とも思った。ヴェネツィアはニーチェにとって忘れがたいものとなった。「音楽にかわる別の言葉を捜すなら、私はヴェニスという言葉しか見つけることができない」と、ニーチェは『この人を見よ』で書いている。ペーター・ガストはニーチェのために原稿清書の労を取ったが、その表紙に「いまだ光を放たざる、いとあまたの曙光あり」というリグ・ヴェーダ讃歌の一句を書きこんだ。ニーチェはわが意を得たと思ったのだろう、書名を『曙光』とあらため、この古代インドの聖典の一句を内表紙のモットーとしたのである。『曙光』の中にはさらに、「汝はこのしるしのもとに打勝たん」(In hoc signo vinces)と題されたやや長いアフォリズムがあり、ニーチェの仏教観を窺う重要な材料なのである。『この人を見よ』を読むと、ニーチェは、この『曙光』によって道徳への征戦が開始されたと書いている。彼が「神の死」を宣告するのはその次の書『華やぐ知恵』においてだが、こうしてヨーロッパの宗教と道徳を批判し、さては厭離することと、彼の関心が東方へ向けられたことが、ひとつの関連のもとにあると言えるのである（本書「ニーチェにおける脱ヨーロッパの思想」参照）。

「曙光」の最後に近く有名なアフォリズム――「脱皮することのできない蛇はほろびる。見解を変えることを妨げられた精神も同じである。それは精神たることをやめる」がある。この蛇の脱皮という着想も、あるいはスッタ・ニパータから来たのではなかろうか。スッタ・ニパータの第一書は「蛇の書」であり、その第一章もまた「蛇」であり、その一七句はことごとく so bhikkhu jahāti orapāram urago jiṇṇam iva tacaṁ purāṇaṁ という復唱句をもっている。蛇が古い皮を脱ぐがごとくの意味である。修業者は蛇が脱皮するようにこの世を捨て、愛欲を断たねばならぬ。憎悪を離れ、迷妄を脱しなければならぬと歌われている。この比喩がニーチェの脳裡で作用しつづけていたのではなかろうか。

そして『曙光』の最後のアフォリズム「われら精神の空を翔けるもの」では、この飛翔者は東方へ向かわず、西方へ向かうのだが、それもコロンブスのように西からインドに到達しようとするからである。

「そしていったいわれわれはどこへ行こうとするのか。……われわれがどの快楽よりも尊重するこの強力な欲望はわれわれをどこにさらっていくのか……あるいはいつの日かわれわれにについてこう惜しまれるであろうか、やはり西に方向を取ってインドに達しようと思ったが——しかし無限のために破船する運命であったと？それとも、わが兄弟よ？　それとも？」

身ぶるいの出るような予感である。

ニーチェの書いたものにはいろいろな動物が登場する。ことに『ツァラトゥストラ』はそうである。旧約聖書や新約聖書における多くの暗喩と象徴が、宗教的神秘を啓示し、しかも同時にそれを隠蔽するはたらきをしているのと似ている。犀を一例とするこうしたニーチェの発想そのものが独自の考察の対象となるだろう。漠然と思いめぐらすだけでも、ツァラトゥストラに従う鷲(誇り)と蛇(知恵)、月に吠える犬(永遠回帰の暗示)、笑う獅子、市場にむらがる蝿、毒ぐもタランテラ(キリスト教)、駱駝(ラマとも近い従順)、羊、猫、狼、牛、熊、鶏、鳩、蛙、驢馬(グロテスクな驢馬祭の瀆神)、猿、はりねずみ、蛭(良心的な学者)、まむし、蜂、蝶、蚤、蛆虫、そして鰐、虎、孔雀、水牛(「詩人」の章の比喩のみごとさ)、竜、象、豹などかなり東洋的な動物も出てくるが、これもやはりニーチェの脱ヨーロッパのヴィジョンに裏打されているようである。私はいつかこうしたニーチェの動物誌を書いてみたい。

ニーチェその人は自身をいかなる動物に見たてているだろうか。『この人を見よ』の中には「私は世界史的怪獣(ein welthistorisches Untier)だ」という自負めいた一句がある。

アスポデロスの咲く野
——ニーチェの遺産——

ギリシア的な美には、一種のおちつき、一種のしずかな端厳さがただよう。だが、まさにそのために、そこには不安がある、ということを指摘したのはキルケゴールである。ギリシアの彫刻には謎のように深い悲哀がある、とかれはいう。それは不安の無につきまとわれていると。

こういう見方がどこから出てくるかというと、結局キルケゴールのキリスト教的信仰の立場が前提になっているわけである。かれはギリシア人の世界は、まだ「精神」を知らないと考える。「精神」とは、つまりキリスト教のガイスト、すなわち霊のことである。ヘーゲルの場合でもそうだが、ガイストをただ精神と邦訳するために、どうしてもそのキリスト教的背景が薄れてしまう。しかし霊と訳しても、哲学史的にいろいろ不満なところがでてくる。ヘーゲルの影響を受けたキルケゴールの場合でも同じことで、ドイツ観念論の著作を訳している人たちはみなこのディレンマにおちいる。――ところで、そうした精神がないにもかかわらず、美が君臨し、一種の綜合をとげているのが、ギリシア的造型の特色であるとキルケゴールはいう。かれは、人間を「心的なもの」と「身体的なもの」から成ると見、この綜合を成就させるものが「精神」であると考える。その精神が欠けているのに、一種の綜合が、美によってとげられているというわけだ。

その例証としてキルケゴールはヴィーナスの眠っているすがたをあげる。かれはいう。ヴィーナスは眠っているところを描かれても、やはり美しい。いや、ことによると、そのときこそ最も美しい。しかし、眠っているということはまさしく精神の欠如ではないのか。人間は年を取ると、精神の美しさを加えるが、ひとたび寝すがたということになると、醜さを増す。子供は、その反対に、眠っているときが、いちばん美しい。

ギリシア美術の頂点に立っている彫刻をよく見るがいい。その眼はくぼませてあり、うつろで、視線がない。これはキルケゴールにいわせると、十分な理由がある。つまりギリシア人は、深い意味における「精神」の概念に到達しなかったのであり、そのため、やはり深い意味における感性なり時間性なりを感じとることができなかった。これに対して、神を比喩的に「眼」として捉えたキリスト教は、——たとえば上田敏の訳したユゴーの「良心」を考えてもいいだろう——ギリシア人の知らない精神の次元をひらいた。

時間性の概念は、無常の問題、つまり死の問題にむすびつく(感性の概念は、性の問題にむすびつく)。死のほんとうの意味は、ギリシア人にはわからなかった。精神がなければ、死はおそろしいものではない。動物も死に、子供も死ぬが、かれらは死を死と知らずに死ぬ。動物や子供の死は、本来的な死ではない。本来的な死を死ぬことができるのは、精神を持った人間だけである。死の瞬間に、人間はさきに述べた綜合のくずれる限界状況におしつめられる。身体は死ななければならない。しかし精神は、霊は、死なないし、また死ねない。それは恐怖でもあるが、死の本来的なものの開示でもある。これに反して、死に対するギリシア人の態度は、もっと素朴であり、おだやかなものといえる。レッシングの論文「古代人はいかに死を造型したか」は、古代人の描く死の精が、その首をのばして生の炎を吹き消す情景を描いてくれる。その粛然たる様子に接すると、われわれ近代人も一種の郷愁に似た感情をおぼえ、こうした導き手にいっそ身をまかせたいという誘惑を受ける。それは「回想すべき何物もない回想」のように静寂な導き手だ。しかし、この導き手についてゆくのは一面また、不気味でもある。この導き手は何も隠していない。かれが現にあるごとくに、死はそこにあるのであり、それでおしまいである。この死の精がそのやさしい姿で、死者の上に身をかがめ、その最後の接吻のいぶきで生命の最後の炎を吹き消すとき、人生の体験はつぎつぎと消えてゆき、結局、死が不可解な秘密だということだけが残るということには底知れない悲愁がある。

この死の秘密は、それ自体不可解なものでありながら、しかも、人間の生涯はとどのつまりひとつの遊戯であったと、あからさまに告げる。いまその遊戯が終わる、――そこに残るのは、一切を打ちくだく沈黙だけだ。

キルケゴールはこのように古代人の死、異教徒の死を理解したから、当然かれはギリシア人の死後の世界にも背をそむけた。冥界をたずねて、オデュセウスのように降りてゆくことは、かれの念頭になかった。かれはキリスト教的な「永遠」にむかって眼をあげた。かれは神の前にただひとり裸で、――かれの言う「単独者」として――立つことにすべてを賭けた。

たしかに教養ゆたかな知識人キルケゴールはギリシア人やその悲劇について語りもする。しかしかれはもっぱらソクラテスという人物に、その問題を集中する。ソクラテスこそ古代にあって「単独者」の概念をとらえた唯一の思想家であり、これによって異教は自己崩壊にみちびかれたからだ。このソクラテスのところだけが、くっきり明るくなっているが、古代文化の偉大な背景ホメーロスの世界は、キルケゴールの視野のそとにかすんでしまった。こうしたことは、ひたむきな信仰者としてかれがひきだした必然的帰結ともいえるだろう。

ところで、誰がふたたびオデュセウスとともに冥界へおりていっただろうか。そのためにはキリスト教の神が死んだと、あえて発言する者が必要であった。ニーチェがステュクスの流れをわたって、アスポデロスの咲く冥界にさまよったのも、かれの発言の必然的帰結であったと思われる。

あるときニーチェは書いている。

「わたしもやはりオデュセウスと同じように冥界へ行ってきた。これからもたびたび行くだろう。幾人かの死者と話したいばかりに、わたしは牡羊をいけにえにしただけではなく、わたし自身の血をも惜しまなかった。そんないけにえをささげたわたしを迎えてくれたのは四組のひとたち、エピクロスとモンテーニュ、ゲーテとスピノザ、プラトンとルソー、パスカルとショーペンハウアーであった。長いこと孤独の旅をつづけていると、わたしはいつもこの人たちと自分を対決させずにはいられない。わたしはかれらに審《さば》いてもらいたいと思う。かれらがおたがいに審きあうなら、かれらのいいあうことにじっと耳をかしたいと思う。自分が何をいい、何を決意し、わが身のため、ひとの身のために何を考えだそうと、この八人の人物にわたしは眼をこらし、またかれらもわたしに眼をこらしているのを見る。――生者たちよ、許しておくれ、わたしにはあなたがたのほうがむしろときどき影のように見える。あなたがたはすっかり蒼ざめ、いらいらし、不安げに、しかもああ！　生をものほしげに眺めている。そんなときあの死者たちは、もう死んだ後では、決して生に倦むことはありえないと、実に生き生きして見える。この永遠に生き生きしていることが肝腎だ。キリスト教のいう「永遠のいのち」などは問題でない。そもそも生そのものに何の価値があるだろう！」

またニーチェはこんなふうにも書いている。われわれの生きているこの世に、あるいは宇宙に、なんらかの目的や意志がひそんでいるように見えるものの、それは疑わしい。われわれ自身の自由意志ですらも、結局、必然のさいころをふっているのではなかろうか。このように訊ねたあげくに、ニーチェはいう、――「われわれはあまりにも偏狭で、あまりにもうぬぼれに陥っているので、われわれが徹底的に制約された状況にあることが理解できなくなっているのだ。……おそらくそれにちがいない！　このおそらく以上のことが言えるためには、われわれは冥界、すなわちあらゆる表面的なものの彼岸に、客人となって、ペルセポネーの卓で、女神自身とさいころあそびをしていなければなるまい。」

ニーチェの少年時代の詩を見ると、死のテーマが実に多い。やがてショーペンハウアーの影響をうけて処女作『悲劇の誕生』を書き、ディオニュソスとアポロについて語ったときも、この二柱の背景になっているのは、ギリシア人のペシミズムの濃い影であった。ギリシア人は、実在の凄惨な実相に耐えるためにこれらの神々をつくりだした。無意味な生存にしろ、人間がともかく生きてゆき、自分というものが可愛いのは、「個体」を形成させるアポロの神の力である。個体はひとつの仮象にすぎない。個体が死ぬことは、全体（ショーペンハウアーのいう「根元的一者」）に復帰することであって、「途方もない戦慄的恐怖」であると同時に、「歓喜あふれる恍惚」なのであり、ここにディオニュソスの本質への一瞥があると、『悲劇の誕生』の冒頭は教える。

もともとアポロは「夢」の神なのだ。ということはわれわれの現実は白日夢であり、われわれはその夢のなかで個体という仮象を生きているにすぎないということである。個体、つまりわたしの自我は、アポロの夢のなかに住む。死によるこの個体の破壊が全体に復帰することだとすると、それは恐怖と歓喜を通じて、夢から醒めることでもある。冥界にゆくことは、あらゆる表面性の彼岸にゆくことで、おそるべきペルセポネーの女王が、微笑の顔をむけることだ。

ニーチェの船は、はじめからオケアノスの流れに漂っているのだ。生者と死者の境にあるステュクスの川は、かれの親しい風景であり、渡し守カローンは、子供のときからの顔なじみのように見える。

かれがつぎのような断想を書くとき、その感はますます深い。かれは考える——。

宇宙を生命をもった有機体とも、また一個の機械仕掛とも考えないようにしよう。むしろ宇宙は永遠にわたる混沌と見たほうがいい。混沌というのは必然の欠如というよりも、秩序、組織、形式、美、知恵その他結構ごとを好む人間性が呼称する一切のものが欠けているという意味においてである。それは完全でもなく、美しくもなく、高貴でもなくそうしたものになろうともしない。それを非難することもできないし、賞讃することもできない。そこにはなんの目的もなく、従って偶然すらもない。「われわれは死は生に対立しているなどとはいわないようにしよう。生者は死者の一種にすぎず、しかもきわめて稀有な一種なのだ。」

生者は死者の一種だという一句を噛みしめてみるがいい。いったい、あなたはほんとうに生きているのか、むしろあなたは奇妙な死者のひとりにすぎないのではないか。

このような問い、このような考察は、ジルス・マリーアの山中の隠遁者がしばしば洩らすつぎのようなつぶやきと重なる——

——わたしも人間と交際する。わたしは人間にふさわしい衣裳をつけて、人間の中にはいってゆく。仮面をつけて人なみにふるまって見せる。しかしときどきはかれらがうるさくなることがある。そのときは、わたしは幽霊のように出没してみせて、かれらをこわがらせる。たとえば人間どもがわたしを摑もうとしても摑むことができない。これは恐怖を与える。あるいはしまっている扉を通してはいっていったりする。わたしは一切のあかりが消えたのちに、別の言葉でいえば、自分が死んだ後に出現してみせる。このわたしの生き方をあなたはどう思うか。「諸君には、こうしたわが身のまわりの異様なつめたさ、墓のような寂寞に耐える気があるだろうか、——生と呼ばれてはいても、同時に死とも呼ばれうるような、この地下の、隠れた、沈黙した、発見されぬ孤独に――」

死後にはじめて生きることを思っているこの隠遁者の眼にうつる風景は、ニーチェが「私の『ツァラトゥストラ』をいくらかでも理解するためには、おそらく私と似たさだめを負うていなければならない、――片足を生の彼岸において……」という要求と呼応している。

金色の晴れやかさよ、はや来たれ！
なんじ死の前の
秘めやかな甘いさきぶれよ！

第七の孤独よ！
かくも甘い確実さを
　かくも身近に感じたことはない。
太陽のまなざしをかくも暖かく覚えたことはない。

――わが山頂の氷はまだ輝いているのではないか？
しろがねに、軽く、魚のごとくに
いまわが舟はすべりゆく……

絶唱「日は沈む」の結びだが、この小舟はアケローンの川をわたる小舟なのだ。ニーチェの説いたニヒリズムは、現代人がこの冥界にあるということの指摘であった。それは神を失ったが、超人の出現にはまだ遠い過渡期のさまようアスポデロスの咲く野の風景であった。ニーチェの残した遺産は多いが、この風景もその一つである。

このことをいまさらにいうのは、ニーチェ以後の詩人を理解するには、たとえばリルケにしても（オルフォイスの二重の国）、ベンにしても（仮象のオリンポス！）、この遺産の重要な相続人だということを忘れては始まらないと思うからである。

ニーチェとエピクロス（一）

ニーチェは生涯エピクロスのことを考えていたらしい。竜安寺の庭ではないが、数個の石がニーチェの頭の中にころがっていて、彼はそれをさまざまな角度から、四季おりおりの風情のもとで、というのはつまり彼の成長と変化につれて眺め、そのたびに評価を新たにしていた。

石といったのは過去の何人かの偉大な人物のことである。ニーチェと同時代に生きていた人を挙げれば、それはいうまでもなくワーグナーだ。周知のようにワーグナーに対しては、ニーチェは讃嘆から敵視へと評価を変え、愛憎を綯《な》いまぜにしていた。彼は最後までこの謎めいた芸術家の正体を考えつづけていた。

エピクロスもそうした一人、評価の点でも大いに変化した一人である。『人間的な、あまりに人間的な』の中で、ニーチェは、自分もオデュッセウスと同じように冥界に下ったことがある。これからも何度も行ってみたい。なぜなら冥界には、この世の、そのへんにいる連中よりも、もっと生き生きしている死者がいるからだ。その少数の死者たちは、自分の話し相手になり、議論に応じてくれる。自分は彼らの言葉に傾聴し、彼らに眼を凝《こ》らす。そして死者たちの眼が自分の方にも凝らされているのを感じる、などと書いて、その死者たちの四組の名を挙げている。——エピクロスとモンテーニュ、ゲーテとスピノーザ、プラトンとルソー、パスカルとショーペンハウアー。

エピクロスは筆頭にあがっている。ニーチェはエピクロスについてはほとんど知れる限りのことを知っていた。つまりディオゲネス・ラエルティオスとルクレティウスをよく読んでいた。ことに前者の『哲学者列伝』は、隅々まで精読していた。その精読も普通の精読ではない。というのはニーチェはライプチヒ大学の学生時代に「ディオゲネス・ラエルティオスの資料について」という論文を書き、それによって古典文献学界のホープと認められ、そうしたきっかけでスイスのバーゼル大学から教職を提供されることになった。大学をまともに出ないうちに、他の大学から教授として招かれるのは、何といっても異例なことであり、その論文の卓抜さを証するに足るものだが、その論文の中でニーチェは『哲学者列伝』の最後の長い一章を占めるエピクロスの部分にくわしい検討を加え、これを重要な論点としているのである。だからニーチェは早くから――処女作『悲劇の誕生』以前から――エピクロスの人物と教説について深く考えているのである。エピクロスはいわゆるエピキュリアンという称呼で快楽主義者の教祖とされたが、そうした見解に対しても原点にさかのぼって検討しているわけだ。以来ニーチェの著作の随所にエピクロスの名が出てくるけれども、そのつどニーチェがいわば単なる関連で、エピクロスを引合いに出しているというのではなく、もっと親身《しんみ》な呼吸が、そこに感じられるのである。親身な、というのはニーチェの場合、自己に引きつけ、あるいは自己をその中に持ちこむということだ。従ってニーチェが変わればエピクロスも変わるというものだろう。いろいろなエピクロスが出てくるのも当然である。

「贅沢の哲学。――一つの小さな庭園。いちじく。小さなチーズ。そして三人か四人の良き友、――これがエピクロスの贅沢であった。」

『漂泊者とその影』の中にあるものだが、当時ニーチェは大学をやめ、一介の孤独な思索者となったので、こうした境遇にも思いをはせたと思うが、これもエピクロスの重要な側面である。賢者のつつましい快楽である。エピクロスは人性を考察し、快楽を重視したけれども、快楽に深入りすれば苦痛を招くにいたるという省察、快楽を精神化して、持続的なものにしたいという思慮から、結局ストア派の賢者と大差ない質素な生活を取ることになり、閑居をたのしむことになった。鴨長明の『方丈記』なども、書きだしはしきりと無常感に訴えるが、終末はむしろ閑居の安らぎを讃え、「方丈の住《すま》ひ楽しきこと、かくのごとし」などと言っている。閑居は東西を問わず、静観的な知識人のおちつく理想郷のごとくである。しかし長明の閑居が無常の垣根を結《ゆ》いめぐらしているのに対して、エピクロスの園の向うには、その神、その独得な神が歩いている。

エピクロスの神は実に不思議な神である。それは人類のことなどまったく気にかけない神なのだ。ニーチェは「神は死んだ」といった。エピクロスの神は決して死んではいない。たしかに存在しているのだが、ただ人類にソッポを向いている神なのである。この神はオリュムポスに至福の生活を送っていて、人間のあらゆるいとなみ、その幸不幸などには眉根ひとつ動かさない。どこかに原爆が落ちても、よし地球がなくなっても、あるいは人類究極の平和が実現しても知らぬ顔である。

そして「この世界は断じて神々の力によってわれわれのために造られたのではない」

(世界には実に多くの欠陥があるではないか)、またさまざまな自然現象、天空や星などにしても「このような現象を神々の仕業に帰し、そればかりか、はげしい怒りを神々に持たせたとは、おお、人類は不幸なるかな!」――そんなふうにエピクロスの忠実な弟子ルクレティウスもその韻文の『自然について』の中で歌っている。摂理の考えもなく、被造物の観念もなく、弁神論の必要もない神である。

エピクロスの思想についていろいろな解釈が生じた原因の一つは、このソッポを向いた神にあるだろう(ヘルダーリンのあの美しい「ヒューペリオンの運命の歌」では、天界の柔らかいしとねの上を歩む至福の存在と、運命の滝つ瀬に流されて「岩から岩へまろび落ちる人間」の断絶が歌われるが、これも似たような神観が根柢にあるものと見ていいだろう)。神々と縁が切れることは、人間に対する従来の宗教的ないしは道徳的な規制力がなくなることだから、ここからエピクロスがいわゆる快楽主義者の開祖にされたすじみちも見当がつく。明治三〇年代にはじめて日本にはいってきたニーチェが、高山樗牛の「美的生活を論ず」によって個人主義者、本能主義者、美的快楽主義者と目されたことも、思いあわされるのである。

しかしエピクロスは神々を遠ざけながら、(矛盾のようだが)一面敬虔であった。エピクロスはデモクリトスを継承して原子論を取り、唯物論者であったが、彼がそうした理論によって打破ろうとしたのは、何よりもまず、神々にいろいろな仕事や役割を押しつける人間たちの俗見である。エピクロスは決して神々にはほこ先を向けない。彼の真意は神々をおとしめることにはない。むしろ彼はその閑居の中で、ひそかに賢者のモデルを神々に見ていた。一種のナルシシズムかもしれない。時には、彼はそうした神の眼で人間とその行為を眺めるというよろこびを持った。これが古代最後の大いなる哲人エピクロスの心境であり、達観であった(近代でこれに近いものを探せばやはりスピノーザかもしれない。スピノーザも無神論者で「神に酔える人」であった)。

『華やぐ知恵』にはつぎの断想がある。

「エピクロス。——そうだ。私はエピクロスの人物をおそらく誰とも違ったふうに感じていて、それを誇りに思っている。エピクロスについて、何を聞き、何を読んでも、私はそこに古代の午後の幸福を味わうのである。……エピクロスの眼は、日を浴びた岸辺の岩群のかなたに、広大にひろがる白く光った海を見ている。大小の禽獣はこの日光の中で嬉戯し、その日光のように、またかの眼と同じように、悠々自適している。だがこうした幸福を編みだすことのできるのは、不断に苦悩している者だけだ。こうした眼の前では、生存の海は凪ぎる。その表面、そのいろいろな色をした、繊細な、震えおののく海の肌を、その眼は眺め、そして見飽きることを知らない――こうした眼の幸福。これほどつつましい欲望はこれまでにないことであった。」

幸福に対してはその背後に苦悩の過程を想定し、健康のよろこびに対しては、病苦から快癒しつつある者だけがその醍醐味を知る、というふうにニーチェの思考は動く。エピクロスのつつましい幸福にも、この繊細な人物の不断の苦悩があって、はじめてこうした静かな安らぎが編みだされるとする。「古代の午後の幸福」という言い方にもそれがある。ギリシア人は生存の苦悩をすこぶる鋭敏に感得した民族であった（『悲劇の誕生』）。そうしたギリシア人の苦悩は、さながら病人が長いこと輾転反側した末に、死に近づきながら、一種の安らぎに到達するように、偉大の文化のたそがれどき、哲人エピクロスの明澄な視線となって、謙虚な快楽を具現したと見るのである。

ニーチェは一八七九年五月バーゼルを去り、その夏はサン・モリッツですごしたが、このオーバー・エンガディーン一帯の風物に心を奪われた。「自分の精神と生き写しのような自然」を、彼は見た。そうした感動が『漂泊者とその影』の中にいくつかのすばらしい文章となって結晶している。たとえば《Et in Arcadia ego》と題されたものだ。このニーチェのアルカディアについては、かつて書いたことがあるので(『手塚富雄教授還暦記念論文集』所収のもの(本書「ET IN ARCADIA EGO」)、また本書「ニーチェとエピクロス(二)」参照)、繰返さないが、アルプスの夕方、そそりたつ岩壁、雪原、牧場、畜群、小川、すべてが偉大で、静かで、明るい。完璧な美の緊張が一切に及ぶ。これはまさしくプッサンかクロード・ロレンのようないわゆる「理想的風景」を描いた芸術家の画境であり、彼らはこうした風景の中にギリシアの英雄たちを配するよりほか考えられなかったのだ。そしてこういう「英雄的で牧歌的」な世界を如実に呼吸して生きた最大の哲人がエピクロスであった、とニーチェは見る。

おそらくこのあたりがニーチェのエピクロス像の最も美しい形成であろう。しかしニーチェはそれだけでなく、ヨーロッパ思想史の重要な流れの中に、違った意味でエピクロスを屹立させる。たとえば『曙光』の中の「死後」と題されたアフォリズムを見るといい。

古代最後の時期は、キリスト教の出現という大きな曲り角にさしかかったときである。それに対してエピクロスの演じた役割があった。当時のローマ帝国内にはさまざまな信仰がいり乱れていて、その中には悪人や救われない者が死後において地獄の刑罰を受けるという教義も行われた。エピクロスの真理感はそうした妄説のたぐいを根絶させたいと思った。彼の思想はそのすぐれた弟子ルクレティウスが受けつぎ、エピクロスの説はほとんど凱歌をあげそうだった。ところが新たに登場してきたキリスト教は、この「死後」という観念を取りあげ、地獄における刑罰という恐怖の心理を利用して、うまくたちまわったのである。——古代の諸民族は必ずしも死後の生命に執着していたわけではない。ユダヤ人にしても、悪人に対する極刑は死を課することだけで十分であって、罪人をさらに地獄に送りこみ、永遠にわたって苦しめるというのは彼らの想念になかった。彼らは現実的な民族であって、生そのものがだいじであり、その死は、最終的の死(死ねば死にきりの死)であった。それに対してキリスト教は「死後」の観念によって、永遠の堕地獄という不安と恐怖を、その宣教に利用した。それはたんなる最終的な死という考え以上に、強力に人心をつかんだのである。最終的な死という考えが復帰するのは、近代科学の力による、とニーチェはいう。「科学は同時に死に関するあらゆる観念、あらゆる彼岸の生命を否定した。そのことによってわれわれの関心事はひとつ減った。すなわち「死後」はもはやわれわれと関係がなくなった。これは言いようのない恩恵であって、恩恵としてあまねく感得されるには、まだあまりにも新らしすぎるものなのである。——ここにあらためてエピクロスが凱歌を挙げる！」と、この時期のニーチェは書いている。

ニーチェにおけるエピクロス像は、最後に大きなどんでん返しを見せる。たとえばいま挙げたようなキリスト教との関係は、最晩年（狂を発してからの一一年間は計算にいれない）の著作『アンチクリスト』の中でも、より強いアクセントを帯びて語られるが（五八節）、しかしそこには同時に（三〇節）「エピクロスは典型的なデカダンだ」という句が出てくる。このデカダンとかデカダンスという概念はニーチェがフランスのブールジェから借りたもので最晩年にしか出てこない言葉である。この時期にはエピクロスもワーグナーもキリスト教徒もみなデカダンの中に送りこまれる。どんでん返しといったけれども、そうした動きはかなり前から始まっていて、はっきり出ているのはたとえば『華やぐ知恵』の第五章の中の「ロマン主義とは何か」である(この第五章は一八八七年増補された分である)。ここではもちろんデカダンという言葉はないが――「こうして私は次第にエピクロスを理解するにいたった。――ディオニュソス的ペシミストの反対を――。同様に「キリスト教徒」を、――キリスト教徒は事実たんなる一種のエピクロス派にすぎず、エピクロスと同じように本質的にロマン主義者である……」とある。閑居といい、古代の午後の幸福といい、ディオニュソスの強烈な生命感に比較すれば消極的、退嬰的なことは当然で、ここまで来れば本来のニーチェがいよいよ開き直ったという感じがしないでもない。しかしこの経緯にはもっと詳しい、規模を大きくした解説を用意しなければなるまい。

こうしてニーチェのエピクロスは結局葬り去られたのであろうか。そういうふうには割り切らないのがニーチェで、それはワーグナーに対する関係がどこまでも切れないのと同じである。

『この人を見よ』の中の「偶像のたそがれ」の章で、ニーチェは『アンチクリスト』

を書きあげた気分を述べている。

「九月三十日、偉大な勝利。第七日。ポー河沿いの神の漫歩。その日のうちに私は『偶像のたそがれ』の序文も書いた。――私はこのような秋をいままでに体験したことがなかった。またこのようなことが地上で可能だとも思わなかった、――クロード・ロレンが無限に続いているようで、一日一日が等しく完璧の極みだった」

これはすでにトリノの発狂に近いオイフォリーの症状だといえるかもしれない。しかし、そこに神が漫歩するとあって(原文――Am 30. September grosser Sieg; siebenter Tag; Müssiggang eines Gottes am Po entlang.)、「第七日」という表現があるから、創世記に結びつくようだが、いまさらニーチェにとってエホバではあるまい。eines Gottes のイメージは、キリスト教の神ではなく、ディオニュソスでもなく、やはりエピクロスの神に近いように思われる。なぜかといえばクロード・ロレンの風景の中をそぞろ歩きする神は、エピクロスの神でしかありえないからだ。エピクロスは最後までニーチェのかたわらにあったというべきではなかろうか。

ニーチェとエピクロス（二）

ニーチェとエピクロスという取合せを見て、けげんな面持をされるむきもあるかもしれない。力への意志を説いたニーチェをナチスの思想的うしろだてと見、一方エピクロスをいわゆるエピキュリアン、快楽主義者、享楽主義者といった片寄りした連想で思い浮かべるなら、両者はどうにも結びつかない。しかしニーチェの著作を順を追って見てゆくと、その随所に、いわば忽然と浮上してくるようなエピクロスの名は、ニーチェが生涯にわたって、このギリシア末期の大いなる哲人に深い関心を寄せていたことを思わせる。しかし両者の関係は、それほど注目されていないようである。たとえばヤスパースの『ニーチェ』、あれはかなりまんべんなくニーチェの諸側面に触れている本だが、エピクロスは一顧もされていない。ハイデガーの『ニーチェ』にもほとんど出てこない（ツァラトゥストラにとって「世界」は、エピクロスにおけるような悠々自適な「園」

ではないといったような比喩はある)。もっともハイデガーの場合は角度が少しちがうから当然かもしれない。ペーター・ピュッツの作ったニーチェ研究のハンドブックのようなものでも無視されている。

哲人エピクロスにはいろいろな側面があり、いまエピキュリアンという語を、ひろく「エピクロスの(学)徒」の意味に取り、縁の深いのも浅いのもあわせて考えるなら、そこには多数の顔ぶれが登場するようである。たとえばマルクスにしても「デモクリトスとエピクロスとの自然哲学の差異」という論文を書いて、イエーナ大学の博士学位を得ている。この論文は現在は失われてしまって、準備のノートが何冊か残っているだけだが、若きマルクスがまだヘーゲル哲学の強い影響下にありながら、古代唯物論の側面からエピクロスに近づいていることがわかる。ディオゲネス・ラエルティオスはもちろん、ルクレティウスやプルタルコス、そしてセネカやキケロなどからもしきりに資料をあつめている。デモクリトスの原子論を継承したエピクロスの場合、その原子が落下する際に見せる偏倚ということから自由意志をひきだそうとしている。「自然哲学」に問題はしぼられているが、マルクスはその背景として、エピクロス派、ストア派、懐疑派をふくめたギリシア末期からローマへの過渡期の状況を、視野にいれているようである。

ところでその後のマルクスはエピクロスへの関心をどうつないでいったろうか。くわしく調べてみたわけではないが、まず彼のエピクロスへの関心は、この初期論文とともに立ち消えになったように見える。マルクスはもっとアクチュアルな問題に立ち向かっていったのだろう。

一八八三年三月一四日マルクスはロンドンで死んだ(ニーチェは『ツァラトゥストラ』を書いていた)。エンゲルスはその翌日、ゾルゲ宛の手紙にこう書いている。

「医学の力によれば、あるいはもう数年、植物的な生存をつづけることができたかもしれない。医者の得意とする、みじめな、なしくずしに死んでゆく生きざまだ。そんなことは、わがマルクスにはとうてい我慢ができなかったはずだ。やりかけの仕事の山をかかえて、それを完成したくもできないというタンタロスの責苦を味わいながら生きる、――そんなことはあの穏やかな最期にくらべれば、千倍もつらいことだろう。死は、死にゆく者にとってはなんらの不幸ではない。生き残る者にとっての不幸にすぎないと、つねづね彼はエピクロスの言葉を口にしていた。このたくましい天才的人物が廃残の身をながらえているのは、医学の名誉になるかもしれないと同時に、これまでの元気な彼によってたたきのめされてきた俗物どもの笑い草にもなるだろう、――いや、千倍も、あれでよかったのだ。」

してみれば、エピクロスはまた違った側面――死の軽視あるいは無視という側面でマルクスに追随していったようである。「死はわれわれにとって何ものでもない。われわれが存在するかぎり死は存在しない。死が存在するとき、われわれは存在しない」ともエピクロスは言った。エピクロスの自然学は倫理学につながっている。エピクロスはたしかに快楽を重んじたが、この賢者の意味した快楽は放縦でも享楽でもなく、「魂の平静」に帰着するものであった。そのために心をさわがせる死の恐怖と宗教的迷信はまず排除さるべきものであった。魂が肉体を離れると原子に帰ってゆくということも、死にまつわる無用な恐怖の妄想を払うためだった。

いずれにせよ、ニーチェの次の手紙のような関心はマルクスにはなかったであろう。一八八三年(つまりマルクスの死んだ年)、いつものようにその夏をスイスの山奥で過ごしたニーチェは若い友人のペーター・ガストに、相手がエピクロスのことを述べてきたのに応えて、こう書いている。

「まずは、むかしデモクリトスとエピクロスの研究に没頭していたころの思い出を一筆。――このあたりは文献学者にとっては、いまなお汲めどもつきぬ研究の世界です！

君も知るように、(発掘された)ヘルクラネウムの文庫には、時間をかけ、苦心を重ねて、ようやく読めるようなパピルスがあります。それは過去の一エピキュリアンが持っていた文庫なのです。だからエピクロスのほんものの著作が発見される希望があるわけです！　たとえばその中の一片は、ゴンペルツによって解読されました(ウィーン学士院紀要所収)。それは「意思の自由」を論じたもので、その結論は(たぶん)エピクロスは運命論《ファタリスムス》のはげしい敵対者だが、同時に――決定論者《デテルミニスト》だということでしょう。――こうしたことは、君の興味をひくだろうと思います！」

(この発見については浜田青陵も触れたことがある。「其の書庫のうちより出でたる約二千巻のパピリの書は、その大部分は、希臘文にして、而も快楽派の哲学者エピクロス及び其の一派の学者殊にソィロデムスの論文多きを占めたり。此の発見の文献学上如何に重大なる寄与をなししかは、今更言う迄も無かるべし」――『南欧遊記』大正三年)。

ニーチェはもともと古典文献学の専門家なのである。エピクロスの著作は非常に多く、その巻物の数は三百に達していた。それがことごとく現存していない。だからヘルクラネウムの廃墟から何か原物がでてくれば、文献学者にとっては狂喜すべきことなのである。(エピクロスの多大の著作がどうしてすべて亡佚したのか。おそらく最大の原因は、やがて起ってきたキリスト教によって激しく敵視されたためだと思われる。中世を過ぎ、ルネサンス期になると、有罪を宣告されたガリレイに手紙を書いてはげましたガッサンディなどが出てくる。この聖職者はエピクロスによる唯物論を信奉しながら、原子をキリスト教の神によって作られたものと説いて、たくみにカムフラージした。マルクスもガッサンディを文献的に利用している)。若きニーチェはライプチヒ大学の古典文献学を専攻する学生だったが、「ディオゲネス・ラエルティオスの資料について」という論文を書いた。これは学界の注目をひき、それがきっかけとなって、スイスのバーゼル大学から教職を提供されることになった。大学をまともに出ないうちに、他の大学から招聘されるのは、当時としても異例のことであったろう。そのディオゲネス・ラエルティオスの『哲学者列伝』の最後の長い章は、エピクロスを知るための最も重要な手がかりなのである(『エピクロス』出隆・岩崎允胤訳、岩波文庫)。それとルクレティウスの『物の本質について』(樋口勝彦訳、岩波文庫)は、エピクロスの思想を忠実に伝えているものと思われる(このルクレティウスのすぐれた哲学詩も、偶然に一冊の写本が残って、ルネサンス期に復活したということである)。ニーチェは、だから学生時代からエピクロスについては、ほとんど知れるかぎりのことを知っていたと考えられる。そしていかにも彼らしいことには、たんに考証的な詮索や知識だけでなく、エピクロスの人間像をトータルに把握することに、その執心が残った。随所に出てくるエピクロスは、ニーチェ自身の自己克服に富んだ思想を、そのつど反映しているようである。

『漂泊者とその影』は、ニーチェの病気が重くなり、バーゼル大学を辞職した頃の著作だが、そこには次のようなアフォリズムもある。

「贅沢の哲学。――一つの小さな庭園。いちじく。小さなチーズ。そして三人か四人の良き友、――これがエピクロスの贅沢であった。」

職を離れたニーチェは身のふり方を考え、一時は母がひとり残っているナウムブルクに帰って、エピクロスのような閑居の生活にひき籠ろうかと思った。ナウムブルクの城跡の塔のついた家が彼の脳裡にあった。彼は母に手紙を書いている。「塔の部屋はどうしても手にいれたいと思います。このさき六年間一七ターラー半(家全部が借りられるならその倍)を、毎年払うことを正式に契約しましょう。野菜作りはまったく私の願望です。それは未来の「賢者」に適わしくないものではありません。ご存知のように私は単純で自然な暮らし方に、心が傾いています。そうすれば身体も強壮になります。私の健康にとって、これよりほかの療法はないようです。」母は息子が手許に帰って来ることを知って大喜びをした。息子は帰ってきた。しかしドイツの冬のきびしさが病身にこたえ、たちまち南国へ去ってしまった。ニーチェにおける「エピクロスの園」は実現しなかったわけだが、エピクロスの閑居、その隠者的な側面をニーチェは忘れることがなかった。同じ書のすこしあとにこういうアフォリズムもある。

「永遠のエピクロス。——エピクロスはあらゆる時代に生きていた。いまも生きている。エピキュリアンと自称した、また自称する人びとには知られず、哲学者のもとで評判になることもなく——。そして彼自身が自分の名称を忘れてしまった。それは彼がこれまでに投げ捨てた最も重い荷物であった。」

ここには何か東洋的な隠者を想わせるものがある。「隠れて生きよ」とエピクロスは言った。徹底して隠れ、隠者であることからも隠れてしまった隠者、正体を発見されない寒山拾得、——ある意味では、それはすでに「エピクロスの神」ではなかろうか。エピクロスは唯物論者であったが、風変りな、独得な神を想定していた。この神は宇宙や人類を創造したり、これを支配したりはしない。人間を罰したり、これに恩恵をほどこしたりはしない。一切の人間事にソッポをむいていて、静寂な至福の域に住んでいる。そこは「中間空域」(Intermundien)、すなわち宇宙におけるもろもろの天界のあいだであって、いわば次元を異にした存在というべきだろう。マルクスは『資本論』の数個所で、この「エピクロスの神」をそうした超然、あるいは無関係といった比喩に使っている。その際「中間空域」の語も出てくるのは若いときの勉強の痕跡かもしれない。ニーチェは「神は死んだ」と言った。エピクロスの神は死んではいないが、人間とは没交渉に存在している。エピクロスは迷信や宗教的幻想が人心を不幸にしているのを見、一切のそうした迷妄から解放されることを望んだ。ルクレティウスは力強く歌う。「この世界は断じて神々の力によってわれわれのために造られたのではない(なぜなら世界には実に多くの欠陥があるではないか)」。また自然の異変などに対して「このような現象を神々の仕業に帰し、それぱかりか、はげしい怒りを神々に持たせたとは、おお、人類は不幸なるかな！」

エピクロスは神々を遠ざけながら、同時に神々に敬虔であったといわれる。彼は閑居の中で、ひそかに賢者のモデルを、神々に見ていたのではなかろうか。

ニーチェは永遠のエピクロス、超時間的なエピクロスを語ったが、古代ギリシアの最後を飾る哲人として、必ずしも時代と切離されてはいないエピクロス像をも描いた。前記の『漂泊者とその影』には、その頃ニーチェがはじめて訪れ、魅了されたサン・モリッツ付近の風景を讃えた一文がある。そこにゆくりなくエピクロスが登場するのである。

「Et in Arcadia ego(われもまたアルカディアに)。——私が俯瞰すると、丘陵の波をこえて、モミや老い寂びたトウヒ(唐檜)のあいだから、青白い湖が見えた。私のまわりにはいろんな種類の岩塊があり、大地は花々や草むらに彩られていた。羊群が私の前を動き、寝ころび、背を伸ばしていた。遠くに牝牛どもが離れ離れに、またあるところではひとかたまりになっていて、澄みきった夕方の光線を、針葉樹林のそばで浴びていた。もっと近いところにまた別の群れがいたが、これはずっと暗く見えた。一切が静謐で、夕方の満足を味わっていた。……左手には幅広い森林帯の上に断崖と雪原があり、右手には私の頭上高く、陽光のヴェールの中におぼろに漂うごとく、二つの巨大な氷結した岩角がある、——一切が偉大で、静かで、明るい。総体の美が戦慄をそそり、美の啓示される瞬間の声なき礼拝を教える。知らず知らず、なんのためらいもなく、人はこの澄明な光の世界(それはあこがれだとか、期待だとか、前向きだとか、後ろむきだとかいうことにおよそ縁のない世界だ)に、ギリシアの英雄たちを配したくなる。画家プッサンやその弟子が感じたとおりにである。英雄的で、牧歌的なのだ。——こうした気分で、自己を世界の中に、世界を自己の中に不断に感じた人たちがいた。その中には最大の人間の一人であり、英雄的・牧歌的に物を考えることの創始者、エピクロスもいた。」

美しいエピクロス頌がここにあるといえるだろう。アルプスの風物の夕方のやすらぎ、そこにみなぎる壮大な充実感が、そのままこのギリシアの哲人の自己充足の感情に比せられている。澄みきった静謐の力強い安定、この大いなる賢者の到達した心境——。『華やぐ知恵』には、これと似た一文があって、これも引用せずにはいられない。ニーチェが自己のエピクロス把握をユニークなものと感じている点も、見逃してはなるまい。

「エピクロス。——そうだ。私はエピクロスの人物をおそらく誰とも違ったふうに感じていて、それを誇りに思っている。エピクロスについて、何を聞き、何を読んでも、私はそこに古代の午後の幸福を味わうのである。……エピクロスの眼は、日を浴びた岸辺の岩群のかなたに、広大にひろがる白く光った海を見ている。大小の禽獣はこの日光の中で嬉戯し、その日光のように、またかの眼と同じように、悠々自適している。だがこうした幸福を編みだすことのできるのは、不断に苦悩している者だけだ。こうした眼の前では、生存の海は凪ぎる。その表面、そのいろいろな色をした、纖細な、震えおののく海の肌を、その眼は眺め、そして見飽きることを知らない――こうした眼の幸福。これほどつつましい欲望はこれまでにないことであった。」

このエピクロスの静謐、苦悩の試練を経た自己充足の賢者の眼は、古代の午後の幸福という言葉で、古代の終焉、その夕方に近い気分と重ねあわされている。(ニーチェにおける午後、夕方、幸福感、夕映え、日没、たそがれといった一群の比喩は彼の思想の深所にとどいている)。

しかしエピクロスの影響は、その時代に対しては賢者の満足と静謐な眼といった側面より、ほかの側面ではるかに大きく作用したように思われる。その一例がキャシアス(カッシウス)の場合である。

シーザーが紀元前四四年三月一五日(予言者に、用心するようにいわれていた日)に暗殺されたとき、主犯はいうまでもなく、例の「ブルータス、お前もか」のブルータスだが、その義弟にあたり、片腕ともいえる人物がキャシアスである。（シェイクスピアの『ジュリアス・シーザー』によってこのへん英語読み）。このキャシアスはエピキュリアンであった。かれは武人であり、行動的であり、瘠せこけていた（エピキュリアンを「美食家」と取れば、これだけでも不適格かもしれない）。

三月一五日のような予言をはじめ、あらゆる前兆や託宣や迷信のたぐいが幅をきかしていたこの時代に、そうしたもの一切を認めようとしないエピクロスの信奉者だということは大きな意味がある。

ところでシーザーが殺された元老院の一隅には、シーザーと戦って、敗北の恨みを呑んだポンピイアス（ポンペイウス）の立像が置いてあって、エピキュリアンのキャシアスもその兇行に先立って、この立像に眼を注ぎ、思わず無言でその助けを祈ったといわれている。

また暗殺後ブルータス一派の形勢は悪くなり、いったん小アジア落ちをして手勢を集め、やがてマケドニアのフィリッピ（フィリポイ）の野で、アントニーらの軍と戦うことになるが、軍隊がアジアからヨーロッパに渡ろうとする前夜、シーザーの亡霊が現れて、「フィリッピでまた会おう」と言う（第四幕第三場）。ここのところシェイクスピアが種本にした『プルターク英雄伝』(河野与一訳、岩波文庫)では、すこし違っていて――「テントの中でブルートゥスが何か考えていると、人並外れて大きな体をした異様な姿が黙って自分の傍に立っていた。勇気を出して「どなたです、人ですか、神ですか、何の用があって来たのです」と訊くと幻影がこたえて「あなたの悪霊だ。フィリッポイで会いましょう」といった。夜があけるとブルートゥスはカッシウスのところに行って幻影の話をした。カッシウスはエピクーロスの学説によっていつもブルートゥスと論争していたのであるが云々」とあって長々とその議論が出ている。

いよいよ決戦となり、キャシアスはいろいろと不吉な前兆をまのあたりに見て、こころ動揺する。シェイクスピアは彼にこう言わせている(第五幕第一場)。「……私はエピクロスをかたく信じ、その説を奉じてきた。だが、今は考えが変って、前兆というものにも、いくぶん信を置きかけている」。

エピキュリアン＝カッシウスは特異な例ではないのかもしれない。ニーチェは『アンチクリスト』の中で、「ローマ帝国のあらゆる尊敬すべき人士はエピキュリアンであった」とも書いている。ニーチェの見方では、あらゆる迷信や宗教的迷妄、ないしは彼岸、あるいは死後における霊魂の存続（そのうえ、それが地獄に送られて永遠の刑罰を受ける）といったような考え方をエピクロスが拒否したことによって、彼はやがてローマ世界に登場するキリスト教に対して、未然に戦ったのだという。ニーチェの予想では、エピクロスとルクレティウスはローマ帝国で、もうすこしで勝利を決定的にするはずであった。そこへあのパウロが、「ローマを敵視し、「この世」を敵視するチャンダラ的憎悪が血肉と化し、天才と化した人物、ユダヤ人、選りぬきのユダヤ人が出てきた」。――そして奴隷階級のルサンチマンから発したキリスト教をして名を成さしめた。このへんの文脈をくわしく解説することはいまは省くが、ニーチェによればエピクロスの思想は、近代科学の力によって復権するのであり、宗教的迷妄からの解放というその意図は達成を見ることになるのである。しかしこの『アンチクリスト』ではエピクロスが高く買われると同時に、彼も畢竟デカダンであったという急激な価値倒換が説かれる。ニーチェ晩年の価値倒換の思想はなによりも自己の打樹てた価値の倒換でもあったのだ。

ニーチェが発狂したのちも、母親は息子がいつか正気にかえるだろうという希望を捨てなかった。彼女はこころみにエピクロスやアリストテレスなどという名を挙げて、どういう人なのかと息子に訊ねてみたことがあった。狂人は小一時間にもわたたって、それらに答え、すこぶるエスプリに富んだところを見せたそうである。これは母親の手紙に出ている。

ET IN ARCADIA EGO

――ニーチェにおける英雄的・牧歌的風景――

『イタリア紀行』の表題の下には「われもまたアルカディアに！」(Auch ich in Arkadien!)と書かれている。ゲーテはこれをドイツ語で書いているが、この句はラテン語のEt in Arcadia ego に由来している。しかしこのラテン語の元来の句が、時代をさかのぼって、いかなる古典作家が書いたものか、最初に誰の作品の中にあるのかということになると、それは確かめることができない。現在のところ最も古くこの句が見出されるのは、ローマにある一枚の絵画の中である。その絵は、二人の牧童が、破壁の上にのっている髑髏を、愕いて眺めているところで、しかもこの髑髏を鼠(――鼠はすべてを滅ぼす時の象徴といわれる)が嚙っているという図である。この髑髏ののっている壁面にEt in Arcadia ego の句がしるされているのだ。しかしこの Guercino 作と伝えられる絵はそれほど有名ではなかったらしく、(1)一般にこの句が知られるようになったのは、大家ニコラ・プーサン(Nicolas Poussin, 1594–1665)の作品にこれと同工異曲のものがあるためである。プーサン作「アルカディアの牧人」(Les Bergers d'Arcadie)と称するものは二枚あるが、その一枚は前述の絵とは髑髏が棺の中におさまっている点が異なっているだけで、この棺に例の銘句が書かれている。他の一枚はルーヴル美術館にあって、人のよく知る秀作で、これには髑髏は見えず、ただ古代の墓があり、それを囲んで牧童が三人、女性が一人、その墓面に刻まれた例の句を指さし、解読しようとしているところで、人物の配置にきわめて古典的均斉のとれた構図である。この名画は成立当時からすでに多数の版画にうつされ、世上に流布されたものらしい。さて、これらの絵における Et in Arcadia ego は明らかに墓碑銘と見るべきであるが、さらにその意味を考えれば、この ego すなわち「われ」は「人間」ではなく、むしろ「死」であって、平和な幸福境アルカディア(アルカディアそのものについては後述)のさなかに「死」が出現する、と解するのが正しいと思われる。「われもまたアルカディアに」は、この場合むしろ「アルカディアにもまた、われ(死)あり」であって、幸福な理想境、人類の「黄金時代(2)」をあらわすアルカディアにもかかわらず、死は冷厳な事実としてそこに在る、と解すべきである。

これは、あるいはいかにも穿《うが》った寓意的解釈のごとく受けとられるかもしれない。しかし、このような発想は、中世末期から近世初頭にかけてしきりに見られるもので、われわれは memento mori(死を想え)の雰囲気を念頭に置かなければならない。こうした精神的状況についてはたとえばホイジンガの『中世の秋』(3) などにも詳しく取扱われているが、ドイツの画家でいえばホルバインの描いた「死の舞踏」のようなものがことのほか人気を集めたことからも想像されるように、この類のものは当時の人達の愛好する芸術的主題であった。その頃は黒死病、チフス、やがて梅毒、その他の疾病の襲来と蔓延、たえざる戦争の惨禍などのため、社会一般が異常な心理状態に陥り、死とか虚無とか破滅の切迫感といった観念が充満していた。そこにまた、死や墓窖《ぼこう》や髑髏に対する不気味な興味、屍体に対する陰惨な愛着が生じ、宗教的な連想から、それが悪魔や、最後の審判の恐怖、地獄の責苦など、しばしば嗜虐的な表現に到達した。グリューネワルトの残酷な画面、あるいはデューラーの「騎士と死と悪魔」にしてもかかる背景を持っていると思われる。(4) Et in Arcacia ego の句も元来はこうした線に沿って上述のように解釈するのが正しいと思われる。

しかし、この句は時代と人心の推移に伴って、さらにいくつかの解釈を成立させるにいたった。まず第一に生じたのは、egoを死でなく、人間のわれと取る考え方である。「われもまたアルカディアに(ありき)。」自分はアルカディアで幸福な生を持っていたが、やはり死の運命を免れなかった、という意味だ。(こうした解釈はすでにプーサンの作に対しても行われた。)これもまた墓碑銘たりうる。しかし時代がさらに進行し、啓蒙主義を通過して一八世紀も後半となると、たとえばシラーの思想詩『諦念』(Resignation. 1784)は、「われもまたアルカディアに生まれたり」(Auch ich war in Arkadien geboren)の句をもってはじまっているが、この場合はもはや墓碑銘ではない。だがシラーの詩を読んでみると、その内容は、やはり死と虚無に直面した人間の問題である。そして最後には享楽を捨て、希望と信仰に生きよという理想主義的解決が提示される。ここまでくると、死との関連はかなり遠のいたといわなければならない。そのうちにやがて死との関連はまったく消え去り、この銘句はたんに、自分には幸福な過去があった。われもまたかつて満ち足りた幸福の境地にひとたび遊んだことがある、という意味(甘美な、あるいは感傷的な回想)となる。ヘルダーの詩『ナポリの回想』(Angedenken an Neapel. 1789)となると、ここに出てくるアルカディアはイタリアであって、もはや死や墓とは何のつながりもない。ゲーテの場合もこれと同様であろう。総じてゲーテの時代は、死への関心が稀薄になった時代であり、memento mori の時代は遠く去って、むしろ memento vivere（生を想え）が、ドイツ・フマニスムスの精神であるといえるだろう。[5] Et in Arcadia ego の意味の変転も、かかる時代精神を反映しているのである。

ところで『イタリア紀行』の初版（一八一六―一七）にはこの句があるが、ゲーテみずからの手による最後の全集版（一八二九）では、この副題が除去されているのはなぜだろうか。その理由は明らかでないが、あるいは彼がこの句の曖昧さ、それが墓碑銘だという含みに気付いて、これを面白くないと思ったのかもしれない。もちろんこれは筆者の推測を出でず、なんら根拠のあるものではない。

ところで Et in Arcadia ego の句を離れて、アルカディアそのものについていうなら、この幸福境が『ファウスト』第二部のなかに出現することは、これまた人の知るところだ。ファウストはヘーレナを得て、このアルカディアに住む。そしてオイフォリオンが生まれる。このくだりに先立ってアルカディアの風景を述べた箇所があるが（一五二一六行以下）、それにまた「樹蔭に富んだ森」の場面がつづく。これらはまさしくアルカディアとして、ゲーテが十分の古典的伝統の知識を踏まえて書いたものである。

北につながる高い山々のとげとげした頂きには、
まだ寒々と日の光が落ちているが、
どうやら岩のあたりは緑がかった草の色も見え
山羊が乏しい餌を食っている。

泉から水がわく。　集った渓流が流れ下る。
すでに山峡や斜面や牧地が青々としている。
断続する平地の幾多の岡の上には、
羊の群がいっぱいにひろがって進むのが見える。

三々五々、　用心ぶかい、　ゆったりした足どりで、
角のある牛が断崖のほうへあるく。
断崖の岩にはたくさんの洞窟があって
家畜たちの恰好な隠れ場となる。(6)

こうしたものがまさしくアルカディアの風景、その自然の設定ともいうべきものなのだ。背景に突兀《とっこつ》とした山なみの厳しさがあり、それと対照的な優しさをもった緑の牧地が、唐突のようで、しかもきわめて自然に、その前面に展開する。渓流あり、洞窟あり、羊や山羊や牛の群、牧人たちが点綴される。そして「樹蔭に富んだ森」がこれに加わるといった風景である。これは一七世紀初頭のローマ在住のカラッチ(Carracci)、ドメニキーノ(Domenichino)その他の画家からはじまり、プーサンやクロード・ロレン(Claude Lorrain, 1600–82)がそれを発展させたいわゆる「理想的風景」(Ideallandschaft)と呼ばれるもの、あるいは「英雄的・牧歌的風景」(heroisch-idyllische Landschaft)と呼ばれるものにほかならない。それにはもちろんさまざまな趣向の変化があり、たとえば湖や海、廃墟、月光などが配され、神話的人物が加わるなどのことがある。こうした風景画は現代から見ればすでに美術史上の過去のものにすぎないともいえるが、しかし今でもなおヨーロッパ人の自然を見る眼に、依然として作用しているように思われる。スイス、イタリア、さらにはギリシアあたりにはこの類の風景が実在することもたしかであり、筆者がかつてドイツ人の一団とギリシアを旅行したときには、かれらが事毎に Heroische Landschaft! と声をあげて嘆賞するのを聞き、こうした概念がかれらになおふかく滲透しているのを感じた。これは伝統的な文学的教養とも関連がある問題である。(7)

さて、アルカディアそのものについて述べなければならない。(8)

ギリシアの地図をひらいて見るなら、ペロポネソス半島の中央部にアルカディアの地名を見出すことができる。四方を高い山脈に囲まれた高原地帯であり、内部にも多くの小山脈があってまた多くの小地方にわかれている。かくべつ有名な遺跡に富んでいるということもない。オリンピアは西方イリスにあり、コリントやアルゴスは東に、スパルタは南にあって、アルカディアの内部にはそれらに匹敵するほど有名なところはひとつもない。筆者はその一部分をバスで走っただけであるが、風土的にもあまり取り柄のあるところとは思われぬ。古代においても状況はほとんど変らないようである。この実在のアルカディアは、いままで述べてきたアルカディアとは直結しない、——という意味は、つまりアルカディアという概念で伝統的にあらわされている文学的内容、すなわちそれが幸福な理想境であり、人類の黄金時代的ヴィジョンの舞台として牧歌的生活が存在するところという内容は、この実在するアルカディアからは、必然的には、生まれてこないからである。(9)

それではこの文学的アルカディアを案出したものは誰かといえば、それはローマの詩人ヴェルギリウス（70–19 v. Chr.）なのだ。かれが西暦紀元前四〇年前後に、『牧歌』（Eclogae）——なかんずくその最後におかれた第十歌によって——アルカディアを創造したといっていい。牧人の男女が登場し、恋愛の歌、対唱、戯れもあるし悲歎もある牧歌的世界、さらにアポロや牧神パンも姿を見せる舞台として、ヴェルギリウスは、自分が訪れたこともないアルカディアを選んだのであった。
『ファウスト』の引用をさらにつづけてみよう。

牧神パンがかれらを守護する。水飲み場の
濡れてさわやかな谷の茂みには、
水の精が棲んでいる。密生した樹木が
枝をはり、高い空にあこがれて伸び上がる。

ここは太古の森だ。かしの木は力づよく立って、
強情らしい枝と枝とを交えている。

かえでの木は甘い汁をふくみ、やさしく、
すらりと伸びて、梢の葉をゆるがす。

静かな木かげには、なま温かい乳がわいて
子どもや仔羊の飲むにまかしている。
近くには平地の熟した果物もある。
うつろになった木の幹から蜂蜜がしたたる。

この国では生活の満足が、子々孫々に
伝えられる。人々の頬と口とが明るくほほえむ。
老いも若きも、さながら神々のように、
心みち足りて健《すこ》やかに暮らしている。

こうして清らかな一日一日に育ち、かわいい
子どもがたのもしい父親になっていく。

われわれは驚きの目をみはってたずねる。
かれらは人間なのか、神々なのかと。

だから、アポロは牧童のすがたをしていたし、
もっとうつくしい牧童はアポロに似ていた。
自然が清らかな自然のままでさえあれば、
あらゆる世界がたがいに交わりあうのだ。

これはまさしく神話と歴史的人類が交錯する「黄金時代」であり、乳と蜜の流れる自然の中の幸福境であるが、これがヴェルギリウスの『牧歌』(そして『農耕歌』)から由来するのである。元来ヴェルギリウスは、牧人が登場する詩という形式を、ギリシアの詩人テオクリトスに範を取ったのであって、模倣といえば模倣であり、ある部分はたしかに翻訳ですらある。しかしこうしたことはラテンの詩人の場合、ギリシア文化の伝統的な重みを考えれば非難するにあたらず、むしろその場合に発揮されたヴェルギリウスの新鮮な詩魂を高く買わなければならない。『牧歌』はその後の西洋文学に大きな影響を

及ぼすにいたった⑩。

このヴェルギリウスの範となったテオクリトスは、ヘレニズム時代の詩人で、およそ紀元前三世紀前半の人であるが、シチリア島のシラクサに生まれ、そのため、かれの詩にはシチリアの牧人が登場した。しかし、ヴェルギリウスの時代になると、このシチリアはすでにローマの属領《プロヴィンツ》と化し、そこの牧人はローマの大地主の下僕という身分となり、そのようなきわめて現実的な存在として当時の文学に登場していた。このような事態は、ヴェルギリウスがその『牧歌』を書くとき、シチリアがすでに不適当と思われ(シチリア的なものも『牧歌』には残存しているが)、新たにアルカディアの地を舞台とした理由であった。

アルカディアの出身者にギリシアの歴史家ポリュビオスがある。ポリュビオスはその愛する郷土を叙するにあたって、かくべつ特筆大書するほどのものもなく、ただその地の牧人は幼少から歌を能くし、しばしば歌の競争が行われること、葦の笛を発明した牧神パンのふるさとでもあること、などしか記すことができなかったが、ヴェルギリウスの空想をかきたてるにはポリュビオスのこれだけの記事で十分であった。要するにヴェルギリウスには非現実的な遠方(ヴェルギリウスは一度もアルカディアに行ったことがなかった)が、夢と理想の国として必要であったのだ。またヴェルギリウスは、当時の内乱による政治的混乱の収拾を、ひそかに皇帝アウグストゥスに期待するところがあり、平和へのあこがれを理想境アルカディアに託するところがあった。だいたいこの『牧歌』は、寓喩《アレゴリー》が多くてその解釈にも諸説を生ずる部分があるが、テオクリトスの場合とは異って、内容はなかなかしゃれたもので、牧人もすこぶる都雅であり、ヴェルギリウスはその口を藉《か》りて自己の見解を語りもしている。第四歌には平和と幸福の究極の招来者として、まもなく救世主的幼児が誕生することの予言があり、これなどは、後になってキリスト教徒からヴェルギリウスが尊重される端となった。「乳と蜜が流れる」のは聖書的表現であるが、オイフォリオンの誕生もなんらかのそうしたイメージが関連しているかもしれない。それらのことはともかく、要するに、現実にはそれほどの必然性もないのに、ヴェルギリウスがこれを『牧歌』の中にとりいれたために、アルカディアはその文学的内容をえたのである。

前提部が長くなった感があり、しかもなお意をつくさない憾みがあるが、この小論の主題はニーチェにおける Et in Arcadia ego にあるから、このあたりでニーチェの方に移ることにする。

ニーチェの『人間的、あまりに人間的』の第二部の後半は「漂泊者とその影」と題され、三五〇のアフォリズムを収めているが、その中の一つに《Et in Arcadia ego》と題された一篇がある。

「《Et in Arcadia ego》——私は丘々の波をこえ、樅や老いて厳めしい唐檜《とうひ》の群を通して、一つの乳緑色の湖水の方を見おろしていた。周りにはあらゆる種類の岩の塊りがあり、地はいろいろの花や草によって彩られていた。畜群が私の前を動き、延び、ひろがっていった。牝牛がちらほらと、また群をなして遠く、夕日の光をくっきりと浴びて、針葉樹林のそばにいた。また別の群がもっと近く、これは朦朧としていた。一切が安らかに夕方の飽満にひたっていた。時計は五時半頃を指していた。一頭の牡牛は群をはなれて真白く泡立つ小川に足を踏みいれ、水にさからい、あるいは従いながら、その奔流を辿っていった。こうして牡牛はおそらく強烈な快感を味わっているのであろう。ベルガモ人らしいふたつの暗褐色の人影は牧者であった。少女のみなりもほとんど少年と変わらぬ。左手には幅広い森林帯の上に岩山と雪原、右手には私の頭上高く、日靄のヴェールの中に漂いながら、二つの巨大な氷結した岩角、——一切のものが偉大で、静かで、明るい。総体の美が戦慄をそそり、美の黙示される瞬間の黙々とした崇拝をそそる。恰もこれより自然なことはないかのように、知らずしらず、人はこの澄みきった鋭い光の世界(憧れる、満たされぬ、待ち受ける、前後を顧みる、といったことは何一つ知らなかった世界)の中へギリシアの英雄たちを思い描いたプーサンとその弟子のように物を感じないわけには行かなかったのである。英雄的に、同時に牧歌的に。——このようにしてひとりひとりの人間もまた生きて来、このように自分を持続的に世界の中に感じ、また世界を自分の中に感じて来たのだ。そして彼等の中には、最大の人間の一人、英雄的・牧歌的な哲学のし方の発明者、エピクロスがいたのである[11]。」

この美しい散文詩は、空想の風景ではない。これはスイスのオーバー・エンガディーン、サン・モリッツ付近の実際の風景の描写なのである。これをニーチェが書いたのは一八七九年の夏と推定される。当時かれはこの付近に滞在していた。その年の五月二日に、かれはバーゼル大学に退職願を出し、古典文献学教授の地位を辞したのであった。

病気が重くて講義をつづけることが困難になったからだ。このときからニーチェの後半生がはじまる。ワーグナーとの友情も絶え、いわゆる「孤独なるニーチェ」の時代である。以来一〇年、イタリアのトリノの町における発狂にいたるまで、ニーチェは孤独な漂泊者であり、病苦にうちひしがれつつ、アルプスの山中やイタリアの諸都市を転々として暮らす一所不住の旅びとであった。六月の終りにおとずれたこのオーバー・エンガディーン一帯の清澄で幽絶な風光はたちまちかれの心をとらえたらしい。妹にあてて書いた手紙には「さながら自分が約束の地にあるかのような気がする」とある。また彼は書く、「われわれの精神は、自分と生き写し《ドッペルゲンゲル》(分身)といってもいいような自然を見出すことがあるものだ。こうした風物の中でこそ自分は生きるに耐える。長いことこうしたものを探していたが、今度はついに発見したような気がする……。これからも何遍となくここへ来るだろう」。またバーゼルの同僚であったオーヴァベックに宛てて書いたものには「この前の葉書以来だいたい床についたきりだった……。ところがいまやエンガディーンにめぐりあえたので、私はまさに自分の元素《エレメント》の中にいる思いだ。まったく不思議だ。私はここの自然と血縁つづきなのだ」。このような自然に対するニーチェの親近感は、きわめて注目すべきものである。「漂泊者とその影」は、その行間にアルプスの高山の大気が流れているような著作だが、その中には、さらに次のような文章もある。さきの手紙の中の生き写しという言葉が繰返されている。

「自然の生き写し《ドッペルゲンゲライ》。——多くの自然の風景の中に、われわれは自分自身を再発見して、快くも慄然とする。これは最も美しい分身《ドッペルゲンゲル》の現象だ。——こうした感覚をまさしくここで抱きうる人はなんと幸福だろう。この絶えまなく日光の沁みわたる十月の空気の中で、この朝早くから夕方まで悪戯っぽく幸福げに戯れる風のそよぎの中で、この澄みきった明るさと程よい冷気の中で、永遠に融けざる雪の凄烈のかたわらに平然として横たわったこの高原の優しくも厳粛な丘陵・湖水・森林の全体的性格の中で、——イタリアとフィンランドが一体となり、自然の持つあらゆる銀の色調の故郷ともいうべきここで、そうした感覚を抱きうる人はなんと幸福だろう。——「たしかに自然の中には、もっと偉大で、もっと美しいものがあるに相違ない。だがこの風景こそ私には切実で、親近で、血縁つづきなものだと、感じる。いやそれ以上のものだと」こういいうる人は、なんと幸福だろう。[12]」

自然に対するきわめて切実な結びつきを、われわれはここに見る。人間関係に見られないほど切実で、強力な結びつきである。自己の分身、生き写しだというひたむきに自然と密着した感情、これはニーチェの思索の秘密を解く一つの鍵であり、かれの思想の核心に迫るものだ。つまり、これがニーチェのアルカディアなのだ。このアルカディアはヴェルギリウスが遠方に設定し、夢見た文学的アルカディアとは全く性質を異にし、ニーチェがその中で生き、呼吸し、眼のあたりにして共感し、昂揚を覚えるアルカディアである。かの『ファウスト』におけるアルカディアにしても、ゲーテの偉大なファンタジーの綜合力を語るものにすぎず、また『イタリア紀行』には幾多の美しい風景(たとえばシチリア島)への讃歎が惜しまれていないが、これらもまたゲーテの全存在を吸収しつくすアルカディアではなかった。ニーチェのような、主体が自己を発見する実存的なアルカディアではない。この関係はニーチェの思想全体と結びつけてとらえなければならない。

ニーチェにおける風景の意識とその意味については、あまり深く踏みこんで論じているひとがないように思うが、さすがにヤスパースはその『ニーチェ』で、きわめて簡潔だが、的確な指摘をしている。⒀ ヤスパースは、風景はニーチェの思惟の背景であり、この背景をひとたび窺い見るならば、ひとは圧倒される思いがするといい、またここにはニーチェの魅力への最も容易な通路があり、あらゆる理解の前提をなすところの気分がのみこめるという。また、自然の中で、ニーチェは「存在の言葉」(die Sprache des Seins)を聞くという。自然に対する満足のときに、ニーチェの深い幸福の息づきが聞こえるのであるが、それではこうした自然と一体になるという幸福は、いかにしてそういうことが起こったかといえば、ニーチェの場合、人間との交わり《コムニカチオーン》が失われたために、その代替物ではなかろうかとヤスパースは示唆している。

このように見るとき、ニーチェにおける風景との異常なまでの親近性、共鳴、その昂揚感というものは、人間的な交わりの欠如、すなわち孤独、の前提のもとにある。そうした孤独、敢えていうなら一種のニヒリズムがかもしだす昂揚感であり、その反映ともいえるであろう。ニーチェのアルカディアはそうした孤独によって支えられた風景であり、さらに敢えていえばニヒリズムに陥った魂の奥底に展開する風景だともいえるであろう。これは後述するドストエフスキーにおけるスタヴローギンの場合と思いあわせることができる。

一八七九年にはニーチェはサン・モリッツ(当時は村)に滞在したが、翌々年にはさらに山奥にはいって、ジルス・マリーアに宿を見出した。それ以後、毎夏このジルス・マリーアを訪れて、発狂まで七回に及ぶ。かれがこの付近の風物に愛着を持っていたことは非常なもので、手紙や著作の中にさまざまな表現を残している(14)(『ツァラトゥストラ』における永遠回帰の思想もこの付近で霊感を得たのである)。それらのことを詳細に述べることは、ここでは控えて、ふたたび前掲の Et in Arcadia ego の一文にもどって考えたい。

この一文は前述のようにオーバー・エンガディーンの風景であって、同時にニーチェのアルカディアである。『ファウスト』のアルカディアと同じように、その主要な道具立てがそろっている。雪を帯びた山、牛や羊の群、森林、牧地、牧人、渓流、明るく、光のみちた世界、そして「英雄的・牧歌的」という表現もはっきりそこに書かれている。さてそこで気にかかるのは「プーサンとその弟子」という言葉が見えることだ。この弟子(sein Schüler)は単数であるから、誰か特定の人間をさすものと考えられ、私はこれをクロード・ロレンを意味するものと取りたい。クロード・ロレンが、ローマにおいて、プーサンの影響を受けたことはたしかであるから、弟子と呼んでもいいであろう。そのような解釈を裏づけるものとして、ニーチェがこの「漂泊者とその影」を書いていた時期からの遺稿の中につぎの一文が見出される。[15]

「一昨日の夕方、私はクロード・ロレン的な恍惚たる感激にひたり、ついには長いことひどく泣いてしまった。わが身にもこうしたことが、まだ体験できたのだ、地上に、かかる風景が存在するとは、われながら知らなかった。いままでは優れた画家たちがこしらえたものだと考えてきたのだ。英雄的・牧歌的なもの (das Heroisch-Idyllische)を、いまや、私は発見した。そして古人のあらゆる牧歌的なもの (das Bukolische)が、いまや、一挙にして私の前でそのヴェールを取り、啓示されたのだ、――これまでの私は何一つ理解していなかったのだ。」

この遺稿の一節は、さきの Et in Arcadia ego の一文との関連において読まれるべきであろう。

クロード・ロレンはゲーテも非常に高く評価した画家であって、『イタリア紀行』の中にも、またエッカーマンとの対話においてもしばしば讃歎の言葉が見られる。ゲーテがクロード・ロレンの絵に理解を深めたのはもちろんイタリアにおいてであって、とりわけ南国における風景の微妙なニュアンスの把捉はクロード・ロレンによって本質的に規定されているかのごとくである。ローマではメディチ家の別荘で、――「新月がちょうど過ぎたばかりで、ほっそりした三日月のわきに、肉眼でもほのかに見える暗い月の全面が望遠鏡でははっきりと眺められた。地上には、クロードの油絵や素描からでしか知ることのできない昼の靄《もや》が棚曳いている。これほど美しい自然現象はよそでは容易に見られない⑯」と感じ、また「美しく晴れた午後」パレルモの港にはいった時には「海辺一面に漂っていた靄の清朗さは、とうてい言葉をもって表わすことができない。輪郭の清純、全体を包む柔和、色調相互の分離、空と海と大地との調和。これを見たものは一生涯忘れることができない。今や始めて、私はクロード・ロレンの絵を理解することができるのだ⑰」といった調子である。しかしおそらくさらに重要な言葉は、エッカーマンにクロード・ロレンの風景画集を見せたときに語った言葉であろう。ゲーテはクロード・ロレンを「完璧な人間」(ein vollkommener Mensch)と呼び「かれは美しく考え、感じた」といっている。「この人の気持の中には、外の世界では何処にも見られないような一つの世界がひそんでいた。どの絵もこのうえなく真にせまっているが、そのくせ現実の姿はどこにもみられない。クロード・ロレンは現実の世界を微に入り細にわたってそらんじていたから、自分の美しい魂の世界を表現するためにそれを手段として用いたのだ。こういう風に、現実の手段を利用して、描かれている真実なものがまるで現実でもあるかのような錯覚を起させるところに、ほんとうの観念性《イデアリテート》というものがあるのだ。(18)」

ニーチェもまたその若い時代からクロード・ロレンを完璧な画家と考えていた。(19)これはあるいはゲーテあたりの評価の影響が及んでいるのかもしれない。ヤーコプ・ブルクハルトもまたクロード・ロレンを非常に重んじていたから、(20)あるいはブルクハルトがニーチェに決定的な影響を与えたのかもしれない。

クロード・ロレンは、一六〇〇年フランスに生れたが、ローマに赴いて、活動し、其地で没した。一七世紀の代表的な風景画家である。当時は、現実主義的な傾向のすぐれた風景画家がオランダあたりに輩出していたが、クロード・ロレンはこれらとは別の途を進み、プーサンとともにいわゆる「理想的風景」を描いた。さきのゲーテの言葉からも窺えるように、光の効果をたくみに捉えて、明暗の微妙な段階を、前景から背景へと、深い奥行において仔細に追及し、これによって独特な理想的雰囲気を表現した。かれの作品はルーヴルをはじめ、各地の美術館などに多数存在するが、ニーチェが作品中のどれとどれとを実際に見ているかはたしかめることができない（ドレスデン美術館あたりは最も有力に思われるが――）。いずれにせよ、クロード・ロレンが自己の精神的風景であるという開眼は、さきに引用した遺稿の文章の示すように、オーバー・エンガディーンにおいてであったと考えられる。

　さらに、ニーチェはその晩年に近づくにつれて、自然的風物に対して、いよいよクロード・ロレンと結びついた陶酔と感激を強める。かれの自伝『この人を見よ』は、発狂直前に書かれたものである。当時ニーチェはジルス・マリーアにおいて『アンチクリスト』を書きだし「巨大な使命」をはたすために「一字一句を青銅の板に刻みつけた」と書いたあとで、「その序言は、一八八八年九月三日にできた。朝それを書いたあとで、外に出ると、そこにはオーバー・エンガディーンが、かつて私に見せてくれた最も美しい日があった。――透明で、そのもろもろの色彩は燃えるよう。氷と南方のあいだのあらゆる対比、あらゆる中間を包含していた[21]」と書く。前に引用したイタリアとフィンランドが一体になったというのと同じ表現だが、まさにクロード・ロレン的な把握である。かれは九月二〇日にジルス・マリーアを出発し、途中コモ湖付近では洪水にあっていのちがけの思いをしたりして、二一日の午後イタリアのトリノについた。このトリノの町はニーチェの好きな町であって、彼はその年の春に借りていたのと同じ住居にはいった。

そして「……すぐに仕事にかかった。『アンチクリスト』の終りの四分の一を完成すればよかった。九月三〇日大勝利。第七日。ポー河沿いの神の逍遥」。第七日というのは神の天地創造を終えた休息の日である。これらの表現にはすでに多幸症《オイフォリー》の徴候があるのを否みがたい。

「その日のうちになお『偶像のたそがれ』の序言を書いたが、その校正刷を見るのが、九月における私の休息だった。――私はこれほどの秋を体験したことがなかった。およそこんなことが地上で可能だとは思ってもみなかった。――クロード・ロレンが無限につづいているような、毎日毎日が同じように途方もない完璧といったような――。」

同じトリノの町からペーター・ガストに宛てて書いた手紙（一〇月三〇日付）には、「ここでは毎日毎日が同じように途方もない完璧と日光の豊かさをもってやってくる。燃えるような黄色のすばらしい樹々。薄青色の空と大河、きわめて浄らかな空気、――私がこの目で見るとは夢にも思わなかったクロード・ロレンだ[22]」とある。彼の精神的崩壊を前にした恍惚たる自己満足の感情が、クロード・ロレンの風景と溶けあって眼前にある。遠く夢想された風景ではなく、現実の風景がそのままクロード・ロレンとなり、外的風景が同時に内的風景となる。数旬後には、このトリノの町でニーチェは発狂する。クロード・ロレンはニーチェの最後の精神的風景なのだ。

ところで、前に一言したように、ドストエフスキーにクロード・ロレンが出現することを述べておこう。

『悪霊』の中の「スタヴローギンの告白」の章である。スタヴローギンは少女マトリョーシャを凌辱し、少女が首をくくるのを部屋の外で待って、自分の推測の正しさをたしかめた、——というような虚無主義的行為を告白し、さらにその後外国へ行き、アトスの山やエジプトやその他ヨーロッパ各地を旅行したことを語る。かれはドイツを通過中、汽車の乗り換えの時間をつぶすために、ある田舎町の旅館で食事をし、しばらくうたたねをする。

「そのとき余は実に思いがけない夢を見た。こんな夢はかつて見たことがなかった。ドレスデンの美術館《ガレリー》に、クロード・ロレンの画が陳列されている。カタログには「アキスとガラテーア」となっているが、余はいつも「黄金時代」と呼んでいた。自分でもなぜか知らない。余は前にもこの画を見たことがあるけれど、その時も三日前に、また通りすがりに気をつけて見た。というより、この画を見るために、わざわざ美術館へ出かけて行ったのである。ドレスデンへ寄ったのも、ひっきょうそのためかもしれない。で、この画を夢に見たのだが、しかし画としてではなく、さながら現実の出来事のように現われたのである。

それはギリシア多島海の一角で、愛撫するような青い波、大小の島々、岩、花咲き満ちた岸辺、魔法のパノラマに似た遠方《おちかた》、呼び招くような毎日、——とうてい言葉で現わすことはできない。ここで欧州の人類は、自分の揺籃を記憶に刻みつけたのである。ここで神話の最初の情景が演じられ、ここに地上の楽園が存在していたのである。……ここには美しい人々が住んでいた。彼らは幸福な、けがれのない心持で、眠りから目ざめていた。森は彼らの楽しい歌声にみたされ、新鮮な力の余剰は、単純なよろこびと愛に向けられていた。太陽は自分の美しい子供たちを喜ばしげに眺めながら、島々や海に光を浴びせかけていた！　これは人類のすばらしい夢であり、偉大な迷いである！　黄金時代、——これこそかつてこの地上に存在した空想の中で、最も荒唐無稽なものであるけれど、全人類はそのために生涯、全精力を捧げつくし、そのためにすべてを犠牲にした。そのために予言者も十字架の上で死んだり、殺されたりした。あらゆる民族は、これがなければ生きることを望まないばかりか、死んでゆくことさえできないくらいである。余はこういうような感じを、すっかりこの夢の中で体験した。余は本当のところ、なんの夢を見たのか知らないけれど、眠りがさめて、文字通りに泣きぬれた目をあけた時、余は岩も、海も、落日の斜めな光線も、まざまざと目《ま》のあたりに見るような心地がした。かつて知らぬ幸福感が痛いほど心臓にしみ込んで来る。[23]」

　救済と光明と美と愛への大きなあこがれがこの黄金時代の夢の中にほとばしる。はじめてこのつめたいスタヴローギンが「泣きぬれる」のである。[24]しかしつぎの瞬間には「まざまざと小さな赤い蜘蛛が眼前に現われ」、瘦せて熱病やみの目つきをしたマトリョーシャの幻が、スタヴローギンを現実にひきもどす。束の間とはいえ、このニヒリストの魂の奥底に蕩揺するイメージが、クロード・ロレンの金色の風景だということは、ニーチェのクロード・ロレンの陶酔——「恍惚たる感激にひたり、長いことひどく泣いた」(――上述のオーヴァベック宛の手紙)と思いあわせて、近代の黙示録的予言者たちの苦悩の断面と組成を考えさせるものがある。

しかし、ニーチェの場合、そのアルカディアの風景は、ゲーテの『ファウスト』の場合やドストエフスキーの場合と異なり、これらにはいずれも黄金時代における人間の共同体が慕われ、その幸福が夢みられるのに対して、どこまでも個人的で、それを眺める孤独な存在が風景に吸収され、それによって生動し、昂揚するということに終わることは注目すべきであろう。すなわち「自己を世界の中に感じ、世界を自己の中に感じる」こと、この哲人的な視界がニーチェのアルカディア的幸福である。ニーチェはこれを英雄的・牧歌的な哲学の仕方と名づけ、エピクロスの名をもって呼んだのであった。ニーチェはエピクロスを「おそらく何びとよりとも違った風に感得すること」を誇りとしていた。エピクロスは「古代の午後の幸福」を味わいえた唯一の哲人であった。ニーチェは『華やぐ知恵』の中に書いている。

「私は見る、エピクロスの視線が陽を浴びた岸辺の岩を越えて、広大な白く光った大海を見わたすのを。そのとき大小の生きとし生けるものは、その陽光の中で、さながらその陽光か、あるいはかれの視線そのもののように、安らかに、静かに、戯れている。そのような幸福はただ、不断に苦悩する者のみが創造しうるのだ。その前では生存の海が静まりかえる眼、いまや生存の表面、この多彩な、繊細な、震え戦く海の皮膚をいくら見てももはや見飽きることのない眼——そのような眼の幸福。これより以前には、かくのごとくつつましい快楽はなかった。[25]」

Et in Arcadia ego の銘句はここではもはや墓碑銘ではなく、またゲーテのような讃歎、もしくは甘美な回想でもなく、第三の新しい意味内容に到達したのである。

（1） Büchmann, *Geflügelte Worte* では Schidone (gest. 1615) のこれと類似の絵をあげている。Festausgabe のゲーテ全集『イタリア紀行』の注もそれによっているが、ここではハンブルク版の注によった。それは Erwin Panofsky の解釈を採っているものである。(Vgl. *Goethes Werke*, Hamburger Ausgabe. Bd. XI, S. 575ff.)

（2） 「ヘーシオドス（『仕事と日々』）によると、クロノスが天にあって治めた時世はいわゆる黄金時代であって、その頃の人間は心にわずらいを知らず、労苦も悲しみもなく、あらゆる災から遠く離れ、楽しい饗宴に日々を送ったとある。そして安楽と平和のうちに神々に愛せられ、あらゆる物資はおのずから地に溢れ播くことも刈ることも要らずに、老いも知らず、ただ齢が満ちたときは自然と眠り入ったまま死んでいった。——これがクロノスの世、ローマ詩人のいわゆるサートゥルヌスの治世 Saturnia regna（ヴェルギリウス『農耕歌』）であるが、これは伝説というよりも遥かに詩人の非現実的な幻想の産物といっていい。」（呉茂一『ギリシア神話』）

（3）J. Huizinga, *Herbst des Mittelalters* ことにその第一一章（Das Bild des Todes）参照。

（4）以上の記述は不十分であるが、この点に関して *The American Historical Review*, January 1958 所収 W. L. Langer, The Next Assignment（『アメリカーナ』第四巻第九号に邦訳）が参考になる。文献も多数挙げられている。

（5）Vgl. H. Weinstock, *Die Tragödie des Humanismus.*

（6）大山定一訳（人文書院版ゲーテ全集、第一一巻）。

（7）文学的な「理想的風景」に関しては、E. R. Curtius, *Europäische Literatur u. lateinisches Mittelalter* の第一〇章（Die Ideallandschaft）参照。「英雄的風景」という概念《heroische Landschaft》あるいは「英雄的・牧歌的」《heroisch-idyllisch》という対立概念は現在でもしきりに使われている。たとえば《War es in den viel besuchten Capri, Sorrent. . . eine heroische Landschaft, die mich bezauberte, so war es Pforzheim eine idyllische.》（E. R. Rothaker, *Heitere Erinnerungen.* 1963）また Fr. Gundolf が次のように書くとき、あきらかにこの対立概念をふまえている。《Die Weltart, die er（Napoleon）in sich trug u. für ein Jahrzehnt realisierte, widersprach der Weltart, der er begegnete: er kommt als politischer Heros in eine idyllische Zivilisation, während Alexander u. Caesar als Heroen in eine heroisch politische Ebene treten.》(Dichter u. Helden) そのグンドルフは詩人ゲオルゲの故郷ビンゲンを「英雄的風景」と呼んでいたそうである。E. R. Cultius, *Kritische Essays zur europäischen Literatur* (1950) の中 (S. 170) に《Bingen, wo sich Rhein und Nahe gatten, war mir von Gundolf mit Recht als „heroische Landschaft" gerühmt worden. George liebte es, sie zu wandern.》とある。また W. Emrich, *Die Symbolik des Faust II* (1957) の第五章第五節は《Krieg u. Arkadien u. das Verhältnis des Heroisch-Dämonischen zum Idyllischen bei Goethe》と題されている。

(8) アルカディアについての最もすぐれた考察はブルーノ・スネルのものである。以下の叙述もそれに依拠するところが多い。Bruno Snell, *Die Entdeckung des Geistes* (1955). ——その中に、Arkadien. Die Entdeckung einer geistigen Landschaft の1章がある。

(9) Kirsten-Kraiker, *Griechenlandkunde* にも曰く、《Oberhalb von Tropäa bleibt rechts der Strasse die bedeutsame Frankenburg von Akowa bei Galatas. Ihre Umgebung wie das Bergland um den Ladon und die anderen Alfioszuflüsse ist das eigentliche Arkadien, das seinen Ruhm nicht den landschaftlichen Reizen, sondern der Vorstellung vom idyllischen Hirtenleben fern der grossen Welt in Theokrits u. Virgils „Bukolik" und der klassischen deutschen Dichtung verdankt.》(S. 473)

（10）　ローマの皇帝時代からゲーテの時代にいたるまで、すべてのラテン的教養は、『牧歌』の第一詩を読むことによってはじめられた（Vgl. Curtius, a. a. O., S. 197）。なお書きおとしたが、『ファウスト』の「樹蔭に富んだ森」について、同じくクルティウスの同書二〇一頁《Der Hain》の節を参照。「場面が一変して」この影の多い森となるのは、オヴィディウスによるのかもしれない。

（11）　Bd. III, S. 354.（*Nietzsches Werke, Gesamtausgabe in Großoktav*）阿部六郎訳による。

（12）　Bd. III, S. 368.

（13）　K. Jaspers, *Nietzsche*. S. 326ff.

（14）　「英雄的風景」に関していうなら、Meta von Salis-Marschlins, *Philosoph u. Edelmensch. Ein Beitrag zur Charakteristik Friedrich Nietzsches*（1987）はジルス・マリーアにおけるニーチェを回想したものであるが、その中に次の一文がある。《An einen in Sils erhaltenen Besuch erinnerte sich N. mit besonderer Freude. Es war der des frühgestorbenen Heinrich von Stein, im Sommer 1884. In angeregtem Gespräch waren die beiden Männer während drei Tagen in der Gegend umhergewandert, die durch ihre ernste Schönheit die Gedanken weiht. Nietzsche führte mich an die Stelle, wo die Strasse nach Fex über die Kirche oben in das eigentlich so genannte Tal einbiegt und der Blick vorwärts auf den schimmernden Gletscher, rückwärts auf die kahle, dunkle Gebirgsmauer fällt. Hier hatte Stein ergriffen ausgerufen: „Das ist heroisch!“》（S. 44）

（15） Bd. XI, S. 153. もしクロード・ロレン以外に「弟子」を求めるなら、恐らくプーサンの親類であって弟子であったGaspero Poussinということになろう。Vgl. J. Burckhardt, *Cicerone.*（Alfred Kröner Verlag）S. 997.

（16） 一七八七年二月一九日（相良守峯訳、岩波文庫）。

（17） 同年四月三日。

（18） 伊藤武雄訳（人文書院版ゲーテ全集、第一一巻）。

（19） Bd. III, S. 91, 97など参照。なおニーチェにおけるクロード・ロレンについてはE. Bertram, *Nietzsche*の中にClaude Lorrainと題する一章がある。しかしドストエフスキーへの言及はない。

（20） ブルクハルトには《An Claude Lorrain》という美しいソネットがある。《Vielleicht hast du viel verloren/Bis du entrinnend vor des Schicksals Bränden, /Dein Bündnis schlossest an des Waldes Enden/Mit den Dryaden und den süßen Horen/Drum will ein tiefes Sehnen uns beschleichen/Nach Glück und Ruh, wann du den Blick geleitest/Vorbei den hohen immergrünen Eichen. /Zu schattgen Hainen dann die Landschaft weitest/Paläste und Tempel baust, und jenen weichen/Nachmittagsduft auf ferne Meere breitest.》この詩の気分とニーチェのエピクロス理解とは一脈相通ずるものがあると思う。また前掲《Cicerone》の中では、ロレンについて《Vorzugsweise tröstlich wirkt》の語が見える。E. Salin, *Nietzsche und Burckhardt*（Rowohlt, 1959）にはブルクハルトがニーチェに「クロード・ロレンを見、かつ

愛することを教えた」という句がある(S. 151)。なお本文では触れなかったが、シラーの《Über Matthisons Gedichte》の中にクロード・ロレンへの言及があることをここに付記しておく。ゲーテ、シラーからブルクハルトにいたるまで、クロード・ロレンに対するほとんど固定した評価があり、ニーチェ、ドストエフスキーに及ぶことを認めることができる。この伝統的評価が薄れることは、その後に時代の審美的精神が大きく変化したことを意味するであろう。

(21) Bd. XV, S. 107.

(22) *Nietzsches Werke* (herausg. v. K. Schlechta), Bd. III, S. 1327.

(23) 米川正夫訳(岩波文庫)。

(24) Vgl. Romano Guardini, *Religiöse Gestalten in Dostojewskijs Werk.* S. 317. なおこれと同じ夢が『未成年』に出てくるし、『おかしな男の夢』の場合も類似のものである。なお筆者はこの「アキスとガラテーア」の絵を訪ねることができなかったのを残念に思っていたが、菊盛英夫氏が訪欧の旅中ドレスデン美術館のカタログと同画のスライドを求めて、贈られたことに対し、感謝する。

(25) Bd. V, S. 81. (*Nietzsches Werke, Gesamtausgabe in Großoktav*)(『華やぐ知恵』四五)。ニーチェにおけるエピクロスの見方については詳しく述べる紙数が尽きた。W. F. Otto, *Die Wirklichkeit der Götter* はこの問題に関連して示唆的である。なお A. v. Martin, *Nietzsche u. Burckhardt.* S. 100ff. を参照。

最後にこの小論作成にあたり、ことに「英雄的風景」に関し、いろいろと示唆をあたえられた河原忠彦、杉山好、今井道児諸氏に謝意を表する。

ニーチェにおける「大いなる正午」

1

古代ギリシアでは正午のころに物《もの》の怪《け》が出没したらしい。さまざまな怪物や変化《へんげ》や自然の精のたぐいが、正午、とりわけ夏の正午の静寂を好んであらわれてくる。日本などでは、例外もあるが、だいたい妖怪、化物、幽霊などは夜分のもので、暗闇のなかに出てくる。もっとも逢魔《おうま》が時などというのは、日暮れがた、たそがれどきを指すわけだが、そのあたりから、夜が更けて、いわゆる草木も眠り、屋の棟も三寸さがる丑満時《うしみつどき》となって異形のものが時を得顔に活躍しはじめる。百鬼夜行ということばもあり、『大鏡』や『宇治拾遺物語』には実際に百鬼夜行を見た話が載っている。鷗外の小説に『百物語』というのがある。作者みずから説明して、「百物語とは多数の人が集まって、蠟燭を百本立てて置いて、一人が一つ宛化物《ばけもの》の話をして、一本宛蠟燭を消して行くのださうだ。

さうすると百本目の蠟燭が消された時、真の化物が出ると云ふことである」として、「過ぎ去った世の遺物」を紹介している。鷗外はひとにさそわれてこの「百物語」の催しに出かけていくが、この冷静な「傍観者」の好奇心は、化物そのものよりもこうした催しを発起した豪商とその馴染《なじみ》の芸者の方に向けられ、ひととおり心理的な推察を試みたあげく、会が終わらないうちに帰ってしまう。化物出現の首尾は、中有《ちゅうう》に迷ったきりである。畢竟、鷗外も怪力乱神を語らない人だったというべきだろう。

しかし怪異譚の最高水準と思われ、わが愛好してやまぬ上田秋成の『雨月物語』ひとつを取ってみても冒頭の『白峯』は、「日は没《いり》しほどに、山深き夜のさま常ならぬ、石の牀《ゆか》木葉の衾《ふすま》いと寒く、神清骨冷《しんすみほねひえ》て、物とはなしに凄《すざま》しきこゝちせらる」といった深夜の山中に、大魔王と化した崇徳院の亡霊が朱《あけ》をそそいだ龍顔を陰火にかがやかせて出現する。つづく『菊花の約《ちぎり》』では、ひねもす待ち侘びて、しかも約束の人は見えず、日も暮れてついに諦めようとするものの「もしやと戸の外に出でて見れば、銀河影きえぐに、氷輪我のみを照《てら》して淋しきに、軒守《も》る犬の吼《ほゆ》る声すみわたり、浦浪の音ぞこゝもとにたちくるやうなり。月の光も山の際《は》に陰《くら》くなれば、今はとて戸を閉《たて》て入らんとするに、たゞ看《みる》。おぼろなる黒影《かげろい》の中に人ありて、風の随来《まにまに》るをあやしと見れば赤穴宗右衛門なり」という名文章に乗って、契弟の亡霊がおとずれてくる。『夢応の鯉魚』などは例外だが、これはもともと時刻に縛られない夢幻譚だからで、その他の諸篇もほとんど夜陰を背景にして妖異が生じている。もっとも『蛇性の婬』などは手がこんでいて、執拗な女怪はおのれが怪しいものでないことをあかしするために「我もし怪しき物ならば、この人繁きわたりさへあるに、かうのどかなる昼をいかにせん。衣《きぬ》に縫目《ぬいめ》あり、日にむかへば影あり」と、反証を挙げて白日裡に姿をあらわす。これとても鬼神《もののけ》（秋成の書きかた）が夜中に姿を見せるという通説を踏まえているわけで、それによってこの怪異の一筋縄でいかぬところが出ているのである。

小泉八雲の『怪談』をとっても、たとえば『耳無し芳一』は鬼火のとびかう夜の御陵の前で琵琶を弾じる。

こうした怪異に関する説話をあげていればかぎりがないが、夜陰という通念を破って正午ということになると、泉鏡花の作品（たとえば『龍潭談』）に散見される以外には、その例はまず稀有といえるだろう。

しかし考えようによっては、盛夏の真昼どき、あの烈日のもとの自然の静寂、あの死んだような時間の停止感には、一種異様な不気味なものがあって、草木も眠るといった形容が使えないこともなく、魑魅魍魎の出現をゆるしてもよさそうである。ギリシアの哲人・数学者ピュタゴラスはそうした妖怪の出現をおそれて、弟子たちに昼寝を許さなかったという。これに呼応する話は、われわれのもとではどうも見つからないようである。

地中海の夏の正午を想像し、それにギリシア人独特の神々と自然の結びつきを考えてみると、こうしたことがいかにもギリシア的だと思われてくる。私はかつてエーゲ海の中心のデロス島に隣接するミコノス島をたずねたことがあるが、丘の上にまわっている革の三角帆を張った風車を見にいった帰りみち、ちょうど真昼どき、真白い立方体の家が両側に立ち並んでいる小路をひとり下りてきた。「白いミコノス」といわれるように、この小島には石灰を塗った白い家が集まっている。太陽が頭上にかかっており、人気《ひとけ》の絶えたうねりくねった小路で、物音ひとつしない乱反射の静寂の中を歩いてくると、文字通り白日夢の中をさまよっているようであった。明るいのに模糊とかすんで物が見えない。現実から遠くなった世界に足をふみいれたようであった。はるかかなたに赤い斑《ふ》のようなものが見えて、それが何かよくわからない。近づいてみると、ちょうどその時はいわゆるシエスタにあたり、皆が家の中で昼寝をする時刻なのに、それにも飽きたらしい三人の女の子、姉妹と見えてそろって赤い服を着ているのが戸口の階段にすわってぼんやりとしているのであった。まったく非現実の世界をさまよった感じであったが、物の怪という想念がぜんぜん浮かんでこないのは、こちらにそういう想念の手持ちがないせいにちがいない。真昼の静謐は洋の東西を問わず共通なものがあるはずだが、古代ギリシアのように、冥界への通路が、極度の白日光の中でポッカリ口をあけてこの世ならぬ異形のものが姿を見せるという想念はわれわれにはない。ニーチェの親しい友人エルヴィン・ローデの『プシュケー――ギリシア人の霊魂崇拝と不死信仰』(一八九四)は、そうした世界の消息をよく書いてくれている本である。不思議なことにニーチェの名を出していないが(ニーチェはローデのこの本が出たとき発狂していた)、ぜんたいとしてニーチェが『悲劇の誕生』で強調したギリシア精神のディオニュソス的側面、明るいギリシア像よりも暗いギリシア像を掘り起している(現代ではローデはすでに学問的に追いこされているようだが、古典的著作として何度も復刊されている。以下の引用ページは一九六四年版によった)。ローデによると、たとえば女怪ヘカテーはその眷族とともに白昼に出てくる。ヘカテーはホメロスには出てこないが、ヘシオドスの『神統記』以来、その強大な威力をおそれられ、月神アルテミスと同一視されることもあり、冥界の支配者(ペルセポネー)として、妖怪や亡霊の駆使者と目された。地獄の犬どもを従え、十字路や三叉路にあらわれ、三つの身体もしくは三つの頭を備えたすさまじい姿で考えられた。ゲーテ『ファウスト』第二部の「古典的ワルプルギスの夜」の中でアナクサゴラスが月を仰いで——

おんみ、天にあって、永遠に老いることなく、
三つの称号、三つの形相を備え給うもの、
三位一体の女神、ディアーナ、ルーナ、ヘカテーよ!
わが民草の危難にあたって、おんみに祈りまつる。
おんみ、こころ和らげ、深き思慮に沈めるものよ。
おんみ、静かに耀《かがよ》い、肺腑に滲みてやまぬものよ、
おんみの陰府《よみ》の物凄い腭《あぎと》を開いて
昔ながらの威力をさながらに現わしたまえ!

と祈る、そのヘカテーである(シェイクスピアの『マクベス』にも出てくる)。ローデに

よればこのヘカテーは「まばゆきばかりの正午の白熱の夢幻的な寂寥のなかに」(in der träumenden Oede blendender Mittagsgluth) たえずその姿を変えつつ怖ろしい姿をあらわす(E. Rohde, *Psyche.* II S. 82)。エムプーサなどもこのヘカテーの眷族のひとりで、夜間にも出るが、主として白昼に出る(II S. 410)。だいたいゲーテの「古典的ワルプルギスの夜」では、明るいオリンポスの神々はまったく影をひそめ、暗い、異様な、物の怪めいた連中ばかりが跳梁する。そこに出てくるヘカテーやエムプーサ、そしてセレーノスやニンフやサテュロスなど、ローデによるとみな正午に姿をあらわす仲間になっている。冥界や地下の世界に棲む妖しい一族は、夜がその領分であるのは当然だが、正午という異様に静寂な時刻、万物が息をひそめ、物音《もののね》も死に絶えた刻限には、幽明の界《さかい》がなくなって、かれらは大手をふって越境してくるのである。ギリシア人は独特な神話的感覚を持っていた民族だとつくづく思うことがある。美しい大輪の花がある。われわれならばその美しさにほれぼれとする。心奪われるという境地までは行く。しかしギリシア人のようにそこにアプロディテーが来ているというようには考えない。かれらは神々の息吹きをつねに感じていた。総じて静寂は神々の宮居であったが、夏の真昼のような極度の静寂は、冥界の神や妖異への出現をゆるし、それゆえ正午はまた深夜であった。『ツァラトゥストラ』第四部には「深夜もまた正午である」という句があるが、それについては後述しなければなるまい。

日本でも夏真昼はしばしば詩歌にうたわれている。たとえば斎藤茂吉の

真夏日のひかり澄み果てし浅茅原にそよぎの音のきこゑけるかも

などは、正午の戦慄をみごとにとらえて、象徴の域に達しているとは思うが、ここまできてもギリシアのように怪異が出てくるということにはならない。自然への「実相観入」に踏みとどまっている。芭蕉の「閑さや岩にしみいる蟬の声」は、『奥の細道』の原文から推《お》せば夕景に近いはずだが、中村草田男氏の主張するように夏真昼とみたてたほうがおもむき深く、静寂の神秘を掬いとっている。しかしこれも妖怪には縁がない。蒲原有明の『夏の歌』のように

山梔《くちなし》の花は墜《お》ちたり、――
朽ちてゆく「時」のなきがら。

何事の起るともなく
何ものかひそめるけはひ、
眼《ま》のあたり融けてこそゆけ
夏の雲、——空は汗ばむ。

と歌われても、「ひそめるけはひ」に終わって、そこから何物も出てこない。また何物も出てこないところがいいのである。

むしろ日本的感覚の粋とも呼びたい正午は、蕪村の

三井寺や日は午に迫る若楓

ではあるまいか。

2

ギリシアも末期、ヘレニズムの時代になると、正午は、冥界からの通路だというのとはまた違った見方、テオクリトスやローマのウェルギリウス、オウィディウス、さらにはくだってロンゴス(『ダフニスとクロエの物語』)を代表とする牧歌的文学による正午の見方が出てきた。正午の静寂は牧神パンが眠る時刻、この「大いなる神パン」の眠りをさまたげないように、すべての自然もまた眠りにはいるというモティーフである。

パンは元来ペロポネソス半島の内陸アルカディア地方の山羊飼いの神であった。上半身は人間で、髯をはやし、額に両角がある(古い時代には頭部そのものも山羊であったという)。下半身は山羊で、足には蹄がある。敏捷に山野をかけめぐり、茂みに身を隠してニンフたちを襲う。その好んで吹き鳴らす葦笛は、彼の発明ともいわれ、彼に襲われたニンフの変身ともいわれる(ベックリーンの画に、パンに襲われたニンフのさしあげている双手の先端がすでに葦に変わりつつあるのがある。『牧神パンがシュリンクスを追う図』ドレスデン美術館)。シュリンクスはアルカディアのニンフの名だが、同時に笛そのものをも指す。牧人は遠方に散在する畜群を、笛を吹いて集めるのである。

パンは真昼どき樹陰に眠るが、眠りをさまたげられると、その見えざる憤りが人畜や自然の上に及ぶ。山羊の群れは習性的におどろきやすく、突然、逃げはしることがあるのを、牧神パンのなせる業《わざ》と見たのであろう。いわゆる恐慌《パニック》(Panic)という語の起源である。しかし家畜の神としてのパンの重要な性格は、繁殖にあり、パン自身が陽根の神であり、色好みであった。情欲に駆られると、泉や流れのニンフ(ナーイアデス)、山のニンフ(オレイアデス)、木のニンフ(ドリュアデス)、谷間のニンフ(ナパイアイ)らを追いまわす。

マラルメが詩を書き、ドビュッシイが作曲した『牧神の午後』(L'Après-midi d'un faune)は、牧神が真昼の眠りから醒めて、ニンフたちを追いかける筋だが、フォーヌ(ファウヌス)は古くはただ森や山野の神、ひいては耕作の神であって、パンとは素姓を異にする。しかしかれらはローマ時代になって同一視され、フォーヌも半獣神の姿で考えられるようになった。さらにまたギリシア語のパン(πᾶν)には「すべて」の意味があるから、そこから「大いなる神パン」として一切の自然、宇宙に及ぶ威力が備わるように考えられた。皇帝ティベリウスの時に、「大いなる神パンが死んだ」という声を舟人たちが聞いたという話はプルタルコスの伝えるところだが、このパンの死の一句は、いろいろな解釈を施されながら、諸家の引用するところとなり、ラブレーが取りあげ、パスカルの『パンセ』の中に記録され、ニーチェの『悲劇の誕生』にも顔を見せ、さらに彼の篋底に蔵されて終わった戯曲『エムペドクレス』の草案の中にも出てくる。ニーチェの遺稿の中にある「私はすべての神々は死なねばならないという古代ゲルマンの言葉を信じる」という句やこのパンの死の一句などは、彼の「神は死んだ」という宣言と、どこかでつながっているのであろう。

いわゆる牧歌文学の始祖はテオクリトス(前三世紀前半)で、彼はシシリアのシラクサに生まれた。その『牧歌』にはその地の牧人が登場し、その冒頭からパン、その正午の眠り、葦笛などという牧歌文学の雰囲気に欠かせない道具立てがそなわっている(あまり知られていないようだが詩人メーリケはテオクリトスを高く評価した一人で、すぐれた独訳を試みた。惜しくも全篇ではない)。後代のウェルギリウス(前七〇—前一九)はその形式を踏襲したが、いろいろな理由から舞台を、シシリアからペロポネソス半島のアルカディアに移した。後述するロンゴスによる『ダフニスとクロエの物語』になると、さらに舞台はレスボス島に移されている。マラルメの『牧神の午後』がその舞台をシシリアに選んだのはテオクリトスの昔にかえったことになるが、ほかに何か理由があるのか、その間の事情は私にはわからない。

ともあれ、テオクリトス以来、正午、パンの眠り、そのめざめとニンフたちへの急襲、恐慌、パンの啜る葡萄の房といったいくつかのモティーフが牧歌文学(アルカディアという語が一種の桃源郷を意味するにいたったような、田園生活の理想化)という文学的ジャンルに織りこまれることになった(「英雄的と牧歌的」というのは対立概念で、ウェルギリウスに即していえば『アエネーイス』は英雄的、『牧歌《エクローゲン》』は牧歌的というわけで、大雑把な言い方を許してもらえば、前者は「ますらおぶり」、後者は「たおやめぶり」といったところだろうか)。この牧歌文学の流れは英雄文学の流れとともにヨーロッパ文学の主要な伝承であり、それが美術や音楽にも素材を提供しているのである。

ゲーテがその晩年(一八二八)に書いたあの獅子と少年の出てくる短篇、その美しい純粋さのために、ただ『ノヴェレ』と題されたことを何びともゲーテの不遜と思うことができない短篇の中で、領主夫人とその一行が見晴らしのいい山腹に達したくだりで、ゲーテはこう書いている。

「見渡すかぎりの遠くまで、明るい静寂が支配していた。古代の人は、真昼どきには牧神パンが眠り、その眠りをさまさないように一切の自然が息をひそめるというが、いまがその正午であった。」

正午にパンが眠り、すべての自然がまどろむという古代的・南方的な連想が、さりげなくここに書かれているが、ゲーテは明るい夏日の静寂に接すると、ドイツにいてもしばしばこうした思いにさそわれたようである(そこには曽遊のイタリアの各地やシシリア島の思い出が蘇っていたに相違ない)。エッカーマンによると一八二四年三月二二日、彼とゲーテはイルム河の彼岸のゲーテの別荘に行った。三月ではあったが、空気は夏のように快適であった。家の中を見たり、あたりを散歩したりして、林間の空地の中に置かれた円卓をかこむ小さな椅子に腰をおろした。日射しが強くて樹陰にはいると救われる思いだった。「夏のひどい暑さのときには」とゲーテは言った、「ここ以上の凌ぎ場所はない。四十年前これらの木をみんな自分の手で植えて、その成長を眺めて楽しんできたが、もうかなり前から、この樹陰の爽やかさがなんともいえなくなってきた。このトチやブナの葉むらは、どんな強い日射しも通さないので、私は夏の食後には好んでここにすわるが、そんなときこの草地やまわりの庭園ぜんたいを、古代人なら「パンの神が眠る」と言うにちがいない静寂が支配することがよくある。」

彼の死の前年一八三一年、ゲーテはエッカーマンに『ダフニスとクロエ』を激賞しているが、『エッカーマンとの対話』を読むと、ゲーテ自身の『ノヴェレ』とローマ時代にギリシア語で書かれたこのロンゴス作の小説『ダフニスとクロエの物語』が交錯して話題になっているのはおもしろい。

三月九日、エッカーマンはクリエの翻訳で『ダフニスとクロエ』を読んでいるとゲーテに話した。「あれは傑作だ」とゲーテは言った、「私はなんど読んでも感心した。……あれにくらべると、ウェルギリウスでもたしかにいくぶん見劣りがする。」つづいて一〇日には、エッカーマンはワイマールの公子(カール・アレクサンダー)とともに『ノヴェレ』を読み、感想をゲーテに書き送る。『ダフニスとクロエ』に出てくる大いなるパンやニンフの役割とゲーテの『ノヴェレ』における目に見えない守護者、それから両者に共通する音楽といった諸モティーフを比較している。三月一八日にはゲーテに頼まれて『ダフニスとクロエ』を持参する。ゲーテがもう一度読みたいといっていたからである。二〇日、ゲーテはエッカーマンに、ここ二、三日『ダフニスとクロエ』を読んでいたと話す、「この小説は実に美しくて、われわれが生活しているような悪い環境では、その印象を心中に持ちつづけることができないくらいだ。読みかえすたびに驚嘆の念を新たにする。すばらしく明るい日があって、ヘルクラネウムの廃墟から掘りだされた壁画が並んでいるようだ。またその壁画の思い出が逆に働いて、読むときの助けにもなる。」またゲーテは言った、「それにあの風景だ。簡潔な筆致で、くっきりと描かれている。人物の背景の丘には葡萄園や、畠や、果樹園が見え、下方の草地には川が流れ、小さな林があり、はるか遠くには渺茫とひろがる海が目に見えるようだ。曇り日や、霧や、雲や、湿気などは一抹もなく、つねに限りなく青く、清らかな空と、無上にこころよい空気、たえず乾いている大地があって、いつどこででも裸で寝ころがりたくなるようだ。」

ゲーテがその死の前年にこれほど『ダフニスとクロエ』に打ちこんでいるのはおもしろく、いろいろと推理を触発させるが、この牧歌的作品でも正午の時刻やパンの与えるまぼろしの恐怖は顔を出している(三島由紀夫の『潮騒』がこのロンゴスの小説を下敷きにしているのは周知のことである)。

ゲーテはテオクリトスにはじまる牧歌文学の流れに精通していた。いま名の出てきたウェルギリウスを継ぐオウィディウスについても『詩と真実』の第一章で、ゲーテは少年時代の読書について、「それからオウィディウスの『転身物語』を見つけ、とくに最初の数章を熱心に勉強したので、私のおさない頭脳はたちまちたくさんの情景や出来事、おもだった奇妙な存在や事件でいっぱいになってしまい、このようにして得たものに手を加えたり、くりかえしたり、再現したりするのに夢中になったので、けっこう退屈することを知らなかった」と書いている。その後も彼はオウィディウスをくりかえし読んでいることは日記を見ればわかる。『ファウスト』第二部でパンとファウン（ファウヌス）が一体にならず、別個な存在（後者は複数）として出現するのも『転身物語』なみであり、悲惨な最期をとげる善良な老夫婦フィレモンとバウチスの名も『転身物語』からの借用である。

オウィディウスの『転身物語』（そして『行事暦』）はギリシア・ローマ神話への百科辞典にちかい役割を果たし、後世の文人や画工たちの知識と空想の宝庫となった。オウィディウスの影響ははかりしれない。ダンテも読み、ペトラルカも読み、チョーサーも読んでいる。モンテーニュにとってはゲーテと同様少年時代からの愛読書であった。シェイクスピアも読み、『真夏の夜の夢』は『転身物語』なしには考えられない。謹厳なミルトンにもその影響を指摘できる。絵画でも多くの巨匠がその画題をオウィディウスに求めている。ボッティチェルリの『春』も、プーサンの『フローラの国』その他もそうである。ゲーテあたりで古典主義は弱まったものの前述のマラルメの『牧神の午後』からヴァレリーの『ナルシス断章』へとその流れは行くのである。

正午とパンについてもうすこし書いておこう。パンといえば、日本ではまず木下杢太郎や吉井勇、北原白秋、ややおくれて高村光太郎らを主力とする「パンの会」を思いだす。その結成は明治四一年(一九〇八)の暮であった。耽美主義的運動の集団として知られているが、それより十数年前、一八九五年にベルリンで美術史家マイアーグレーフェ、作家O・J・ビーアーバウムによって雑誌「パン」が発刊されている。フランスのアール・ヌーボーにあたるドイツのユーゲント様式《シュティール》については、雑誌「ユーゲント」(一八九六―一九四〇)がその命名の起源ということになっているが、その当時にはすでにゲオルゲの「芸術草紙」(一八九二―一九一九)もあり、「パン」(一八九五―一九〇〇)また「ジムプリチスムス」(一八九六以降)などもあって、こうした運動を「ユーゲント」が独占していたわけではない。「パン」はイギリスの「ステューディオ」に範をとり、当時としては豪華な装釘であった。冒頭にニーチェの『ツァラトゥストラ』の一節を載せ、五頁目にベックリーンの『悪龍退治』(一八七三)を載せた。パン的なものとディオニュソス的なものが、ドイツのユーゲント様式の重要な構成分子であったといえるかもしれない。葡萄酒に縁のあるディオニュソス(ローマではバッカス)と山羊の乳と縁のあるパン(ファウヌス)とは元来はまったく違ったものであったが、のちの時代になるとさまざまの混乱を生じ、ディオニュソスの従者たるサテュロスがファウヌスに等置されるようになった。バッカスの教育者であり伴侶であるシレノス(またセイロノス)ははじめはすぐれた知慧をそなえた賢者として表象されたが、後にはニンフを追いまわすサテュロスと区別がつかなくなった。ときにはパン自身もバッカス、ディオニュソスの従者になりさがることもあった(『転身物語』では、バッカスはしきりに出るが、ディオニュソスの名は出てこない)。

近代ではもちろん真夏の正午の静寂はパンの眠りという連想を伴わないで、それ自体で詩的対象となった。ルコント・ド・リールの『真昼』は上田敏訳でよく知られている。ヴァレリーの『海辺の墓地』もまさしく「真昼」の歌である。「寂然として不動」の時間、最後に「風立ちぬ、生きねばならぬ」と結ばれるのは、見えざるパンの眠りがさめた気配である。

3

しかし、私は近代の詩人の中で、正午に独特のアクセントを与えたのはフリードリヒ・ニーチェではないかと思う。『ツァラトゥストラ』にくりかえし出てくる「大いなる正午」は、古代的な、もしくは南方的な正午とはまた異なった意味を持ち、「超人」や「永遠回帰」と結びつけて考えなければならない。

ところで『ツァラトゥストラ』(一八八三—八五)における「大いなる正午」への考察にはいるまえに、その数年前(一八八〇)に書かれた『漂泊者とその影』(『人間的な、あまりに人間的な』第二部)のなかの「正午に」(Am Mittag)と題された断想(二〇八)を、まず読んでおく必要がある。

「正午に——活動的で、嵐にみちた人生の朝を与えられた人のたましいは、人生の正午のころに、安静への異常な欲望に襲われて、それが幾月も幾年もつづくことがある。彼の身辺はひっそりと静まりかえる。ものの声が遠く、しだいに遠く響くようになる。太陽は真上から険《けわ》しく照りつける。隠れた草地に大いなるパンが眠っているのが見える。万物がこの神とともにまどろんでいる。永遠の表情をその顔に浮かべて、――というふうに彼には思われる。彼は何ひとつ欲しない。何ひとつ憂えない。彼の心臓は停止している。眼だけが生きている。それは醒めた眼をした死だ。このとき人間は、これまで見たことのないあまたのものを見る。そして見わたす限り、一切のものはひとつの光の網に紡《つむ》ぎこまれて、いわばその中に埋葬されている。彼はそのとき自己を幸福に感じる。しかしそれは重い、重い幸福である。――その末ついに樹々のなかに風がおこる。正午はすぎた。生がふたたび彼をさらっていく。盲《めし》いた眼をした生だ。その後《あと》からは、その追随者どもがひしめいてついてくる。願望、欺瞞、忘却、享楽、破壊、無常など。こうして夕べがくる。朝にもまさって嵐にみち、活動に富んで――。本来的に活動的な人びとには、この長くつづく認識の状態は、ほとんど不気味に、病的に思われる。しかし不愉快ではない。」

奇妙な一文である。一読しただけでは、この主人公の人間、その正午の思想はつかみにくいだろう。一応、主人公はニーチェそのひとと想定される。難解な断想のばあい、しばしばニーチェの立場から考えると、真意が見えてくる。しかしその場合、その時点における彼の生活状況をたしかめ、彼の思想の進展と深化をあわせ考える要があろう。彼の思想はたえず自己克服をとげて動いていくから、それがどのような境位にあるかを見定めなければならない。

すこし廻りみちをさせてもらう。数年前、古くなった書斎をこわした。そのとき黄色くなった新聞の切り抜きが見つかった。日付に昭和三〇年九月二六日とある。筆者の名がはいっていて、佐藤春夫である。その文中にこうある。「人は思想家になるためには、一日の三分の一(?)を無為に暮さなければならない、という意味のことをたしかニーチェが言っていたと思う。一日の三分の一、八時間は少し長すぎるから記憶ちがいかも知れないし、僕は思想家ではないから、毎日八時間ぼんやり暮す必要もゆとりもないが、たまにはぼんやりとひとりでいる怠惰な時間は必要である。」

どうしてこれを切抜いたかというと、ニーチェの言葉の出典をたしかめたいと思ったからである。そしてそれきりになってしまったのだ。せっかく出てきた機会に、原文をさがしてみた。だいたいの見当をつけて、『人間的な、あまりに人間的な』第二部の後半『漂泊者とその影』のあたりを捜すと、はたして見つかった。アフォリズム三二四が、それである。

「思想家になる。――毎日のすくなくとも三分の一を、情熱も、人間も、本もなく過ごすことをしないで、誰が思想家になることができようか。」――というしごく短いアフォリズムであった。佐藤春夫の記憶は正確なものだといわなければなるまい。私が「だいたいの見当をつけた」といったのは、『漂泊者』を書いたころ、ニーチェは三〇代の半ばで大学教授をやめ、あとはわずかの年金をもらってぶらぶら暮すという、しごくひまな身分になったわけで、このあたりに出典があるだろうと思ったからである。それにしてもこの無為の時間は春夫説のように、たしかに「長すぎる」し、内容があまりにもはっきりしない。しかしさいわいに『漂泊者』の中には似たようなアフォリズムがあって、参考にすることができる。たとえば、「孤独な者曰く。――友人もなく、本もなく、義務もなく、情熱もなく、孤独の状態でいれば、いかさまうんざりして、不機嫌になり、退屈してしまうが、そうした報酬として自己と本性への、きわめて深い沈潜のあの十五分という収穫にありつく。退屈に対して完全に防衛する者は、自己に対して防衛する者だ。自己の最も内奥の泉から湧き出る最も強力な賦活飲料《ドリンク》を、彼は決して飲むことがないだろう。」(二〇〇)

この無為はどうも完全な空白状態ではなさそうだ。つづけていろいろと見ているうちに、この『漂泊者とその影』をふくむ『人間的な、あまりに人間的な』という著作そのものが、この閑暇の産物といえそうなことに気づいた。『人間的』の序文にすでに書いてあるし、さらに晩年の『この人を見よ』では、この時期を回顧して「病気は私に忘却を許した。いやそれを命じた。病気から、私はいやでも静かに寝ていること、ぶらぶらしていること、待つこと、忍耐づよくすることという贈り物を受けた……だが、これこそ考えるということなのだ」とある。

そうだ、この無為はただの無為ではない。むしろ、たいへんな無為なのだ。いままでの自分の職業の大学教授も、思想も行動も習慣も、何もかも借り物で、いわばお仕着せで、うそだったのではないか(だから忘却すべきだ)、ほんとうの自分はその向うにいるのではないか、という気が、このじっと寝ている病人には、してきたのだ。若気のひたむきさで書いた著作も、仲のいい友人も、自分を感激させた本も、今ここに寝ている裸の自分にはなにか縁遠い無関係な存在みたいだ。彼はどこからともなく「なんじ自身となれ」という声を聞いた。本も人間も情熱も、真の自分となるべき自分をまぎらわせ、脇みちにそらすものでしかない。こうして裸になって転がってくる自己から出てくる叫びこそほんものの思想だろう。——そんなふうにニーチェになって読むと、前のアフォリズムにも納得がいってくる。

ニーチェの病気については、いろいろな説がある。しかし当時のニーチェはその病気を、自分ではつぎのように解釈していた。

「いやいやながら。――思想家が数年にわたっていやいやながら思考するように自己を強いることがある。という意味は、彼の内部から湧きでる思想に従うのではなく、職務や規定された時間割や勝手に押しつけられた勤労のたぐいが、彼に義務づけるような思想に従うことである。しかしついに彼は病気になる。なぜならこの一見道徳的な克己は、ちょうど規則化された放蕩がなしうると同様な徹底さで、彼の神経力を破壊するから。」(『曙光』五〇〇)

ニーチェにとってはバーゼル大学の古典文献学の教職(彼は哲学の教授にかわりたいと試みたが成功しなかった)は、まったく「いやいやながら」の重荷となっていた。それが偏頭痛やはげしい嘔吐、不眠、眼痛その他の本質的な病因と思われた。

「正午に」と題された前掲のアフォリズムにもどる。「正午に」はこの時期のものである。この正午は「人生の正午」でもあることが、はじめに書かれている。ニーチェが『漂泊者とその影』を書いたのは三五、六歳、つまりダンテにならっていえば「人生の途なかば」の頃であり、この本（最初は『人間的』とは関係なく、単行本として刊行された）は、彼が病気のためバーゼル大学の教職を辞して、一介の漂泊者となった最初の著作であった。

ところで主人公をニーチェ自身と想定したとき、はじめに私が引掛かったのは、冒頭の「活動的で、嵐にみちた人生の朝」という句である。ニーチェがライプチヒ大学卒業以前の学生からバーゼル大学の教授に推挙されたのは、いわば「少年にして高閣に上る」とでもいうべきもので、「活動的で、嵐にみちた人生の朝」（ein tätiger und stürmereicher Morgen des Lebens）とは言いにくいような経歴だが、こんどグロイター刊の新しいニーチェ全集の補遺（IV_4, S. 350）を見ると、この「正午に」の一文は、印刷のゲラが出てからニーチェが挿入したものであり、「嵐にみちた」の前に innerlich（内面的に）の語が一度書かれて、削られたことがわかる。「内面的に」であれば、若いニーチェの教授としての仕事の緊張やショーペンハウアーやワーグナーの思想とのはげしい格闘を「活動的な」とか「嵐」とか形容してもすこしもおかしくないだろう。

ニーチェは病気の語を伏せて、「安静への異常な欲望に襲われて」、――という表現を使っている。それが幾月も幾年もつづくとしている。明らかにこれはこの時期におけるニーチェの病気の状態である。ところで『漂泊者』につづく『曙光』の中の「病者の認識について」と題された断想(一一四)を「正午に」と重ねあわせて読むと、いろいろと明らかになるふしがあり、また一段と深い考察にひきこまれる。

> 「病者の認識について――長いこと恐ろしく病苦に責めさいなまれ、しかしそれにも拘らず知性が曇らない病人の状態は、認識に役だつところがあるものだ、――深い孤独、一切の義務や習慣からの突然の解放といったものは、総じてさまざまの知的な恩恵を生みだすものだが、それらについてはしばらく措くことにして――」

比較的長い断想の書き出しだが、ここで「知性が曇らない病人」と言っているのは重要な前提条件だろう。つづいてニーチェは書く。

「重い病苦に悩むものは、彼の状態から、恐るべき冷酷さをもって外部の事物を見わたす。——健康者の見るばあいには通常事物を蔽っているあのすべての小さな欺瞞的な妖《あや》かしが、病人の眼には消えてしまう。——いや、病人自身がみずからの眼前にすげなく、むきだしになって横たわっている。もし彼がこれまでなんらかの危険な幻想の中で生きてきたとすれば、苦痛によるこの最高の覚醒は、彼をそこから引きずりだす方法、あるいは唯一の方法であるかもしれない。……苦痛に対抗しようとする知性の異常な緊張の結果、彼がいま眺める一切は、ひとつの新しい光の中に輝くことになる。そしておよそ新しい照明が与える言い知れぬ魅力は、しばしば自殺への誘惑を押しとどめ、病人に生の存続をきわめて望ましいものと思わせるほどに十分強力なことがある。健康者が何の顧慮もなくさまよっている快適な暖かい霧の世界を、病人は軽蔑の念をもって想う。彼が以前に楽しんだ最も高貴な、最も好もしい幻想をも、軽蔑の念をもって思いかえす」

まさしく正午の内容である。健康者をその中に漂わせている一切の欺瞞的な妖かしが消える。この病者は自己をも露《あら》わに見すえる。彼はパンの眠っているのを見る。永遠の静寂を見る。彼の心臓もひととき停止し、眼だけが生きている。それは「醒めた眼をした死」である。

この「醒めた眼をした死」に「盲《めし》いた眼をした生」が対立する。「醒めた眼」とは「認識」である。ニーチェが「認識」というとき、それは新カント派などがあげつらう認識ではない。この正午はむしろ「正覚の時」というべきだろう。この正午に生のあざむきは消え、存在は真のすがたをあらわし、それは永遠に通じる。それは光耀にみち、ひとを幸福感にひたす。――しかし、なぜ、それは「重い、重い幸福」なのだろう。それからまた、なぜ「しかし不愉快ではない」のだろう(この異様な最後の一句はニーチェがあとからゲラ刷に書き加えたものだそうである。前記グロイター版 IV4, S. 350 の注)。

『ツァラトゥストラ』の第四部(一八八五)には「正午」と題された章がある。これまでの正午はみなこの「正午」につながるように思われる。この「正午」も独特で異様な正午である（しかしまだ「大いなる正午」ではない）。

山中の洞穴にあって、すでに幾歳月を過ごし、髪も白くなったツァラトゥストラは、はるかに海鳴りのようにひびいてくる悲鳴を耳にし、その原因をたずねて山中を走りまわる。彼は何人かの異様な人物に出逢った。これらは「ましな人間たち」であり、あるものはツァラトゥストラを訪ねて、山にのぼってきたものであった。ツァラトゥストラは彼の洞穴に行って待つようにと彼らに命じ、さらにひとり山中を行った。

「ツァラトゥストラは走りに走った。もはや誰にも会わなかった。ひとりであった。……やがて正午となり、太陽がツァラトゥストラの頭の真上《まうえ》にかかったとき、かれは曲がって節くれだった老樹のそばを通った。この老樹はからみついた葡萄のゆたかな愛情に抱擁されて、幹も見えないくらいであった。そのたわわな黄色い房は旅びとを待つかのように垂れさがっていた。これを見たツァラトゥストラはのどの渇きをいやしたい気になり、その一房をもぎとろうとしたが、腕をのばしたとたん、また別の欲望にかれは襲われた。それは、この完全な正午の時刻に、この老樹のかたわらに身を横たえて眠りたいという欲望であった。

ツァラトゥストラは欲望に従った。色とりどりの草花の咲いた静寂と神秘のなかで、大地に身を横たえたかと思うと、はやくもかれはのどの渇きを忘れて、眠りこんだ。ツァラトゥストラの格言にいう「無くてならぬものは、どちらかのひとつである」からである。（引用者注、ルカ伝一〇・四二「無くてならぬものは一事なり」をやや変えている。ちなみに牧師の子として生まれたニーチェのレッケンの教会の祭壇にはこの句《Eins thut Noth》が刻まれていたという。このツァラトゥストラが加えた変更には、ひたむきの信仰から、懐疑的な選択を通しての決断への姿勢が読みとられるだろう。）ただ、かれの目は開いたままであった。——なぜならその目は、老樹と葡萄をながめて飽きなかったからである。（ここでもいつものようにツァラトゥストラ・ニーチェの心裡における分裂がつきまとう。）眠りに落ちながら、ツァラトゥストラは、自己に向かってこう言った。

「静かに！　静かに！　世界はいままさに完全になったのではないか？　それにしてもわたしの身に何が起こったのだろう！　そよ風が、鏡のように凪《な》いだ海の上で、目にもとまらず、鳥の羽毛のような軽やかさで踊る、——そのように眠りがわたしの上で踊る。

この眠りはわたしの眼をふさがない。それはわたしの魂をめざめさせておく。それは軽やかだ。まことに！　鳥の羽毛のような軽やかさだ。

この眠りは、それとなく、わたしを説き伏せる。それは内側から、媚びる手でわたしを柔かく打つ。そしてわたしはいいなりになっていく。そうだ、それはわたしの魂を否応《いやおう》なくながながと身を伸ばさせる。——

わたしの奇妙な魂よ！　なんとそれは身をのばし、ぐったりとしていることだろう！　ほかならぬこの正午に、第七日の夕べが、わたしをおとずれてきたのか？　わたしの魂は、すでにあまりにも長いこと、みごとに熟《う》れた事物のあいだを恍惚として歩きまわったのか？

わたしの魂は、ながながと身を伸ばす。ながながと、——一層ながながと！　それは静かに横たわっている、わたしの奇妙な魂は。それはすでにあまりにも多くの良いものを味わってきた。その黄金の悲哀がわたしの魂を圧迫する。せつないまでに。

――それはこのうえなく静かな入江にはいってきた船のようだ。――船はいま陸地に身をよせている。長い旅路と不安な海に疲れ果てて――。陸はずっと頼りになるのではないか？

そのような船が陸に身をよせ、もたれかかっているときには――一匹の蜘蛛が陸から船へ糸をはりわたすだけで十分なのだ。それ以上に堅固なロープを、この船は必要としない。

静かな入江のそうした疲れた船のように、――そのように、わたしも、いま大地にひれふしている。大地に忠実に、信頼をよせ、時を待ちながら、ほんのかすかな糸で大地につなぎとめられている。

おお、幸福！　おお、幸福！　おまえは歌いたいのか、わたしの魂よ？　草のなかに横たわって。だが、いまは牧人もその笛を吹かない、秘《ひそ》やかな、おごそかな時刻だ。

おそれるがいい！　熱い正午が野づらにまどろんでいる。歌うな！　静かにしろ！　世界は完全だ！

歌うな！　おお、草むらの鳥、わたしの魂よ！　そのささやきをやめろ！　しっ、

——静かに！

老いた正午はまどろんでいる。かれは口をうごかす。幸福の一滴をまさに飲もうとする。幸福の一滴をまさに飲もうとするのか？——

——至醇の幸福の、至醇の葡萄酒の、古い濃い紫金の一滴を？　かれの面《おもて》を掠《かす》めるもの、かれの幸福がいましも笑う。これが——神の笑いだ。静かに！——

——「幸福になるには、なんとわずかなものしか要《い》らないことか！」と、わたしはかつて皮肉たっぷりに言った。気の利いた言い草のはずだった。しかし、それは冒瀆であった。いまそれがわかった。利口な阿呆の口先だけのことばであった。

ほかならぬ最も些細《ささい》なもの、最もかすかなもの、最も軽いもの、蜥蜴《とかげ》のひと走り、ひとつの微風、たまゆらの影、まばたきの刹那《せつな》、——ほんのわずかなものが至高の幸福を生みだすのだ。静かに！

——わたしはどうなったのだろう？　聞け！　時間は飛び去ったのだろうか？　わたしは落ちて行くのではないか？　わたしは落ちたのではないか？　聞け！——永遠の井戸の中へ？

——わたしはどうなるのだ？　静かに！　何かが、わたしの——痛い！——心臓を刺した！　熱い日射しだ。おお、砕けるがいい、心臓よ、このような幸福のあとでは、このような刺傷のあとでは！

――なんということだ？　世界はいままさしく完全になったのではあるまいか？　丸くなり、熟《う》れたのではあるまいか？　おお、黄金の丸い輪よ、――それはどこへ飛んで行くのか？　わたしはそれを追いかける！　すばやく！

静かに――」（ここでツァラトゥストラは身を伸ばした。そして自分の眠っていることを感じた。）

「起きろ！」と、かれは自分自身に言った。「このねぼすけめ！　この昼日中《ひるひなか》のねぼすけめ！　さあ、しっかりしろ！　おまえたち、老いた脚よ！　さあ時が来た、いや時は過ぎた。おまえたちに歩いてもらう道のりはまだたっぷりある。――もう飽きるほど眠ったろう。長かったな？　永遠の半分もか！　さあ、しっかりしろ、わしのいつもながらの親しい心よ！　こんなに寝たあとで、おまえはこれからどのくらい――目をさましていられることか？」

（しかし、そう言いながら、ツァラトゥストラははやくもまた眠りに落ちかかった。かれの魂はかれに言葉をかえし、抵抗し、ふたたび身を横たえた。）――「かまわないでくれ！　静かに！　世界はいままさに完全になったのではないか？　おお、みごとな黄金の球よ！」――

「起きろ」と、ツァラトゥストラは言った。「この小さな盗人め！　このなまけものめ！　なんとしたことだ。いつまでも寝ころんで、あくびをし、ためいきをし、そして深い井戸に落ちて行くのか？

おまえはいったい何者なのだ！　おお、わたしの魂よ！」（ここでツァラトゥストラはおどろいて、目をさました。ひとすじの光線が天空からかれの顔に射《さ》したからである。）

「おお、わたしの頭上の天空よ」と、かれはためいきをつきながら言って、起きなおった。

「天空よ、あなたはわたしを眺めているのか？　あなたはわたしの奇妙な魂の言いぶんを聞いているのか？

いつあなたは、すべての地上の物のうえに降《お》りたこの露の、この一滴を飲みこむのか？――あなたはこの奇妙な魂を、いつ飲みこむのか？

――永遠の井戸よ！　明るく、すさまじい正午の深淵よ！　いつ、あなたはわたしの魂をあなたのなかに飲みもどすのか？」

ツァラトゥストラはこう言って、まるで異様な酔いからさめたように老樹のそばの臥所《ふしど》から身を起こした。しかし、見よ、太陽はあいかわらずかれの頭の真上にかかっていた。ツァラトゥストラがあまり長く眠らなかったことは、おのずと推察されるのである。」

縮めたかったが、どこといって切り捨てがたく、ほとんど全章を引用してしまった。この「正午」にはパンの姿は見えないが、その気配《けはい》は濃い。走り疲れたツァラトゥストラは頭の真上に太陽がかかっているこの「完全な正午」のときに眠りに落ちていく。しかし彼の眼は「開いたままであった。」その眼は老樹と絡みついた葡萄（この葡萄はディオニュソスの暗示であり、陶酔と死と充実にむすびつくもので、第三部の「大いなるあこがれ」の章の終わりの部分と関連がある。しかしいまはくわしく立ちいらないことにする）を眺めている。前にあげた『漂泊者』の「正午に」では、自然はパンとともに「永遠の表情を顔に浮かべて」眠りこんでしまった。主人公の人間は「何ひとつ欲しない。何ひとつ憂えない。彼の心臓は停止している。眼だけが生きている」のであった。

それは「醒めた眼をした死だ」と言われた。まだ見たことのない多くのものを人間は見た。それら一切は光の網に紡ぎこまれ、いわばその中に埋葬されていた。彼はそのとき幸福を感じた。しかしそれはなぜか突如として「重い、重い幸福」と呼ばれた。こんどの場合、葡萄を眺めている開かれた眼は、ツァラトゥストラの心中の自己対話と呼応している。

「幸福」はこんどの正午でもツァラトゥストラを襲う。

「おお、幸福！　おお、幸福！　おまえは歌いたいのか、わたしの魂よ？　草のなかに横たわって。だが、いまは牧人もその笛を吹かない、秘やかな、おごそかな時刻だ。(明らかにパンの正午への連想である。)

おそれるがいい！　熱い正午が野づらにまどろんでいる。歌うな！　静かにせよ！　世界は完全だ！(「開いている眼」は見ているのである。)

老いた正午(何という含蓄をもった表現だろう)はまどろんでいる。かれは口を動かす。幸福の一滴をまさに飲もうとするのか？——

——至醇の幸福の、至醇の葡萄酒の、古い濃い紫金の一滴を？」

老いた正午の幸福、その完全になった世界の中でツァラトゥストラの「奇妙な魂」は、その幸福に包みこまれるのを拒む。それはみずからに問い、みずからの状態をたしかめることをやめない。「わたしはどうなったのだろう？　聞け！　時間は飛び去ったのだろうか？　わたしは落ちて行くのではないか？　わたしは落ちたのではないか？　聞け！——永遠の井戸の中へ？」

世界は完全となり、黄金の球となった。ツァラトゥストラはこの永遠の井戸にひきこまれる。しかし彼の魂はこれにさからい、抵抗する。彼の「奇妙な魂」は静まらず、動き、「幸福」をはらいのけて、進もうとする(しかしいつかはこの永遠の井戸の中に飲みこまれるという畏怖と予感はある)。——「永遠の井戸よ！　明るく、すさまじい正午の深淵よ！　いつ、あなたはわたしの魂をあなたのなかに飲みもどすのか？」(ここには死の充実の予感がある。絶唱というべきニーチェの詩『日は沈む』をこの意味で読むことができる。この詩にも正午と、その眠りが出てくる。深淵も死も——)

さきに問うた「重い、重い幸福」もいまは解ける。この「正午」はまだ「大いなる正午」ではないから、こうした幸福は、かれの足かせとなり、「重い、重い幸福」なのだ。

第四部の冒頭の「蜜の供え物」も、この間の消息を明らかにする。老いて、髪も白くなったツァラトゥストラは洞穴のまえの石に腰をおろして、黙然《もくねん》と遠くを眺めている。鷲と蛇はそのまわりを物思わしげに歩きまわっているが、やがてツァラトゥストラにたずねる。「おお、ツァラトゥストラよ。あなたはきっと、あなたの幸福の近づくのを待ちうけているのでしょうね?」――「幸福などはわたしの知ったことではない!」と、ツァラトゥストラは答えた。「わたしはもうとっくに幸福などを求めなくなった。わたしが求めているのは、わたしの仕事(Werk)だ。」――「おお、ツァラトゥストラよ」と、かれの動物たちはふたたび言った。「そうしたことが言えるのは、あなたがすべてに満ちたりている証拠です。あなたは空のように青い幸福の湖にひたっているのではないでしょうか?」――「おまえたち、おどけ者よ」と、ツァラトゥストラは答えて微笑した。「うまい比喩を使うな! しかし、わたしの幸福が重いものだということは、おまえたちにもわかっているはずだ。わたしの幸福は流れる波のようなものではない。それはわたしに迫ってきて、離れたがらない。まるで瀝青《ピッチ》のようにどろどろしたものだ。」

ツァラトゥストラは幸福が重く、瀝青のようにどろどろと自分にまといつくと言う。

しかしまた瀝青の比喩を手直しして、「わたしの身に起っていることは、すべての熟《う》れていく果実にも見られることだ。わたしの血管のなかの蜜が、わたしの血を濃くし、またわたしの魂をも静まらせているのだ。」ここには蜜という比喩で、内面的な円熟と老成と、充実した静謐が解明されている。しかしこの幸福な、重い正午は、死を受容する充実であり、永遠の井戸に落ちていく正午である。

4

『ツァラトゥストラ』全体を通じて何回も出てくる「大いなる正午」についてはこれまで故意に触れることを避けてきたのだが、ここらで逐次調べてみよう。

第一部ではその最終章「贈り与える徳」の末尾、ツァラトゥストラが弟子たちと別れ、ふたたび山中の洞穴へ帰ろうとする時の言葉のなかに出てくる。ツァラトゥストラはいつかまた「大いなる正午」を祝うために弟子たちのもとに戻ってきたいと言う。

「大いなる正午とは、人間が動物から超人にいたる道程の中点に立って、夕べに向かう自分の行手を、自分の最高の希望として祝い讃えるときである。それは新しい朝に向かう道でもあるからだ。

そのときは、没落する者も、かなたへ超えゆく者として、自分自身を祝福するだろう。そのとき、かれの認識の太陽は、かれの真上に、天空の中心にかかっているだろう。

「すべての神々は死んだ。いまや、わたしたちは超人の生まれることを願う」――これを、いつの日か、大いなる正午の到来したとき、わたしたちの遺言(最後の意志)としよう!――」


第一部では「大いなる正午」はここしか出てこない。(たんなる「正午」ならば、たとえば序説の最後(第一〇節)で、ツァラトゥストラに従う鷲と、その首に輪のようにまきついている蛇が空高く姿をあらわすのは、「太陽が正午の空にかかっていた」ときだが、この「正午」はたんに象徴的な時刻にすぎない。まだ「大いなる正午」ではない。)

「贈り与える徳」の章は、『ツァラトゥストラ』全体の中でも福音書を思わせる語句の多い章だが、この「大いなる正午」の到来を待つというのは、たとえばイエスが教えを宣《の》べはじめて言う「悔い改めよ、天国は近づいた」(マタイ四・一七)の気分に通うところがある。つまりいままでの正午が、冥界への通路がひらく正午にせよ、パンの眠る正午にせよ、永遠の井戸に落ちる陶酔の幸福な正午にせよ、いずれも静止、もしくは停止の正午である。現在がそこでは充実する。もしくは時間が止揚される。これに反して「大いなる正午」といわれるとき、それは人間が超人へ向かう道程の中点であり、それは一方で「時は近づいた」という言葉で表現される時節到来への期待であり、一方で人間が自己克服による回生の決断を要請される時機――「決断の正午」――である。その「大いなる正午」は認識の太陽が天空の中心にかかる時ともいわれる。懐疑の影が消える「正覚の正午」でもある。しかしいずれにせよ、それは今ではなく、未来にある。それはキリスト教の「御国《みくに》」の到来に近く、古代的・ギリシア的なものとは異質な、歴史的進行のかなたに描かれた黙示録的なヴィジョンと言える(ニーチェの場合、それはヨーロッパの精神史と密着している。その点は後述する)。未来指向的な「大いなる正午」のヴィジョンが、はじめて預言者ツァラトゥストラを成立させるといえるだろう。

『ツァラトゥストラ』の第二部には、不思議なことに「大いなる正午」は出てこない。第三部にはいるとそれはほとんど繰返して強調されるように出てくる(「幸福」の考察にとって、無視できないのは第三部の「来ては困る幸福」の章である。ツァラトゥストラはここでも「幸福」のやすらぎにさからって、「深淵の思想」の苦痛を求める。この深淵は幸福の「深い井戸」に落ちていく陶酔ではない)——。「大いなる正午」という表現が、いくたびか各章の結びに出てくるということは、未来指向的ヴィジョンの強調的性格にもとづく。「小さくする美徳」の結びでは、この預言者的な、ツァラトゥストラの使命感が強まっている。

「だがいったい、わたしは何を言っているのだ。誰もわたしを聞く耳を持っていないのに！　わたしがここで語るのは、まだその時でないのだ。民衆のあいだでは、わたしはわたし自身の前ぶれだ。暗い小路《こうじ》にひびくわたし自身の鶏鳴だ。

しかしかれらの時は来る！　そしてわたしの時も来る！　刻々に、かれらは小さくなり、貧しくなり、不毛となってくる。——あわれな雑草よ！　あわれな土壌よ！

そしてまもなくかれらは凋れた草、枯れ野のすがたになるだろう。そしてまことに！　かれらは自分自身に倦み疲れて、——水分を求める気力も失せて、むしろ火に焼かれたくなるだろう。

おお、恍惚たる稲妻の時刻よ！　おお、正午の前の秘密よ！　いつかわたしはかれらをも、燃えつつ走る野火に、炎の舌をもった告知者にしてやろう——。

——かれらもいつかは、炎の舌をもって告知するだろう。「来た。近づいた。大いなる正午が！」と。

ツァラトゥストラはこう言った。」


「通過」の章では、大都会に立ちよったツァラトゥストラは、ツァラトゥストラの口真似をしてしきりに激烈な現代批判をくりかえす狂人に出会い、これをたしなめるが、同時に大都会への警告を残していく。


「このわたしにかぶれた狂人ばかりではない。大都会そのものがわたしに嘔吐をもよおさせる。どこを見てもそれは改善できない。いや改悪もできない。

わざわいなるかな、この大都会！　わたしはかかるものを焼きつくす火の柱が見たい！　というのは、大いなる正午が到来するに先だって、そうした火の柱が立たなければならないからだ。しかし、それにはその時があり、それ自身の宿命がある。」

ここではパンの眠る正午のたぐいはまったく遠くなり、むしろマタイ伝二四章のような災禍の到来を警告する預言者の気魄がみちみちている。古代的でなく、キリスト教的な終末観、黙示録的なものがある。

「三つの悪」の章もまたつぎのように結ばれる。

「しかしこれらすべての者のもとに、いまや昼が、変転が、裁きの剣が、大いなる正午がやってくる。こうして多くのことが明らかになるだろう！

そして自我を健全で聖なるものだと言い、我欲を至福なものとしてたたえる者は、まさしく預言者となって、その知るところを告げる。「見よ、それは来つつある、近づきつつある。大いなる正午は！」

ツァラトゥストラはこう言った。」

「古い石の板と新しい石の板」の章は、永遠回帰の思想が現成してくるつぎの章「快癒に向かう者」に先だって、これまでのツァラトゥストラの思想遍歴を回顧し、要約している章であり、「大いなる正午」はその第三節にも述べられるが、ことに最後の第三〇節は、ツァラトゥストラがその恐るべき「深淵の思想」を呼びだし、「永遠回帰」をわがものとするための果敢な自己激励のことばであり、それは「大いなる正午」を迎えいれることでもある。

「おお、わたしの意志よ！　おまえはあらゆる困難を転回するものだ！　おまえこそ、わたしの必然だ！　わたしが小さな勝利のかずかずに甘んじないようにしておくれ！

おまえ、わたしの魂を左右するもの、わたしが運命と呼ぶところのもの！　おまえ、わたしの中にあるもの！　わたしの上にあるもの！　このわたしをまもり、ひとつの大いなる運命に、わたしを備えさせておくれ！

——ああ、いつかはわたしがためらわず、いそいそと大いなる正午を迎えるように！　白熱して溶けた青銅、稲妻を孕んだ雲、牝牛の張った乳房のように熟《う》れきって、待ちきれなく、――

――わたし自身とわたしの最も隠れた意志をすこしもためらわず迎えるように。

――おのれの矢をはげしく恋い慕う弓となり、おのれの的の星をはげしく恋い慕う矢となるように。――

――その星は、おのれの正午をいまはためらわず迎える星、燃えかがやき、射ぬかれた星、破壊する太陽の矢に亡ぼされて恍惚となる星。

――さらに太陽そのもの、そして勝利をおさめつつ、ためらわず破壊する、きびしく仮借ない太陽の意志！

おお、意志よ、おまえはあらゆる困難を転回するものだ！　おまえこそ、わたしの必然だ！　ひとつの大いなる勝利のために、わたしを備えさせておくれ！――」

「快癒に向かう者」の章では、恐れつつ待ちうけていた「深淵の思想」がいよいよ呼びだされ、その実相に直面したツァラトゥストラは、嘔吐、嘔吐、嘔吐と叫び、昏倒し、何日も屍《しかばね》のように横たわったのち、しだいに鷲と蛇の看護のもとに快癒に向かってくる。

ツァラトゥストラの動物、鷲と蛇はツァラトゥストラの心事を推測し、彼の運命がこれから「永遠回帰の教師」として生きることになったことを語る。

「あなたの教えはこうです。生成の循環が行われる大いなる年、とほうもなく巨大な年がある。それは砂時計のように、なんべんもひっくりかえって、はじめにもどらなければならない。こうしてまたあらたな経過が起こり、過ぎて行くために。——

——だからこうした巨大な年は、細大洩らさず、たがいにそっくりそのままなのだ。——だから、こうした巨大な年のなかにいるわたしたち自身も、細大洩らさず、たがいにそっくりそのままなのだ。

かりにいま、おお、ツァラトゥストラ、あなたが死に臨もうとするなら、……あなたはこう言うでしょう。「いまわたしは死んで行く。消滅する。一瞬のうちに無に帰する。魂も、身体《からだ》と同じように、死をまぬかれない。

だが、多くの原因を結びつけてわたしというものをつくりだしている結び目——その結び目はまたわたしをつくりだすだろう！　わたし自身も永遠回帰のなかのもろもろの原因のひとつとなっている。

わたしはふたたび来る。この太陽、この大地、この鷲、この蛇とともに。——新しい人生、もしくはより良い人生、もしくは似た人生にもどってくるのではない。

わたしは、永遠にくりかえして、細大洩らさず、そっくりそのままの人生にもどってくるのだ。くりかえし一切の事物の永遠回帰を教えるために、——

——くりかえし大地と人間の大いなる正午について語るために。くりかえし人間に超人を告知するために。

わたしはわたしの言うべき言葉を語った。わたしはわたしの言葉によって砕ける。わたしの永遠の運命がそれを欲する——、告知者としてわたしは亡びる！

没落する者がわが身を祝福する時が、いまは来た。こうしたツァラトゥストラの没落は終わるのだ」。——

この動物の言葉は「永遠回帰」の要約であり、「超人」も、「大いなる正午」もそれに結びつけられていて、『ツァラトゥストラ』の全思想の構図を明らかにするものといえるが、それを聞いているツァラトゥストラは目を閉じて、静かに横たわっている。しかし眠っているのではなく、ひたすら自己の魂と語りあっているのである。

『ツァラトゥストラ』の根本思想はこの第三部でほとんど尽きているわけで、第四部はその続篇として別個の新しい構想から書きだされたものだが、諸般の事情から途中で筆を止め、最初の部分だけを切離して第三部に直結させ、これで『ツァラトゥストラ』は一応完成したことに、ニーチェはしたのである。

この第四部については最初の「蜜の供え物」の章のことは、すでに述べた。「大いなる正午」はあまり出てこないが「ましな人間について」の章ではその第二節に「神が墓の中に横たわって以来、あなたがた(ましな人間たち)はやっと復活したのだ。いまはじめて大いなる正午が来る」という句が見える。

われわれの関心から見て、とりわけ注目すべきは「酔歌」(刊行中のグロイター版では「深夜彷徨者の歌」)の章である。前に述べた第四部の「正午」の章の最後でツァラトゥストラは「まるで異様な酔いから さめたように老樹のそばの臥所《ふしど》から身を起こした」のだが、「異様な酔い」を受けるように、この深夜の山中を「ましな人間たち」とさまようツァラトゥストラは、深夜の鐘の音にあわせて「酔歌」の輪唱を歌うことを「ましな人間たち」に求める。「正午」(Mittag)とは裏返しの「真夜中」(Mitternacht)であり、正午の太陽に代って月光が照り、いまは孤独ではなく、ツァラトゥストラによって啓発され、かれに師事する「ましな人間たち」に取り巻かれている。古い鐘の音がひびいてきて、ツァラトゥストラはそれにあわせて、さきの第三部「第二の舞踏の歌」――「ああ、人間よ、心して聞け！」にはじまり「深い、深い永遠を欲してやまぬ！」に終わる歌を、一行ずつ解明する。

注目すべきはその第一〇節の「いままさにわたしの世界は完全になった。真夜中はまた正午なのだ――」という句であろう。それは「古い、深い真夜中」(第三節)であり、ツァラトゥストラはかつての「正午」のときと同じように、「時間はどこへ行ってしまったのか、わたしは深い井戸の中へ沈んだのではなかろうか？」(第四節)とたずねる。また「この世は熟《う》れ、わたしの隠者の魂も熟れた」とし、「葡萄の房はくろずんだ。――いま、それは死にたいと思う。幸福のあまり、死にたいと思う」(第六節)と言う。「世界は完全になったのではないか？」とかつての「正午」とまったく同じ句があらわれ、しかし昼に対して「鬱陶しい昼よ、真夜中のほうがもっと明るくはないか？」と問い、ツァラトゥストラの深く秘かな心境を語る。しかしここにも「大いなる正午」という言葉はない。さきの「正午」と同じように、このときも幸福は現在の充実であり、停止であって、未来指向的なものがないのである。ただここでは「正午」と違って幸福《グリュック》(それはよろこび《ルスト》という語に代えられる)が永遠に結びつきながらも、その深い井戸の底で円環の意志を示す。それは永遠に止まるのではなく、永遠に進もうとする。「すべてのよろこびは永遠を欲する。」「よろこびは自分自身を欲する。自分自身を嚙む。円環の意志が身もだえする」(第一〇、一一節)。「正午」の章と違って、ここではツァラトゥストラはすでに永遠回帰をつかんでいるのである。いわば深い井戸の底での地下水が動いているのであって、停止の充実と運動の円環が結びついている。しかし彼はかれのまわりにたむろしている「ましな人間たち」を従えたままでは「大いなる正午」を迎えるべき「仕事」にかかることはできない。この真夜中の正午はその意味でなお「重い幸福」の足かせを脱していない。それは「正午」の老樹と葡萄をかたわらにした眠りのように異様な陶酔にすぎず、ぜんたいが「酔歌」なのである。だから夜が明けるとともに「徴《しるし》」がツァラトゥストラをおとずれ、無数の鳥たちをともなった笑う獅子があらわれ、その咆哮は「ましな人間たち」をまるで深夜の魑魅魍魎のように追っ払ってしまう。いままでかれらをひきとめていたのは「同情」であったことをツァラトゥストラは語り、

「同情」とともに「幸福」にも袂をわかつ。最終章「徴」の最後は、こうして「大いなる正午」が望み見られることとなる。

「……「いままで残されていたわたしの最後の罪とは、何だろう?」

——ふたたびツァラトゥストラは思いにふけり、大きな石の上にまたも腰をおろして瞑想するが、やがて躍りあがった——。

「同情だ。「ましな人間」たちへの同情だ!」と、かれは叫んだ。かれの顔は青銅に刻まれたように硬くなった。「そうだ! それも——終わったのだ!

わたしの悩みにせよ、ひとの悩みへの同情にせよ、——そんなものがなんだというのだ!

わたしはいったい幸福を追い求めているのだろうか? わたしの求めているのは、わたしの仕事(Werk)だ!

よし! 獅子は来た。わたしの子どもたちは近くにいる。ツァラトゥストラは熟《う》れた。

これはわたしの朝だ。わたしの昼がはじまろうとする。さあ、来い、来い、大いなる正午よ！」――

ツァラトゥストラはこう言って、かれの洞穴をあとにした。暗い山から昇る朝日のように、燃えさかり、力強かった」(『ツァラトゥストラ』全巻のおわり)。

なお『ツァラトゥストラ』の続稿、ないし全体的な構成のためにニーチェは多くのプランを残している。それらには「大いなる正午」が幾度も用いられ、また「正午と永遠」――それは(永遠の今)の永遠と(永遠回帰)の永遠の結合にほかならない――という呼称もくりかえされている。

『ツァラトゥストラ』理解の上では、たんなる「正午」と「大いなる正午」のけじめを見きわめることが必要である。「大いなる正午」はどこまでも未来指向的な使命のヴィジョンとしてあり、しかも「正午」の持つ充実を包含する。『ツァラトゥストラ』以外のニーチェの書いたものからも、このことを裏づけることができる。たとえば『この人を見よ』の中で、『曙光』について回顧的に語っている個所では、こう書かれている。「わたしの使命は、人類の最高の自己省察の瞬間、すなわち人類が過去をふりかえり、未来を見わたし、偶然の支配、聖職者の支配から脱して、「なにゆえに？」「なんのために?」という問いを、全体として発する大いなる正午を用意することだ」と。

そのような視点で見て、『偶像のたそがれ』の中の「「真実在の世界」がついに寓話となった次第——一つの誤謬の歴史」という要約的な一文は、ツァラトゥストラの「正午」がヨーロッパ精神史のなかに組みいれられ、ニーチェのヴィジョンが、『ツァラトゥストラ』という文学的創作の中だけで動いているのではないことを示している。

「「真実在の世界」がついに寓話となった次第——一つの誤謬の歴史

一、賢者、敬虔な者、高徳な者ならば到達できるとされた「真実在の世界」——そうした人たちは、かかる世界に生きている。かれらがそれである。(こうした理念の最古の形式であり、それはかなり賢明で、単純で、納得させる力を備えている。「われプラトンは真実在である」という命題の書き直しといえる。)

二、賢者、敬虔な者、高徳な者にとって(「懺悔する罪びとにとって」)いまは到達できないが、約束されている真実在の世界。(理念が進歩した。それはより精妙な、より油断のならない、より摑まえにくいものとなった。——それは女になった。キリスト教的になった……）

三、到達できず、証明できず、約束もできない、しかし考えられたものとして既に一つの慰め、一つの義務、一つの命令《インペラチーフ》である真実在の世界。（結局、昔ながらの太陽だが、霧と懐疑を透して見えている。理念は崇高に、蒼白に、北方的に、ケーニヒベルク風になった。）

四、真実在の世界は——到達できないのか？　ともかく到達されていない。到達されていないものだから、知られてもいない。したがって慰めにも、救いにもならず、義務づけることもない。知られていないものがどうしてわれわれに義務を負わせることができるだろう？……（仄白くなった朝。理性の最初のあくび。実証主義の鶏鳴。）

五、「真実在の世界」——もはや何の役にもたたない、もはや義務づけることもない一つの理念——一つの無駄な、余計なものとなった理念、したがって論駁された理念であり、われわれはそんなものを廃棄処分にしようではないか！（明るい日、朝食、良識《ボン・サンス》と快活の復帰。プラトンの赤面、すべての自由精神たちの跳梁。）

六、真実在の世界をわれわれは廃棄処分にしてしまった。どういう世界があとに残ったか？　あるいは仮象の世界か？……とんでもない！　真実在の世界とともに仮象の世界をもわれわれは廃棄処分にしてしまったのだ。(正午、影の最もみじかい瞬間、最も長かった誤謬の最後、人類の頂点、INCIPIT ZARATHUSTRA〈ツァラトゥストラが始まる〉)」

この一文を理解した者は、ツァラトゥストラ・ニーチェを理解した者に近いだろう。この最後の個所が明らかにするように、この正午(それは「大いなる正午」と解すべきである)とともに、ツァラトゥストラ・ニーチェがはじまるのである。ヘーゲルが彼自身とともに哲学の終結に達したと意識したように、ニーチェも彼の説くニヒリズムの時代によって、一つのヨーロッパの、いわば人類の歴史が終わり、新しい歴史がはじまるという意識を抱いたように思われる。それはひとつのアイオーンが終わり、新しいアイオーンが開始されることでもある。

さきに引いた「蜜の供え物」の章には、つぎのようなツァラトゥストラの言葉があった。

「しかし、わたしとわたしの運命――われわれは今日《きょう》・明日《あす》を目あてに語るのではない。またいつになっても来ない日にむかって語るのでもない。われわれは語るのに、忍耐も、時間も、超時間もじゅうぶん持ちあわせているわけだ。なぜかといえば、それはかならず来るからだ。それは素通りするわけにはいかないからだ。

　ではそのかならず来るもの、素通りできないものとは、何だろう？　それは、われわれの大いなるハザラ、すなわち大いなる、はるかなる人間王国、ツァラトゥストラの千年王国だ。——」

　ニーチェの「大いなる正午」がパンの正午の時間ではなく、むしろ決定的審判のときであることは前に述べた。それがキリスト教的な、黙示録的な終末観を想わせることもたしかである。しかしここで引用した「大いなるハザラ(Hazar)」——Hazar は古代ペルシアの Hazara(一千)の意——は、やはりゾロアスター教の時間表象が、ニーチェの根底にあるがごとくである。

　それにはつぎのような遺稿が参考になるだろう。「わたしはひとりのペルシア人、ツアラトゥストラに栄誉を与えなければならなかった。ペルシア人は歴史を全体的に、大規模に考察した。発展の諸段階、いずれの段階もひとりの預言者が主宰する。おのおの

の預言者はそのハザラ、かれの千年王国を持つ。」(ナウマン・クレーナー刊大オクターフ判全集第一四巻三〇三頁)

キリスト教の千年王国の思想にも、またプラトンの『パイドロス』や『国家』から窺われる千年周期の思想にも、ゾロアスター教の宇宙史的時間の影響があるのではなかろうか。多くの学者がこの推測を肯定している。これについては以前「ツァラトゥストラとゾロアスター」と題する一文(本書所収)を草したときにも触れたが、『ツァラトゥストラ』の中の、いくつかの象徴的なイメージはやはりゾロアスター教の伝承に結びつくようである。伊藤義教氏の『古代ペルシア』によると、イランの歴史では王権は「神授の権」であり、この権威がリング(輪環)として表現されている。これは帝王叙任式をあらわす磨崖の浮彫りにかならず見られるもので、伊藤氏によれば「キリスト教聖者の光輪や仏像の光背がこれに由来していることは、西欧では早くから指摘されている」そうである。『ツァラトゥストラ』の中のいくつかの輪環とその象徴への愛好(たとえば「七つの封印」の中の Ring der Ringe など)にも、そうしたゾロアスター的表象の名残りがあるのかもしれない。もっともすでにワーグナーの『ニーベルングの指環《リング》』があり、この方が、ニーチェの連想に近かったかもしれない。しかしこうした詮索は雲をつかむようで、断定的なことは差控えたい。

古代ペルシアの宇宙論的時間区分は、いくつかの伝承によってまちまちであるが、イランの歴史は、だいたい原人ガヨーマルトからはじまる。これはまだ人間とはいいにくい存在だが、人類の祖であり、光明への信仰のきざしは彼においてはじまる。その後いくつかの千年紀を経て、預言者ザラスシュトラ（ツァラトゥストラ）が出現し、世界史の聖なる正午に、アフラ・マズダの教えを告知するということになる。ザラスシュトラの千年紀ののち三つの千年紀がつづき、そのおのおのに、ザラスシュトラの子がサオシュアント（救世主）として出現する。第三のサオシュアントによって人類は完成される。このサオシュアントも原人ガヨーマルトと同様、神話的な存在だが、この原人から救世主にいたる六千年が大きな宇宙劇の後半をなし、物質の世界とのたたかいにおける光明の精神の勝利にいたる。後半といったのは、それ以前にも宇宙劇の序幕ともいうべき部分があり、アフラ・マズダと悪霊アングラ・マイニュウとの戦いがあるからだが、あわせてここに一万二千年の時間経過がある。エーミル・アベッグ（E. Abegg „Nietzsches Zarathustra und der Prophet des alten Iran“, in: Nietzsche. Conférences prononcées à Genève sous les auspices de la Fondation M. Gretler. Erlenbach-Zürich 1945)によると、この一万二千年という宇宙存在の前と後はどうかという問いが起ったとき、ゾロアスターの弟子たちは「無時間的永遠」(ゼルヴァーン)という教説でこれに答えた(アウグスティヌスが世界創造の前には時間はなかったと言っているのは、この想念の継承らしい)。この無時間的永遠の中に人類の世界的経過が嵌めこまれているわけである。この無時間的永遠では、イランの神話によれば太陽は天心にとどまっている。宇宙的・人類的歴史のはじまる以前は、常に正午であった。太陽が動きだすとともに、善と悪のたたかい(ゾロアスター教の二元論)がはじまる。そして最後の救世主の出現によって、太陽はふたたび天心に静止する。すなわち「大いなる正午」の出現である。これが古代ペルシア人の世界像であり、宇宙的時間の教えであった。ニーチェが『ツァラトゥストラ』において、くりかえし「大いなる正午」を説いた背景にはこうしたヴィジョンがあったのではないだろうか。この正午はギリシア的な、冥界への通路がひらく正午でもなく、ヘレニズム的なパンの眠る正午でもなく、両者を踏まえた上での未来的、黙示録的、人類完成的(そして永遠回帰的な)正午として想望された正午であり、それゆえに「大いなる正午」と呼ばれるにふさわしいものであった。こうしたヴィジョンのもとで『ツァラトゥストラ』第三部の「快癒に向かう者」の章中、「大いなる正午」と「超人」と「一切の事物の永遠回帰を教えるツァラトゥストラ」とが、「生成の循環が行われる大いなる年、とほうもなく巨大な年」の中に包括されたのは、きわめて自然な論理的整合を示しているように思われる。ニーチェはその「大いなる正午」によって、自己自身を宇宙論的な時間経過の中に組みいれ、位置づけようとしたのであった。

ニーチェの発狂直前の年の著作の一つ、彼がワーグナー（すでに五年前に死んでいる）との長い精神的葛藤を要約した『ワーグナーの場合』（一八八八）の序文の中で、ニーチェは、自分が時代の子であり、その点でワーグナーと同様であった、つまりデカダンと呼ばるべきものであったと言っている。ただ自分はそれを見抜き、それに抵抗した。ワーグナーを含み、ショーペンハウアーを含み、わが身にある一切の病的な、デカダン的なものに敵対した。あらゆる時代的なもの、時代迎合的なものに対する深い疎隔、冷却、覚醒、そして最高の願いとして「ツァラトゥストラの眼」を、――人間という全事実を途方もなく遠いところから見渡し、下方に見る眼を、呼び求めたと言っている（『この人を見よ』の中の『悲劇の誕生』について述べた第四節を参照）。「ツァラトゥストラの眼」は、時代をはるかに超えた「大いなる正午」のなかで見開かるべきはずであった。

ツァラトゥストラとゾロアスター

ここでツァラトゥストラというのは、ニーチェの書いた『ツァラトゥストラはこう言った』(*Also sprach Zarathustra*)の主人公のことである(以下、人物でなく、著作そのものを指すときは『ツァラトゥストラ』、と括弧にいれる)。ゾロアスターというのは古代ペルシアのゾロアスター教の開祖と考えられる半ば伝説的な、しかしその実在を確実視される宗教的人物、近来研究がすすむにつれてその偉大さも明らかになってきた大予言者のことである。

この古代ペルシアの教祖を、ドイツ人はだいたい前世紀の終りごろまでは Zoroaster と呼び、そう書きあらわしてきた。古いところのカント、ヘルダー、ゲーテ、ヘーゲルなどを手当りに調べてみたが、みなそう書いている。ニーチェも初期の未定稿「ギリシア人の悲劇時代における哲学」(一八七三)の中ではそう書いている。しかし『ツァラトゥストラ』(一八八三―八五)を書いたときには、かれは Zoroaster という書き方を使わなかった(そのすこし前の『華やぐ知恵』やその時期のノートにすでにそうした表記の変化があらわれている)。一八八三年五月二〇日ニーチェが友人ペーター・ガストに宛てた手紙にこうある。

「Zarathustra は、Zoroaster の名前の真正(echt)な、損われない(unverderbt)かたちです。つまりペルシア語です。ペルシア人のことは八五ページにあります。」(このニーチェの文章にいささか注釈を加えると、この八五ページというのは『ツァラトゥストラ』の初版のページ数であって、その個所は「千の目標と一つの目標」という章にあたり、そこに「《真実を語り、弓矢の道に練達すること》――これがわたしの名前の由来する民族が、好みもし、同時に困難をおぼえたところでもあった」という一節がある。すべての民族はその生存の途上で、有形無形のなにかしらの困難に遭遇するが、それを克服しようとするところから、民族特有の善悪の評価(すなわち道徳)を持つことになるとツァラトゥストラが説く章だが、ここではっきりと「わたしの名前の由来する民族」と、ツァラトゥストラは言っているのである。なおこの「真実を語り、弓矢の道に練達する」というペルシア人の特性は、おそらくヘロドトスの『歴史』にもとづくもので、『歴史』

の巻一の一三六節には、ペルシア人は子供に「ただ三つのことだけを教える。乗馬、弓術及び正直がこれである」とあり、また一三八節には「ペルシアで最も恥ずべきこととされているのは嘘をつくことであり、次には借金をすることである。借金を厭う理由はいろいろあるが、最大の理由は、借金をしたものはどうしても嘘をつくようになるからだという」（松平千秋訳）とある。この句はさらにまたニーチェの自伝『この人を見よ』の中でも「真実を語り、そしてよく矢を射ること、これがペルシア人の徳なのだ」として使われている。このあとの個所についてはまた後に触れたい。）

だいたい Zoroaster はギリシア人が勝手に呼びなした *Ζωροάστρης* に由来するもので、正しい称呼ではないから、ペルシアの原音のザラトゥシュトラを伝えた Zarathustra を使うべきだという意見がしだいに大勢をしめて、ドイツでは一九世紀の終りごろから、主として学問的に、そしてしだいに一般的に Zarathustra の表記が使われるようになった。しかし英米やフランスあたりではいまでも Zoroaster（英）なり Zoroastre（仏）なりが慣用とされているし、日本でもゾロアスターで通っているので、この拙稿でも古代ペルシアの予言者をそう呼ぶことにし、それによってニーチェの作品の主人公とそのモデル（と呼べるかどうかがひとつの問題であるが）とを容易に区別できるであろう。

いま述べたようにギリシア人の呼び名から発したゾロアスターがヨーロッパにひろまったのであるが、その Ζωροάστρης の中にふくまれたギリシア語 ἀστήρ は星の意味を持っている。とかく教祖的な存在は神話や伝説の雰囲気をまとわされるのが常であるのに星の意味が加わったということから、ゾロアスターは占星術師であり、運命の察知者、夢占い師、超能力の魔術師だという連想がおのずと強まった。古代イランの拝火教の開祖であり、最高神アフラ・マズダをあがめ、光明と善と真実のためにたたかう聖者・賢者であって、しかも占星術師・魔術師、といった混沌としてつかみにくい、時には薄気味わるいイメージがゾロアスターという名称のまわりにたちこめることになった。

モーツァルトの歌劇「魔笛」を見るひとは、この歌劇の背景に一八世紀に流行したフリー・メーソン的秘密結社の思想があることを教えられても、あのザラストロ(Sarastro)に、ゾロアスターに似たひびきを聞きとり、同時にペルシアの教祖のおもかげを直感するひとはすくないであろう。しかし「強い、邪悪な悪魔」(ein mächtiger, böser Dämon——第一幕第五場)とののしられ、やがて聖僧であることが判明し、夜の女王に対して光明の国を代表することになるザラストロは、エジプト的なもの(オシリス、イシス、ピラミッドなど)を包容しつつ、まさしくオリエントからやってきたゾロアスターの威力ある虚像なのである。ニーチェのツァラトゥストラもこうした系譜につらなるところのゾロアスターの最後の、そして最大の虚像といいうるかもしれない。

ゾロアスターが占星術と結びつけられたことによって、初期キリスト教徒のあいだにはひとつの伝承がひろがった。それはキリスト誕生の際にあらわれた星にちなむ。その星を追って東方の三博士がベツレヘムに来たのである。

これは通俗的にもひろまっている説だが、たとえば野尻抱影『続星と伝説』の中にもこの「ベツレヘムの星」についての紹介がある。野尻氏のエッセイはその星の正体は何かという天文学的な推測に眼目があるわけだが、それに関連してこう書かれている。

「この星のことを聖書で調べると、新約の馬太伝第二章だけに出ている。キリストがベツレヘムの隊商宿で生まれてから間もない頃、その国の都エルサレムへ東の国の博士が三人到着した。

彼等は、いわゆるマギで、当時のペルシャ、アラビア地方を占めていたゾロアスター（拝火教）の系統を引くマギ族の、占星術の学僧であったと思われる。それらの地方から駱駝、または馬に跨って、恐らくエウフラテス河とシリヤとの間の沙漠を横ぎり、アレッポ或いはパルミラを経てダマスカスに着き、そこからダルブ・エルハイ(順礼道路)即ちメッカ街道を南下して行った。そして、ヨルダン川とガリラヤ湖の東について進み、多分エリコの近くでヨルダンを渡って、目ざすエルサレムへ入ったろう。」

それからかれらはエルサレムから西へ約八マイルの小村ベツレヘムに幼児イエスをおとずれたが、「三人は夢に、ヘロデの許に帰るなという神の御告げを蒙って、多分ベールシバへ出で、そこから東へ死海をめぐって、再びメッカ街道に出て帰ってしまった。」かれらは夢占い師でもあったのだ。

この野尻氏のエッセイでは、星の正体についていろいろな考察があり、最後にグリニッヂの天文学者モオンダーの新説が紹介されているが、その見解のよりどころとなっているのはエルサレムとベツレヘムの途中にある、昔から「マギの井戸」と呼ばれている水溜めで、この井戸の中に星の光が映っているのを見て、博士たちはキリストの所在がいよいよ近いと知ってよろこんだ。昼間の星が井戸の底だけに見えて、顔をあげても見えないというよくある事実を、星が「幼児キリストのいますところに止まった」と考えたのだとモオンダーは説くのである。

ベツレヘムの星についての詮索はともかくとして、このマギというのはラテン語Magusの複数Magiであり、ふつうのドイツ語でいえばMagierということになる。手近にある『相良大独和辞典』でこの字をひくと、

Magier――①(星や夢を占う)古代ペルシアの祭司　②(キリスト降誕の時東方から供物をたずさえて来た三人の)博士　③(Zauberer)魔法使い、魔術師。(Taschenspieler)手品(奇術)師。

とあって、この語のふくむ三側面が適確にとらえられている。

さらにハイゼの『外来語字典』をみると、Magi, Magier, Magie, Magiker, magischなどはみなMagusの項に集められ――

Magus――男性、ラテン語、複数はMagiあるいはMagier(ギリシア語マゴス〔mágos〕、複数マゴイ〔mágoi〕、アラビア語マジュース〔madjûs〕、元来ペルシア語)、

もと古代ペルシアの拝火教徒、特にその祭司、かれらは星辰に通じ、夢占い師であった。一般に東方の賢者を指すが、かれらは後には欺瞞と迷信を事として、魔術師になった。——

とある。

エジプトをはじめ、古代諸国には随所に魔術師(呪術師)がいたはずであるのに、なぜゾロアスターの祭司の名称のみが魔術(マギー、マジー、マジックなど)の語源となったかというと、これはやはりヘロドトスのすぐれた筆力によるものらしい。『歴史』の中にはマゴスたちについていろいろと書かれているが、ことにキュロスの子カムビュセスの没後、マゴスたち(マギ族)の反乱を制圧したダレイオス大王の精彩ある記述がこのマゴスたちを印象づけたのであろう。かれらマゴスたちは当時ペルシアの六支族の一つであって、ゾロアスター教の世襲的祭司階級をなしていた。古代のことであるから宗教的と同時に政治的にも大きな勢力をもっていた。このダレイオス大王(在位、前五二二—四八六)の名はペルシア戦争と結びついてわれわれにもよく知られているが、その残したいくつもの碑文ことにベヒストウンの大碑文によって立証されたようにかれ自身もゾロアスター教の主神アフラ・マズダの敬虔な信仰者であった。もともとゾロアスター教は、東イランの遊牧民族が定住するようになり、農耕と牧畜を採用する過渡期に出現したもので、それ以前の古い信仰に対して新しい生活形態を主張するところに、この新しい信仰の社会的意義があったといわれる。平和な状態にはいった農耕民は遊牧民たちの襲来をうけ家畜を奪われた。そうした略奪的な要素を持っていた古い神々は悪魔となり、暗黒の使いとなり、新しい生活の合理性が光明となり、善となった。ゾロアスター教の背景にはこうしたものがあるのかもしれない。しかしこうした問題についてはここではあまり深入りせず、話をニーチェに近づけることにする。

われわれはいくつか挙げてみた断片的な挿話から推しても、ゾロアスターの広大な歴史的影響を感得できるように思う。ヨーロッパ文化の根底にギリシア精神とキリスト教という二つの柱を考えるのが常識というものであるが、さらにその奥に両者に対するゾロアスターの深い影響を注視するとき、ヨーロッパ文化への徹底的な批判者としてのニーチェが、イエスとソクラテスを否定し、さらにさかのぼって、この古代ペルシアの予言者にその直感的な好意のまなざしを向けたことが納得できるように思うのである。ゾロアスター教とキリスト教の関係はのちに触れることにして、まずそのギリシアとの関係を、ニーチェの問題の範囲で考えてみたい。

それにしてもゾロアスターを自己の作品の主人公として据えた際に、ニーチェはこの古代ペルシアの予言者について、どれほどの予備知識を持っていたのであろうか。

私はニーチェのゾロアスター像についてだいたい三つの知識源を想定することが許されるかと思う。妹のエリーザベットはその『孤独なるニーチェ』の中で「ツァラトゥストラの姿は、ごく幼い時から兄の心に浮かんでいた。兄はかつて私にあてて、すでに子供の時にその姿を夢に見たと書いてきた」と述べているが、このような年少のおぼろげな予感はひとまず別として(あるいはこれはキリスト生誕のときのマギにからむ伝説がこの牧師の子の耳にはいっていたのかもしれないが)、第一の知識源といえるものは、やはり古代ギリシアにおけるゾロアスター像であろう。ニーチェは古典文献学の学者として多くのギリシアの文献に触れ、そこからゾロアスターの茫漠たる、しかし脅威と魅力にみちた輪廓に接したと考えられる。つぎに第二の知識源は、一八世紀になってヨーロッパがようやく東方の知恵に耳を傾けるようになったとき、すなわち啓蒙主義の時代において、賢者の理想像としてうかびあがってきたゾロアスター像である。ことにドイツのヘルダー、ゲーテ、プラーテンなどを通じてのゾロアスター像を、ニーチェは当然知っていたものと思われる。それにつけ加えて第三の知識源として、ニーチェと同時代的なゾロアスター理解がある。ゾロアスターのことばがサンスクリットと同系だという発見から、一九世紀はビュルヌフ(Eugène Burnouf)のようなすぐれた学者によって経典『アヴェスタ』の学問的解明が進み、ニーチェのころにはマクス・ミュラーの『東方聖典叢書』の刊行もすでに行われていたのであるが、ニーチェがこの領域に学問的にそれほど深く沈潜したとは、いろいろな理由から考えられない。『ツァラトゥストラ』を書くには、ツァラトゥストラの生涯と思想をめぐってひととおりの基本的知識を持てば事足りたろう。遺稿の中に「真昼と永遠」と題された草稿があり、そこに「ツァラトゥストラはウルミ湖のほとり生まれ、三〇歳でそのふるさとを去り、アリア州におもむき、山中で孤独に生きること一〇年、ゼンド・アヴェスタを書いた——」などと書かれているが、これなども教科書的知識を出ないものである。「ツァラトゥストラというのは《黄金の星》という意味です。今日たまたまこのことを知ってたいへんうれしく思いました。私の小著の着想はこの語源《エチモロギー》にもとづいて得られたのだと、ひとは思うかも知れません。しかし私はきょう日《び》までまったく知らなかったのです」(一八八三年四月二三日ペーター・

ガスト宛)などと手紙の中で言っているが、これなども言語学的になんら根拠のないことで、ニーチェがおどろいているのがかえって妙なくらいである。ニーチェが『ツァラトゥストラ』を書くために周匝《しゅうそう》なゾロアスター研究をしたり、多くの資料を蒐集したりしたとは考えられない。たとえ『アヴェスタ』の訳文をのぞいてみても、学問的に深入りする気はなかったろう。妹エリーザベットは『ツァラトゥストラ』は兄の《最も個人的な》著作であるといっているが、主人公ツァラトゥストラはいわばニーチェの分身であった。この分身はすでに以前からいろいろな形姿を取って、自己を具現しようとしていた。エムペドクレスのすがたを取ろうとしたこともある。この分身がツァラトゥストラに結びつくために必要な条件が成りたてばいいので、それにはむしろ半伝説的で、脅威と魅力のまざった不透明な材料であるほうが好都合なのであった。(あえていえば、現代のようにゾロアスターの学問的研究が進んでいたら、ニーチェは『ツァラトゥストラ』を書けなかったかもしれない)。

そこで、まず第一の知識源であるギリシア的なゾロアスター像についてもうすこし調べてみよう。さきに触れた未定稿「ギリシア人の悲劇時代における哲学」(Die Philosophie im tragischen Zeitalter der Griechen)の中の Zoroaster が出てくる個所でニーチェはこう書いている。

「ギリシア人がオリエントの諸国にどんなに多くのものを見いだし学びとることができたか、またどんなにさまざまな事柄をかの地から摂取したであろうかということ、これはいままでも熱心に指摘されてきた。人びとはオリエントの教師と見られる人物と、その弟子かと思われるギリシア人とを結びつけた。こうしてゾロアスターをヘラクレイトスのそばに、インド人をエレア派のそばに、エジプト人をエムペドクレスのそばにならべたばかりか、さらにはアナクサゴラスをユダヤ人の中に、ピュタゴラスを支那人の中にいれて見せてくれたが、それはたしかに奇観ともいうべきものであった。しかし、こまかなところはつじつまがあわないにせよ、この着想そのものは、われわれもみとめてやっていいと思う。……ギリシア人について、その土着の文化をうんぬんするほど馬鹿げたことはない。かれらはむしろ他の諸民族のもっていたあらゆる文化をわが身に吸収した。他民族が投げすてた地点からさらに先へと槍を投げることを心得ていたから、ギリシア人はあれほどのところまで行けたのである。」

ニーチェはギリシア人の能力をきわめて高く評価する。しかしかれらがオリエントの諸民族から多大のものを受容したことを当然のように認める。ニーチェのこのあたりの文章を読むと、私はディオゲネス・ラエルティオス『哲学者列伝』の冒頭を思いださずにはいられない。ディオゲネス・ラエルティオスはニーチェの精通していた本の一つであった。ニーチェはライプチヒ大学の学生として、「ディオゲネス・ラエルティオスの資料について」(De fontibus Diogenis Laertii)という懸賞論文に応募し、これによって学界の評価を得、またそれがきっかけとなって、卒業以前にバーゼル大学から古典文献学の教職を提供されるという異例な抜擢を得たのである。この『哲学者列伝』は周知のようにギリシア古代の哲学者ターレスからエピクロスにいたる八十数人の所説をその伝記や逸話とないまぜにして叙述したもので、三世紀の中ごろに書かれたものだが、ヘルダーリンが悲劇『エムペドクレス』を書いたときにもこの書を材料にしたように、ニーチェにおける古代の哲人像もこの書に負うところが多いのである。

その序説をひらくと、冒頭にこうある。「哲学の発展は、多くの者が主張するように異邦人《バルバロイ》のもとに始まった。ペルシア人にはマゴスたちがおり、バビロニア人とアッシリア人にはカルデア族がおり、インド人には跣足聖者たちがおり……」といったぐあいである。「しかしマゴスたちから(その最初の者はペルシア人ゾロアスターであったといわれるが)トロヤの落城までを、プラトン派のヘルモドロスはその『学問論』の中で五千年と数え、リディア人クリントスはゾロアスターからクセルクセスのヘレスポント海峡越えまでを六千年と数えている」とあるのは、これを数字の点から見ればすこぶる荒唐無稽なものだが(なぜならゾロアスターは前七・六世紀に活動した人物であるから。その生年は前五九九、六三〇、六六〇などの諸説があり、さらに一世紀さかのぼらせる見方もある。彼はバクトリア地方で生まれ、七七歳で戦死をしたと伝えられている)、これはおそらくゾロアスター教の宇宙史観がこうした広大な数字の中にまぎれこんだものであろうと考えられるのである。ゾロアスターの教えでは、善と悪の両原理、すなわち、光明と善の神アフラ・マズダ(オルマズド)と暗黒の悪の神アングラ・マイニュ(アーリマン)が宇宙の支配をめぐって戦っているが、人間の心もまたそのたたかいに参加しているのであり善人はアフラ・マズダの側について戦っている同志であり、戦友なのである。(ドストエフスキーの言うように、人間の心は神と悪魔の戦場なのである)。その宇宙は一万二千年存続し、四期にわかれる。最初の三千年間にアフラ・マズダは多くの霊的存在者を創造し（プラトンのイデアの説にはあるいはこの影響があるかもしれない）、第二の三千年間には人間や動物を創造し、ここに善悪のたたかいが引きつがれる。つぎの三千年になるとゾロアスターが啓示を受けて登場し、その教えを説く。最後の三千年間の各一千年はゾロアスターの後裔である救世主が一人ずつ支配者となり、最後の救世主がアフラ・マズダを助けて、最後の勝利と平和を招来させることになり、これまでの宇宙的時間はおわる。善悪のたたかう二元論であって、人間もその心の中でどちらかの神に組すべく決断を迫られるという倫理性が大きな特色であるが、究極は善の神の勝利であるから二元論の徹底したものとはいえないかもしれない。この一万二千年の宇宙経過というゾロアスターの時間表象はおそらくギリシア人のアイオーンの考えにつながるものであろうといわれる。またキリスト教の時間観念のすぐれた考察者であるクルマン（O. Cullmann）などもキリスト教の「時間的な性格は、新約聖書においては、ユダヤ教的な時間評価に関係するがこれはまたゾロアスター教との密接な諸関係を示している」といい、聖書的な時間が、創造以前、それから再臨まで、さらに再臨からはじまる時間と三つにわかれ「この三区分は決して廃棄されたことがないが、この上に二区分が既にユダヤ教において組合わされた。この二区分はゾロアスター教に源を発するもので、今のアイオーンと来るべきアイオーンとの区分である」などと指摘している(『キリストと時』前田護郎訳)。これらのゾロアスターの意味深い諸影響、神の子、肉体の復活、千年王国などについてはここで立ちいることをひかえるが、ニーチェに関係あることを一言述べておくと、ゾロアスターの時間観念では創造以前および一万二千年の経過以後では無時間的永遠が臨んでいるのであり、イランの神話の語るように太陽が天心にとどまったままである。すなわちつねに正午なのであって、この太陽が動きだすとともに善悪のたたかいもはじまるのである。ニーチェが「大いなる正午」を説くとき、そのヴィジョンはおそらくここに源を発していた。

さらに『ツァラトゥストラ』の中の示唆的な一個所を挙げておく。

それは第四部の最初の章「蜜の供犠《くぎ》」(この Honigopfer それ自体がゾロアスター教的なもので、ヘロドトスが書いているように、大地に対してその生産力を感謝する意味を持っていたものらしい)の中に、つぎのような一節がある。ここはすこし長く引用したいところだが、要《かなめ》のところだけ挙げると

「ではそのいつの日かは必ず来たり、素通りしないものとは、何者だろう？　そ

れは、われわれの大いなるハザール、すなわちわれわれの大いなる、はるかなる人間王国、ツァラトゥストラの千年王国だ」(Wer muss einst kommen und darf nicht vorübergehen? Unser grosser Hazar, das ist unser grosses fernes Menschen-Reich, das Zarathustra-Reich von tausend Jahren.)(シュレヒタ版全集 Bd. II, S. 480)

このハザール(Hazar)とは古代ペルシアの Hazara(一千の意)から取ったもので、まさしくゾロアスターの宇宙史的時間区分の千年王国を指しているのである。ニーチェはこうした片言隻句によってかれのツァラトゥストラをゾロアスターへ近づけているのである。ツァラトゥストラとゾロアスターの関係にとって、この一句はたいへん重要なように、私には思われる。

(なお前記クサントス(Xanthos)はヘロドトスと同じころの前五世紀のリディア人であって、かれはペルシアがギリシアに敗北したことによって生じた諦念的な終末観からゾロアスターにはじまった六千年のアイオーンが終ったと見たのであり、したがって彼のあげている数字は通常の年代とは別の、いわば宗教的次元のものだ、という解釈は私には興味深く思われる。vgl. F. Altheim: *Zarathustra und Alexander*, S. 55)

なんといってもギリシア人は早くからペルシア人と交渉があったから先に述べたヘロドトスをはじめ、クセノフォン、ストラボン、クリュソストモス、プルタルコス、アガティアスなどの諸家がゾロアスターについていろいろと取沙汰したり、あるいは何かのはずみにその名を引合にだしているのである。たとえばプルタルコスのばあいは、その『英雄伝』の中で、ゾロアスターをヌマやリュクルゴスとならべて「王国を支配し、国法を整えた」人々の中にいれているといったぐあいである(『プルターク英雄伝』のヌマの章を見よ)。

プラトンはその(偽書ともいわれる)『アルキビアデス第一』のなかで、ペルシアの皇太子は四歳のときから最高の賢者によって《ゾロアスターの神秘なる知恵》を教えこまれると、ソクラテスに語らせている。ゾロアスターはここではアフラ・マズダの神の息子とされている。アリストテレスは、はじめはプラトンのアカデミアにおけるゾロアスター賛美をともにしていたが、やがてそれから離れたといわれる。しかし彼の『形而上学』の中にはマゴスたちが出てくるし、先に述べたディオゲネス・ラエルティオスによると、彼はその対話篇『哲学について』の中でもマゴスたちについて述べ、アフラ・マズダをギリシアの主神ゼウスと同一視していることがわかる。しかしこれはヘロドトスのばあいも同じことで、要するに最高の主宰神を、自国の神にあてはめて呼んでいるのである。

またプリニウス(Plinius)はローマの将軍で、『博物誌』(*Naturalis historia*)をあらわした自然学者でもあり、ヴェスヴィオ火山の爆発で死んだひとだが、ゾロアスターはその生誕の刹那に笑ったところの唯一無二の人間であると書いている(アウグスティヌスもこの伝説を知っていたという)。ニーチェの『ツァラトゥストラ』で《哄笑》(Lachen)が大きな意味を持っていることは有名だ。《笑う獅子》というのも登場する(第四部「徴《しるし》」の章)。しかしこうしたものがゾロアスターと直接つながるものかどうかははっきりいいにくい。またプリニウスはゾロアスターが砂漠に二〇年暮し、何年間も沈黙していたと述べる。ポルフュリオス(Porphyrios)はゾロアスターを洞窟の中に住まわせている。これらもニーチェの構想の中へ尾を引いているかと思われる部分である。

古代の文献におけるゾロアスター像が、こうした茫漠として異様な姿となってヨーロッパを徘徊しているうちに、さすがに一七世紀ごろになるとようやく《非神話化》がはじまった。虚像の背後に実像をたしかめようとする気運が生じた。フランスの旅行者や宣教師がペルシアやインドにはまだゾロアスター教の信者(パルシー教徒)が存在していること、かれらのもとには古代の聖典がつたえられていることを報告してきた。一七二三年にはそうした聖典の一部がオクスフォードのボドレイアン図書館の所蔵に帰し、貴重書として紛失をふせぐ鎖がつけられていたが、内容は誰にも読めなかった。それから二〇年あまりしてこの文書のコピーがひとりの若いフランス人の手にはいった。青年デュペロン(Anquetil Duperron)はこの謎の文字を読みほごすためにパルシー教徒のもとに行くことを決意し、東インド会社の船に乗りこみ、インドにわたった。パルシー教徒というのはドイツ的にいえばParsenであり、あとからも述べるがゲーテの『西東詩集』の中のParsi Nameh Buch der Parsenでもわれわれの出会う名称である。ゾロアスター教はササン朝ペルシア王国の国教として隆盛をきわめたが、やがてアラビア人の侵入を受け、イランがイスラム化されることによって潰滅的な打撃を受けた。(しかしその高度の文化はシルクロードを通じて、すでに中国に伝わっており、ゾロアスター教も、北魏以来祆教《けんきょう》と呼ばれて、相当の信者数を持ち、中国各地にその祠堂があったらしい。このへんのことは石田幹之助『長安の春』にも出ている。——追記、この小稿を書いたころ、松本清張氏の「火の回路」(のち「火の路」と改題、文芸春秋刊)が朝日新聞に連載された。祆教が日本にも渡来したという推測にもとづく興味深い小説である。また伊藤義教氏の『古代ペルシア』(岩波書店)など、すぐれた研究書も出たので、それらの教示によって補筆したいところもあるが、いまは見送ることにする)。ゾロアスター教徒は回教に改宗するか、異境に亡命するかよりほかなかったわけだが、現在でもパキスタンやイランでパルシーと呼ばれているのはそうした移住者の後裔であるらしい。パルシーというのは元来ペルシア人という意味で、ドイツではゾロアスター教をParismusと呼ぶこともある。さてデュペロンは多くの困難と危険をおかしてペルシア語をものにし、経典『アヴェスタ』を解読するにいたった。彼は一七七一年経典その他の文書を蒐集して帰国し、早速『アヴェスタ』のラテン語訳を公刊した。(彼はその後ベンガル在住の友人から『ウプネカット』の写本を送られた。『ウプネカット』というのは『ウパニシャッド』のペルシア語訳であって、デュペロンはこれをもラテン訳し、一九世紀の初頭に世に送ったのである。ショーペンハウアーが魅了され「わたしはこの書によって生の慰さめを得たが、また死の慰さめをも得るだろう」といったのは、この『ウプネカット』で、その思想はまたニーチェへも影響したのである。)

世はまさに啓蒙時代であったので、『アヴェスタ』の翻訳は大いに注目された。イエズス会士が伝えた孔子のすがたが、ヴォルテールによって理性的な賢者として理想化された時代であった。「自然に還れ」というルソーの叫びもあり、人類の古い時代とその知恵を求めて人々は首をめぐらしていた。しかし『アヴェスタ』はむしろ幻滅をひきおこした。デュペロンの翻訳が不十分であったというよりも、賢者の知恵あることばが期待されたのに、ここに提供されたのは連禱句と儀式用の誦詠でしかない。（ゾロアスターその人に由来すると考えられる「ガーサー」は、当時パルシー教徒自身も読めなかった）。ヴォルテールもさじを投げ、イギリスの卓抜な東洋学者ウィリアム・ジョーンズ（William Jones, 1746–94）（ゲーテの『西東詩集のための註と論考』の中に、かれの仕事が紹介されている）も消極的であった。

ところでデュペロンの翻訳が出たのは一七七一年であるが、早くも一七七八年にはKleukerという人によりドイツ語への重訳が出た。ドイツでは仏英とはまったく違った受けいれ方が見られたのはおもしろい。フランスで孔子が知識人の守護神となったように、ゾロアスターはドイツ啓蒙期のひとつの象徴的な形姿となった。文学史家R・M・マイヤーは「ゲーテにおいてはホメロスとならんでオシアンがあり、ヘルダーにおいてはシェイクスピアとならんでゼンド・アヴェスタがあった」と書いている（R. M. Meyer:

Nietzsche, S. 404)。人びとは教会の正統的教義からはなれたところに生き方を求めた。そのひとつが「自然宗教」であり、これは人性自然の理性にもとづき、社会の現実的な利益を促進する目標をもって、啓示宗教に対立するものであった。ドイツ人にとっては孔子はあまりにも冷静明哲にすぎるので、むしろゾロアスターの神秘的な不透明性がかれらの浪漫主義をひきつけたようである。ヘルダーの『人類歴史哲学考』の中には幾個所かゾロアスターの名が見える。ヘルダーのような直感的な思想家にはゾロアスターにおける「光明と火の崇拝」というだけで、ひとつの理想像が描かれたようである。われわれは悪と暗黒に対してたたかう善と光明の神に組して、光と炎の中に霊的に生きなければならぬと、ヘルダーが言うとき、そこにはゾロアスターの本質とその高貴な精神への共感がある。

ゲーテの「古代ペルシア人の信仰の遺訓」という詩は、さきに挙げた『西東詩集』の「パルシー人の書」の中にある。ここには直接ゾロアスターは出てこない。しかし詩の内容はかれの思想をよくつたえている。このすぐれた詩について十分な解説を試みるのは長くなるから省略するけれども、その一節——

Schwerer Dienste tägliche Bewahrung,
Sonst bedarf es keiner Offenbarung,
（だいじなつとめを日ごとに果たせ——
その他になんらの啓示はいらぬ）

には、啓示を必要としない「自然宗教」の思想が濃縮されている（ゲーテは最初の行ぜんぶを隔字体にしている）。死んでゆくパルシー教徒の長老の口から語られるこの「遺訓」には、ゾロアスター教の倫理である「現世敬虔」（Weltfrömmigkeit）がこめられ、これは晩年のゲーテの信仰でもあったと言えよう。

ゲーテはさらに『註と論考』の中で「古代ペルシア人」と題する一章を書いているので、この「遺訓」の解釈に役立つが、ただその中で「ゾロアスターが、高貴で純粋な自然宗教を、はじめて儀礼的な礼拝に変えたようである」と書いているのに対しては、ヒンツ（vgl. Walter Hinz: *Zarathustra*, 1961）のような専門のペルシア学者がこのゲーテの《誤った見解》は、《ガーサーについての、当時のまったく不十分な知識に由来する》ことを指摘し、しかし《ゲーテはゾロアスター的敬虔の核心を、多くの専門家よりもすぐれて感受していた》と註記していることを書きそえておく(同書S. 255, Anm. 23)。

ニーチェが若いときからこの『西東詩集』を読んでいたことは、一八六五年の冬から翌年の春にかけての身辺の出来事を録したメモの中に、ショーペンハウアーを知ったことと並んで「観察の巻」(Das Buch der Betrachtungen)の名があげられていることからも察せられる。(『ツァラトゥストラ』の中の「砂漠の娘たちのもとで」の中にはズライカの名が出てくる)。

ところでゲーテの『西東詩集』に影響されて、リュッカート、プラーテン、ハイネなどの詩人たちがいわゆる《西東詩風》ともいうべきひとつの流れを形成するにいたったことは、すでに上村清延『ドイツ文学と東洋』などでくわしく述べられているところだが、このプラーテン(Graf August von Platen)に「パルシー教徒の歌」(Parsenlied)という詩があり、これをR・M・マイヤーはゲーテの「遺訓」とならべて「教訓的・宗教的抒情詩の二つの真珠」と呼び、その一節を引用している——

Wenn der Frevler Rotte
Die Natur entstellt,

Huldige du dem Gotte
Durch die ganze Welt!
冒瀆のやからが
自然の道をゆがめようと
おんみは世にあるかぎり
神に従順なれ！

これはゲーテの「遺訓」とならんでゾロアスターの信仰をつたえ、ニーチェが《背世界論者》(Hinterweltler)、すなわち現実《レアリテート》の否定者に対していどんだたたかいを思わせる、とマイヤーは言っているが、この一節を読んだときたまたま私の頭に浮かんだことをここに書きとめ、ニーチェ研究者の参考に供したい。

それはつぎのようなことである。一行目の der Frevler Rotte(der Frevler は二格)というのは、一種の成句として、旧約聖書の民数記第一六章の故事、すなわちモーセにさからい、地に呑まれたイヅハルの子コラとその一党にもとづいた語句である(複合語として Frevlerrotte もある)。もちろん、Frevel 冒瀆とか瀆神とかいってもプラーテンのばあいはイスラエルの信仰から離れている。

ところでニーチェが若いときに書いた「知られざる神に」(Dem unbekannten Gott)という有名な詩がある。この詩は妹エリーザベットの伝記によれば、ニーチェがナウムブルクの高校シュール・プフォルタを去るときの感慨であったということになっているが、その第二節目——

Darauf erglüht tiefeingeschrieben
das Wort: Dem unbekannten Gotte.
Sein bin ich, ob ich in der Frevler Rotte
auch bis zur Stunde bin geblieben:

その上には深く刻まれた言葉の
「知られざる神に」が——炎《も》え輝いている。
ぼくはその神のものだ。いまのいままで
冒瀆のやからの中にいたにしても。

というその三行目にも der Frevler Rotte という語句が見える。(この有名な詩についてはすでに十指にあまる邦訳が数えられると思うが、der Frevler Rotte はだいたい瀆神、冒瀆、もしくは無頼の徒、やから、ともがら、輩などと訳されている)。この一致について、私はプラーテンの語句が若いニーチェの脳裡にあって、それがここに使われたのではないかと思う。シュール・プフォルタの高校生のニーチェがプラーテンの詩集を読んでいたことはたしかである。ニーチェがその当時書いた作文で、友人にあてた手紙という形式で、詩人ヘルダーリンへの感動を吐露したものがある。これもよく知られた文章で、当時はまだヘルダーリンが、今日のような高い評価をうけていない時代だから若きニーチェの個性的な撰択眼を知ることができるという意味でよく挙げられるものだが、そこでニーチェはプラーテンを引合に出して、ヘルダーリンを賛美しているのである。ということはプラーテンがやはり彼の身近にあったということにもなる。ニーチェは「ヘルダーリンの語句は(その外形だけを取りあげても)最も純粋で柔和な心情から湧きだしている。自然味を失わず根源をつかんでいるところは、プラーテンの技巧と形式的練達からその光彩を奪うものだ……」というように書いている。引合に出されているのはプラーテンひとりだけである。高校生の柔軟な頭脳にくいこんだこの《der Frevler

Rotte》の一句が、機会を得て使われるというのは大いにありそうなことだと思われる。（一九一〇年刊のプラーテン全集―一九六九年覆刻版―では、この個所が Wenn des Leichtsinns Rotte となっている。詩句を練ったプラーテンには多くの Lesarten がある。）

啓蒙時代といえば、カントにおけるゾロアスターについても書いておきたい。カントが一七九四年に書いた小論文「万物の終わり」(Das Ende aller Dinge)の中には、一切の《時》が終わり、終末論的な《永遠》がはじまるとして、その際に行われる世界審判について古来二通りの説を挙げ、唯一神教のものと二元教のものを区別し、その後者についての補註の中でゾロアスター教をあげている。

「かかる教義は、古代ペルシアの(ゾロアスターの)宗教では、永遠に闘争をつづけている二つの根原的存在者、即ち善の原理たるオルムット(Ormuzd)と悪の原理たるアリーマン(Ahriman)との二元をたてて、この前提の上に成立している。ところで互に遠く隔っていた二国、しかもドイツ語の現今の所在地からは更に遠く隔っている国の国語が、この二つの根原的存在者の命名についてドイツ語的であることはいかにも奇異である。私はソヌラーの著書で読んだことを記憶しているが、アーヴァ（Ava ブラーマンの国）では善の原理はゴーデマン（Godeman 善人）と呼ばれている（この語はダリーウス・コドマヌスの名にも含まれているように思われる）、またアリーマンという語はドイツ語のアルゲル・マン（arger Mann 悪人）と発音が非常によく似ているし、そのうえ現在のペルシャ語にも多くの原始ドイツ語が含まれているから、言語の類似を手がかりにして、多くの民族が現在用いている宗教的概念の起原を究めることも考古学者の一つの任務であろう」（篠田英雄訳）

などとカントは書いているが、文中ソヌラーというのは篠田氏の注によればSonnerat（1749-1814）で、フランスの自然科学者で探検家、王命により東インド及びシナに旅行し（一七七四―八一）、その旅行記のドイツ訳二巻は一七八三年にチューリヒで出版された由である。こうしたものが当時の東洋に関する知識源であったのであろう。なお篠田氏の表記によるダリーウス・コドマヌスはダレイオス三世（Dareios Kodomannos）のことであり、前三三三年イッソスの戦でアレクサンダー大王に破られたのち、臣下に殺されたペルシア帝国最後の王である。

しかしカントについて、わたしがもっと大きな興味をそそられたのは、たまたまエーゴン・フリーデルの『近代文化史』(Egon Friedell: *Kulturgeschichte der Neuzeit*, S. 1404)を読んだとき、ニーチェにおける完成期の中心的著作として『ツァラトゥストラ』があるとし、きわめて奇異(merkwürdig)なことは、カントが死の直前に書いた原稿がそれと標題をともにするものだとあったときである。それは《Zoroaster oder die Philosophie im Ganzen ihres Inbegriffs unter einem Prinzip zusammengefasst》(ゾロアスター、あるいはひとつの原理のもとに総括された、哲学の全精髄)と題されたものであって、カントはこの仕事がかれの最重要のものとなるだろうと言ったそうである。ニーチェも『ツァラトゥストラ』について似たようなことを言った、とフリーデルは言う。そして両者の企図はどちらも未完成であった。『ツァラトゥストラ』もいわばトルソーである。それは終りまで書かれず、また全体的な構想としてもそこまで行きついていなかった。『ファウスト』とか『神曲』とかの世界文学とくらべてみると、そのちがいがあきらかであると、フリーデルはいう。

あの精密な批判哲学を完成したカントが晩年にいたってゾロアスターに結びつくということが奇異な思いがしたので、私はカントにくわしい久保元彦君をわずらわして資料を集めてもらった。いくつかの材料を調べたあげく、どうもフリーデルがこうしたことを言うのは、おそらくファイヒンガー(Hans Vaihinger)の『かのようにの哲学』(*Die Philosophie des Als Ob*. Berlin 1911)を読み、その脚注のひとつに目をとめたためだろうとわたしには想像されたのであった。一八〇四年カントが老衰で死んだとき、遺稿(Opus Postumum)の中には二種類に大別さるべき未完成の著作がふくまれていた。その一つは《Übergang von den metaphysischen Anfangsgründen der Naturwissenschaft zur Physik》(自然科学の形而上的基礎から自然学への移りゆき)であり、他のひとつは《System der reinen Philosophie in ihrem Zusammenhang》(関連的にみた純粋哲学の体系)であった。この第二のものについてファイヒンガーが加えている脚注はこうである(S. 721f. Anm.)。「カントはこの第二の著作の標題を、いくつもの原稿の中で変更している。予定された標題の中で最も奇異なもの(der merkwürdigste)はつぎのものである。《Zoroaster oder die Philosophie unter einem Prinzip zusammengefasst》(訳は前出)」。さらにファイヒンガーは、カントの遺稿の中から関係のあるところをいくつか挙げ、とくにその一つを引用する。《Zoroaster: das Ideal der physisch und zugleich moralisch-praktischen Vernunft in einem Sinnen-Object vereinigt》(ゾロアスター。—ひとつの感覚的客体において統一された自然的、そして同時に道徳的・実践的な理性の理想）——これに関して、ファイヒンガーはこうつづける。

「カントがかれの学説を、こうしたひとつの理想像の口をかりて言わせる気になったのは奇異(merkwürdig)である。さらに奇異なこと(noch merkwürdiger)は、カントがニーチェと同じようにゾロアスターをそのために選んだことである。最も奇異(am merkwürdigsten)なのは、このカントの草稿が公刊された一八八四年という年は、ほかならぬニーチェがその『ツァラトゥストラ』を書いていたときであったことである。カントとニーチェがまさに「〈かのように〉の理論」で触れあうということは後述する。」

森鷗外の小説「かのように」によっていちはやく日本に紹介されたファイヒンガーであるが、その主著『かのようにの哲学』の第三部は「歴史的な確かめ」と題して、カントとフォルベルク(Forberg)とF・A・ランゲとニーチェにそれぞれ一章をあて、「かのように」の説を歴史的にあとづけようとしている。ニーチェにも仮構《フィクチオーン》や配景論《ペルスペクチヴィスムス》

というのがある。(G. Chr. Lichtenberg: Aphorismen. Ausgewählt von Fr. Sengle. Reclams Universal-Bibliothek)

ニーチェは自伝『この人を見よ』の中で、『ツァラトゥストラ』についてもかなりくわしく語っているが、最後に、やや離れた終章「なぜ私は一個の運命であるのか」の中で、自分がゾロアスターを主人公としたことについて一言している。ニーチェは『善悪の彼岸』を説いたのに対して、ゾロアスターの教義は善悪の両原理、光明と善の神アフラ・マズダと暗黒と悪の神アングラ・マイニュの宇宙をめぐってのたたかいなのだから、ニーチェがゾロアスターを選んだのは矛盾なのである。ニーチェはそこで一種の自己弁明をしているわけである。

「だれも私にたずねなかった。たずねてもよかったはずだ。余人ならぬ私が、この最初のインモラリスト(反道徳家)が、ツァラトゥストラという名を口にするとき、これはいったいどういうことなのだと。なぜなら、あのペルシア人が歴史上で占める唯一独自なところは、まさしくその反対だからだ。はじめてツァラトゥストラ

(ゾロアスター)が、善と悪とのたたかいを、万物の運行における本来の歯車と見た。——道徳を、力として、原因として、目的それ自体として、形而学的なものに翻訳した。これが彼の仕事なのである。ところでこうした質問は、実はすでに答えになっている。ツァラトゥストラは、この最も宿命的な誤謬、つまり道徳を創造した。従って彼はまたそのことを看破する最初の人でもあるはずなのだ。彼がこうしたことについては、他のいずれの思想家よりも長く多大な経験を持っているということだけではなく、——まさしく歴史はどこを取ってもいわゆる「道徳的世界秩序」という原理の実験的反駁である——、もっと重要なことは、ツァラトゥストラがどの思想家よりも誠実だということである。彼の教説、彼の教説だけが、誠実を最高の美徳としている——つまり、現実に向かいあうと逃避を事とする《理想主義者》どもの怯懦の反対である。ツァラトゥストラはすべての思想家がよってたかったよりももっと多くの勇気を身につけている。真実を語り、そしてよく矢を射ること、これはペルシア人の美徳である。——私の言うことがおわかりだろうか?……誠実によっての道徳の自己克服、道徳家《モラリスト》が自己克服してその反対のものになること——つまり私になること——これが私の口におけるツァラトゥストラという名が意味するものだ。」

「真実を語り、よく矢を射ること」がヘロドトスによるものだろうという私の推測は、すでに最初に述べた。それにしてもツァラトゥストラが最初に道徳を創造したがゆえに、また最初にその誤謬を認識する者だろうとニーチェがいうのは、あまり説得力のある弁明とは思われない。ニーチェは古代ペルシアのツァラトゥストラから離れて、結局は古代ギリシアのディオニュソス（それは彼の出発点でもあった）に戻っていったように思われる（本書収載の「ニーチェにおける脱ヨーロッパの思想」参照）。

ニーチェにおける脱ヨーロッパの思想

ニーチェが「神は死んだ」といったことはよく知られているが、この神は（いうまでもなく）キリスト教の神であり、それも主として〈道徳〉との関連において深く考察された神であったといえる。ニーチェはたしかにヨーロッパの歴史的状況のもとで神の死亡診断書を書いたのであるが、いわば神一般を否定したとはいえないように思える。早い話が処女作『悲劇の誕生』で、アポロに対するものとして描かれたディオニュソス――このギリシアの神は、しばらく鳴りをひそめたのち、やがて〈十字架に掛けられた者〉すなわちイエス・キリストに対立するものとして、ニーチェの思想劇の幕切れにおどろおどろと姿をあらわす。ニーチェの遺稿を見ると、その中にはたとえば、「ほんとうは、たんに道徳的な神が否定されたにすぎない」（XIII, 75――数字はナウマン・クレーナー刊の大オクターフ版の巻数とページ数をしめす、以下同様――）といったことばが見え、また次のような表白もある。

「――そして、どんなに多くの新しい神々がなおも可能なことだろう！　宗教的本能が、いいかえれば神を形成する本能が、時ならぬ時におりおり、このわたしに蘇ってくることがあるが、そのたびごとに神的なものが、なんと違ったかたちで現われてくることだろう！……どのくらい年を取ったのか、それともまだ若いのか、まるでわからない月世界から降ってきたような、あの無時間的瞬間に、じつに多くの奇妙なものがすでに幾度となくわたしのそばに近寄ってきた……多くの種類の神々のあることをわたしは疑うことができない。」(XVI, 380f.)

こうした遺稿はニーチェの思想の素地と奥行をうかがわせる気がする。彼は疑いもなくアンチクリストではあるが、一義的な無神論者とはいえないようである。むしろ生涯「知られざる神」の探求者であったというほうが、より適切かもしれない。少なくとも彼の理想が擬人観《アントロポモルフィッシュ》的にかたどられていく傾向は否定できない。彼は文化の問題の窮極に、〈道徳〉と絡みあっている宗教的神性を見ていた。ここには当時の知識人における宗教的意識とはかなり異なった情熱があった。

ニーチェは『ツァラトゥストラ』(一八八三―八五)を書いた翌年、『善悪の彼岸』(一八八六)を書き、つづいて『道徳の系譜』(一八八七)を書いた。この両著作の表題に注目すれば、それだけでどちらも〈道徳〉の問題に執着していることがわかる。『道徳の系譜』の扉には、「最近公けにした『善悪の彼岸』を補足し解説するために」とあって、両著作の連関性を示しているが、いずれにせよどちらも『ツァラトゥストラ』の豊富な比喩と象徴に対して、その思想の結節とでもいうべきものを敷衍し解明するところが多い。ニーチェは『この人を見よ』(一八八八)の中で、生涯をふりかえっておのれの著作の解題を書いているが、『曙光』(一八八一)については、「この書とともに道徳に対するわたしの征戦がはじまる」と述べている。『曙光』は「道徳的偏見に関する考察」という副題を持っていて、時代順にいえば『人間的な、あまりに人間的な』(一八七八―七九)につづく中間期の作品だが、このあたりから道徳の問題がくっきりと浮かびあがってくるのである。つづく『華やぐ知恵』(一八八二)で、はじめて「神は死んだ」という集約的表現があらわれる。その主題を踏まえて『ツァラトゥストラ』が来るわけである。『曙光』から『ツァラトゥストラ』という頂点を経て『道徳の系譜』にいたる一連の著作には、ニーチェが道徳とその原点たる神の問題をめぐってゆきつもどりつ、時には足を止めてためつすがめつしながら、しだいにいらだち、激越さを加えていく過程が見られる。『ツァラトゥストラ』はすでに神の死んだ世界の出来事であるが、神の死とその死因をめぐっての考察、そのもたらす影響、不可避的に起る諸価値の無力化、〈善悪の彼岸〉への超出、といったテーマはいろいろな角度から取りあげられ、蒸しかえされ、多くのイメージや寓喩を生みだす。たとえばツァラトゥストラは神が啓示した十戒――ヨーロッパ道徳の根底になった「古い石の板」――を砕き、破片のかたわらに坐って「新しい石の板」を書こうとする。彼がまのあたりにしているのは、神が死んで存在の意味を見失った人類が直面するニヒリズムの世紀である。しかし人類にとってニヒリズムはたしかに大きな危機であるけれども、同時にそれはいままでに経験されなかった大きな解放感をもたらすものでもある。ニーチェはニヒリズムのこの両側面を見る。神の死によって伝統的文化がその根を断たれて浮きあがった、――ということは危機であり、西欧の価値体系の相対化である。この相対化は歴史的な相対化であるとともに、地理的な相対化でもある。その相対化は解放にもつながる。中世以来閉ざされたヨーロッパ人の意識は、神の死という断定によって、いまはきっぱりと、より自由に、より広大にそのまなざしを放つであろう。そしてそのあるものは東方に向かうのである。

しかし、ここで注意していいのは、ニーチェの意識の生長に密着して考えれば、神の死―道徳感の動揺―西欧文化の価値体系への不信とその相対化―視圏の拡大といった図式は、必ずしもそのままでは妥当しないということである。つまりニーチェの精神的展開のあとを地道にたどれば、彼は若いときからヨーロッパ文化というものに対して、かなり広大な視圏(古代ギリシアへの沈潜とそのオリエント的性格への注目、ショーペンハウアーによるインド思想への開眼)を持っていたのであり、その相対化は当初から予感的に遂行されていたともいえる。むしろそうした相対化が前提となってはじめて「神は死んだ」という断定が可能になったとも考えられる。ニーチェの思考の動きに忠実であるためには、この両方の動向をあわせて考える必要があろう。ニーチェを理解するには、その標語的・定式的な表現――〈神の死〉〈超人〉〈力への意志〉〈運命愛〉等々の人目をひく渦巻をみつめるとともに、そうした渦巻をつぎつぎに生みだす底流の動きをも考えなければならない。

以上のようなことを考慮に置きながら、つぎの断想を読んでみよう。これは『華やぐ知恵』の中の一節（V, 339f.）である。

「〈漂泊者〉は語る。――わがヨーロッパの道徳性を一度遠くから見て、それを他の、過去の、もしくは未来の道徳性と比較してみようと思ったら、ある町の塔がどのくらい高いのか知りたくなった漂泊者のようにやらなければならぬ。――そのためには漂泊者はその町を出ていくのである。〈道徳的偏見に関する考察〉は、それが偏見に関する偏見、にならないためには、道徳の外の或る位置に立つことを前提とする。つまりなんらかの善悪の彼岸であって、そこまでわれわれは登り、攀じ、天翔けていかなければならない。――さしずめ、ともあれわれわれの善悪をこえたところの彼岸、一切の〈ヨーロッパ〉からの自由がだいじだ。この一切の〈ヨーロッパ〉とは、われわれの血肉と化した支配的な価値判断の総体と解される。われわれがまさにそうした外方へ、上方へ出ようという意志を持つのは、あるいは小さな狂気、奇妙な、不条理な〈運命〉であるのかもしれぬ、――つまりわれわれ認識者もまたおのれの〈ままにならぬ意志〉という特異体質を持ちあわせているというものだろう。――しかし問題は、われわれが実際にそうした上方に出られるかということだ。

これはさまざまな条件に依存することだろう。主としてそれは、われわれがどれほど軽いか、どれほど重いかの問題、本来のわれわれの「比重」の問題である。認識の意志をそのような遠方にまで、いわばおのれの時代を超えた彼方にまでおしすすめるためには――幾千年にわたる展望をなしうる眼がいり、そのうえなお、その眼の中に至純な天空をおさめるとなると、われわれはきわめて軽くなければならない。われわれ今日のヨーロッパ人を圧《お》しつけ、阻み、抑え、重たいものにしている当面の多くのものから、われわれ自身を解き放たなければならない。時代の最高の価値標準をみずからの眼で見据えたいと思うこうした彼岸の人間は、そのために何よりもまずこの時代そのものを自分自身の中で〈克服〉する必要がある。――それは彼の力の試金石なのだ――、したがっておのれの時代ばかりか、この時代に対してのこれまでのおのれの嫌悪や反抗をも克服しなければならない。かかる時代に生きるがゆえのわが苦悩を、わが反時代性を、わが浪漫主義を……。」

短い文章だが、これだけのものにもニーチェの思考の水脈がよく見える。ヨーロッパの道徳性を見なおし、測り、新しい評価を加えようとするためには、ヨーロッパから離れて外へ、また上へ出なければならぬ。ここには地理的な方向と、歴史的な方向が示唆され、さらに道徳そのものからの超出――〈善悪の彼岸〉へ――という想定が強調される。しかしヨーロッパとは「われわれの血肉と化した支配的な価値判断の総体」だと見るとき、ここからの超出は同時に、かかる認識者すなわちニーチェそのひとの仮借なき自己克服を意味する(西行、宗祇、芭蕉、山頭火といった、われわれに親しい漂泊者たちは「血肉と化した支配的な価値判断の総体」から脱出しようという姿勢ではなく、むしろ求心的に「此一筋につながる」というおもむきがある)。この自己克服の問題にかえってくるところがまさしくニーチェなのである。自己の生きる時代を嫌悪し離脱するという生きざまは珍しくないだろうが、ニーチェはさらにその嫌悪や反抗、反時代性、浪漫主義そのものをも克服せよと意気込む。そして外部へ向う意志は、上方へ向い、同時に内部へ向う意志と緊密に呼応しあう。ニーチェの脱ヨーロッパの思想をさぐることは、地理的なひろがりと同時に歴史的であり、内面的でもある自己超出をあとづけることとなるだろう。

ひとも知るようにニーチェはワーグナーから離れて、一介の〈漂泊者〉としてイタリアに行った。そこでビゼーの歌劇「カルメン」に感激した。ここにはニーチェにおける

〈南方〉の意味するものが重なっているが、この音楽の問題に触れた断想をひとつ取りあげてみよう。ニーチェのような包括的で重旋律的《ポリフォーニッシュ》なたましいにとっては、脱出は当然音楽の領域でも起こるのである。

「――ドイツ音楽には用心するに越したことはない。およそわたしが愛するように南方を愛する者、つまり南方を、精神の高みから官能の深みにかけての治癒を教える学園として、自主的で自己信頼にみちた人生の上にひろがるゆたかな陽光、その陽光による神化として愛する者、――であるならば、ドイツ音楽には警戒が必要だということに思いいたるはずだ。ドイツ音楽は、趣味をそこない、同時に身体を悪くする。生国によらず、信念によるところの南国人は、音楽の未来について夢みるとき、音楽を北方から救いだすことも夢みなければならない。そして、より深く、より力強く、おそらくより残酷で、より秘めやかな音楽の序曲を、その耳に聞きとらなければならない。それは超ドイツ的な音楽だ。青々とした官能的な海原や地中海の明るい空とむかいあっても、ドイツ音楽のように響きを失い、色あせ、蒼ざめてしまうことのない音楽である。それは超ヨーロッパ的な音楽だ、それは砂漠の褐色の日没を前にしてもひるむことなく、その魂は椰子の木と同質で、大きな、美しい、孤独な猛獣どもに伍して棲み、彷徨することができる魂だ。――善悪についてはもはや何もわきまえず、わきまえぬところがそのいとも稀有な魅力となったような音楽、しかもときに何かしら舟乗りの抱く郷愁のようなもの、何かしら金色の影のような、愛情の弱みのようなものがところどころに流れる音楽を、わたしは想いえがくことができる。それははるかな彼方から、没落に近く、いまはほとんど理解されなくなった道徳的世界の音色が、自分のところに逃げこんでくるのを見、そうした遅れた逃亡者を親切に迎えいれることができる深みをもった芸術なのだ。」

(VII, 227f.)

ニーチェの音楽における〈漂泊〉もやはり〈善悪の彼岸〉をめざしている。とはいえ、亡びゆくヨーロッパの道徳的世界に何かしら後ろ髪をひかれるような思いが付加されているのはおもしろい。とはいえ超ドイツ的、いな超ヨーロッパ的な音楽こそ求めらるべきものである。ドイツ人の魂はよく言われるように、アルプスの彼方、明るい南国にあこがれる。ヴィンケルマン、ゲーテ、プラーテン、ハイネからトーマス・マン等々にいたる精神的向日性である。ニーチェもその系列のひとりだが、ニーチェの描く〈善悪の彼岸〉は、イタリアと地中海の風物、クロード・ロレンの風景の金色の均整、ゲーテの「ローマ悲歌」の官能性、ないしはブルクハルトのいわゆる廃墟の感傷性、といったもろもろの伝統的な道具立てをとびこして、アフリカの〈砂漠〉へ行く。褐色の落日と椰子の木、猛獣の走る砂漠……。

ニーチェがワーグナーとの関係に決算をつけた『ワーグナーの場合』は、ワーグナーの歌劇と対照させて、ビゼーの「カルメン」の感銘を語るくだりからはじまる。〈救済〉はキリスト教やワーグナーの一手販売ではない。ビゼーの「カルメン」もまさしく人間を〈救済〉するのである。ワーグナー的理想のあの陰湿な北方性と瘴気は「カルメン」にはない。その筋運びはメリメに負うが、同時にその情熱の論理、直截さ、冷酷な必然性も受けついでいる。それは「とりわけ熱帯に特有なもの、乾燥した空気、大気の透明さを持っている。ここではあらゆる意味で風土が別物だ。ここで語っているのは、別の官能、別の感受性、別の明朗さである。この音楽は快活だが、快活といってもフランス的なそれでも、ドイツ的なそれでもない。この快活さはアフリカ的である……」(VII, 9)

しかし、アフリカ的というなら、もっと強い連想がはたらくのは、『ツァラトゥストラ』第四部の「砂漠の娘たちのもとで」の章である。それは一四六行の長い無韻の詩だが、山中のツァラトゥストラの洞窟に集まった異様な客人たちのひとり、〈ツァラトゥストラの影〉と自称する漂泊者がこの歌をうたうのである。前に引用した断想——「ある町の塔の高さを知ろうとする漂泊者は町を出ていく……」——のみだしが、「〈漂泊者〉は語る」であったが、この漂泊者にことさら括弧がついていたのはなぜだろうか。思うに、それはニーチェの脳裡では漂泊者はもはや普通名詞ではなく、前歴を持っている存在だからである。『人間的な、あまりに人間的な』の後半の「漂泊者とその影」以来、漂泊者はひとつの実在として、ニーチェの孤独な対話の中の登場人物なのだ。病気が重くなり、大学教授を辞職し、ワーグナーと不和になり、時代そのものに疎外されて以来、ニーチェそのひとが一介の漂泊者であった。夏はアルプスの山中に、冬はイタリアか南仏の海岸にといったぐあいに転々とする下宿生活がおよそ十年、トリノにおける発狂までつづく。しかしこの漂泊者は同時に思想的な漂泊者でもあった。彼はこれまでのよりどころとした理想を、自他の別なく、根こそぎ吟味しなおすことからはじめた。

それは徹底した〈懐疑〉であり、あらゆる先入見から解放された〈自由精神《フライガイスト》〉を生きることであった。〈プリンツ・フォーゲルフライ〉であった。『ツァラトゥストラ』第四部に出てくる漂泊者はすでにこうした過去を持っているのである。おもしろいことには、『人間的』のばあいには、アルプス山中の孤独な漂泊者はその〈影〉と対話する。ところが『ツァラトゥストラ』にいたると、『人間的』の漂泊者と影はいずれもすでに乗りこえられた段階に属する。ここに両者は一体化し、漂泊者は影そのものであり、影は〈ツァラトゥストラの影〉と自称する。それは痩せ衰え、細く、うす黒く、空虚な影である。〈影〉は山中を行くツァラトゥストラを呼びとめ、自己を語る。

「わたしは、ツァラトゥストラ、あなたのあとを長いこと追ってきた／……あなたとともに最も遠い、寒冷な地方をもうろついた……／あなたとともにあらゆる禁断のもの、最悪とされるもの、最も遠く離れたものにもぐりこもうとした。もしわたしになんらかの取り得《え》があるとすれば、それはどんな禁制をもおそれぬということだ。あなたにならって、わたしはかつて自分の心が尊敬していたものを破壊した。あらゆる境界石と偶像を倒し、危険きわまる願望を実行しようとした。……ありとあらゆる犯罪を一度はのりこえた。／言葉や価値や偉大な名称に信頼をおくことをやめた。／「真理といえるものはない。何をしても許される」こうわたしは自分に言いきかせた。」

まさしくこの〈漂泊者〉は懐疑と不信に生き、一切の先入見や拘束をかなぐりすてた〈自由精神〉であり、その価値破壊が極まってニヒリズムに到ったものである。漂泊者は訴える。

「あまりにも多くのものを、わたしは見破った。そのため何事も関心をひかなくなった。わたしの愛するものはなくなった。――どうしていまさら自己などを愛することができるだろう？／このわたしにいまも目的があるのだろうか？　わたしの帆がめざして行く港が……／わたしの故郷をめざしてのこの探求。おお、ツァラトゥストラ、あなたにはよくわかっている。この探求がわたしのわざわいだった。それはわたしをほろぼす。」

ツァラトゥストラはこうした言葉に暗然となり、〈漂泊者〉が自分の〈影〉であることを認め、一夜の宿として自分の洞窟を提供する。

ツァラトゥストラの洞窟に集まった異様な客人たちは〈漂泊者〉をはじめみな近代的危機の構成分子であり、その戯画である。ツァラトゥストラにとっては、彼らは一般大衆たる〈群畜〉よりは〈ましな人間〉たちであるけれども、その集まって醸しだすペシミスティックな空気（これは一九世紀の〈世紀末〉の雰囲気である）には、堪えがたいものがある。ツァラトゥストラは洞窟の外へでて良い空気を吸おうとする。〈漂泊者〉はそれを見て、叫ぶ。

「おお、ツァラトゥストラ、ここにはいまにも声をあげそうな多くの隠れた悲惨がある。多くの夕暮れ、多くの雲、多くの陰湿な空気がある！／あなたはわれわれに強壮な男性的食餌と力づよい箴言のかずかずを馳走してくれた。／あなただけがまわりの空気を強壮で、澄んだものにすることができる！　わたしは地上で、このあなたの洞窟のなかの空気ほど良い空気に出会ったことがなかった！／多くの国々をわたしは見た。わたしの鼻はさまざまな空気を吟味し、評価することができるようになった。そしてあなたのところでこそ、わたしの鼻は最大のよろこびを味わっている。

ただ例外がある、――例外がある――、おお、ひとつの古い思い出を許してください！　ひとつの古い食後の歌をうたうことを許してください。それはわたしがかつて砂漠の娘たちのなかで作ったものだ。――

――というのは、あの娘たちのところには、同じような澄んだ良い空気、東洋の空気(morgenländliche Luft)があったからだ。あそこにいてわたしは雲の多い、陰湿な、憂鬱な、古いヨーロッパからこのうえなく遠ざかることができた！

当時わたしはそのような東洋の娘たちを、そして雲ひとつかからぬ、思想のかげりもない別の青い天国を愛していた……。」

漂泊者は脚を組み、竪琴を手にして、まるで新しい変った空気を味わうように鼻の孔をひろげ、一種の唸り声をあげて、歌いだした。

砂漠はひろがる。わざわいなるかな。心に砂漠を抱く者は！

――こいつは荘重だ！
まったく荘重だ！
重々しい歌いだしだ！
アフリカ的にどっしりしている！
獅子にふさわしいと言いたいが
いや、咆え猿ども、道徳家《モラリスト》どもにふさわしい重々しさだ――
――しかし、しょせん、あなたがた、
可愛い、可愛い女の子たち、あなたがた向きじゃない！
その足もとにこのわたしが
ヨーロッパ人としてはじめて
坐ることを許された
椰子の葉かげに。セラ。

砂漠はニヒリズムである。漂泊者の〈漂泊〉のはてに待ちうけていたニヒリズムだ（そこまで行った漂泊者だが、やはりヨーロッパ人たることから離れられないところから、この歌が生まれている〉。この不毛の砂漠の中に小さなオアシスがあり、そのオアシスに舞いおりた〈漂泊者〉の眼のまえに東洋的な「可愛い、可愛い女の子たち」が忽然とあらわれる。これは砂漠におけるエロチカである。この「最上の空気」「楽園の空気」「明るい、軽い、金色の縞のついた空気」これは〈善悪の彼岸〉の別名だが、これは道徳から離れることで、感性そのものの、官能性の世界に通じているのである。この長い謎にみちた戯《ざ》れ歌《うた》に、くわしいエクスプリカシオンを加えるゆとりはないが、キリスト教の狭隘な性観念が、ニーチェの執拗な攻撃をうけていることは知っている方がいいかもしれない〈たとえば『曙光』のなかで「……悪く、陰険に考えれば、情熱は悪く、陰険なものになってしまう。そこでキリスト教は、およそ性的興奮の際に信徒の良心の中に苛責が生じるということから、エロスやヴィーナス——偉大な、理想的な力——を地獄の小びとや妖怪に変えてしまった。必然的規則的に生じる感情を内心の悲惨な泉とし、こうして内心の悲惨を各人に必然的規則的なものにしようとするのは、恐ろしいことではないか！　そのうえこの悲惨は、それが陰秘な出来事だから、結果的に一層深く根ざすことになる。……エロスを敵と呼ぶことができるだろうか！……このようなものを罪悪視し、良心の疚しさによって破壊してしまうとは！　人間の生殖を良心の疚しさと結びつけるとは！……後世はキリスト教文化の遺産全体に偏狭で狂気染みたところがあると批評することだろう」(IV, 74f.)。『アンチクリスト』ではさらに語気が荒くなっている。「キリスト教の底知れぬ賤しさがまるみえになっている事柄、たとえば生殖、女、結婚」「……いったい聖書のようにああした下卑たことばをつらねた本を、どうして女子供の手にわたすことができるだろう。《Um der Hurerei willen habe ein Jeglicher sein eignes Weib und eine Jegliche ihren eigen Mann... es ist besser denn Brunst leiden.》」(VIII, 298f.)（これはルター訳のコリント第一、七の二、七の九の個所であるが、邦訳聖書でその個所を見るともっと穏健である——氷上）)

冒頭の一句「わざわいなるかな」云々は、エレミア哀歌あたりを思わせて(セラという掛け声も、旧約的)、荘重な出だしだが漂泊者はたちまちそれを自分で嘲笑し、これではアフリカ的でなく、ヨーロッパ的であり、その吼え猿(道徳家)にふさわしいという。吼え猿(Brüllaffen)というのは、南米産で、樹上にすみ、夜間独特な高声を発する猿である。

漂泊者は「砂漠に近くて、しかも砂漠からははるかに遠い」、すこしも荒涼たるところのない、あらゆる口の中でいちばんいいにおいのする、オアシスの可愛い口の中に落ちこんだと言い、旧約のヨナが鯨の腹の中に呑まれた話は、このような感性的な比喩と取れるだろうか、とみずから問うが、たちまち疑い、否定する。西欧の伝統的な思考にとって倫理性と感性は分離さるべきものなのだ。こうしたことは、

——わたしがヨーロッパからやってきたせいだ。
どんな年増女よりも疑りぶかい
ヨーロッパからやってきたせいだ。
神さま、ヨーロッパを改善してくださいませ！
アーメン！

あきらかにゲーテを踏まえた数十行をはさんでから、漂泊者は歌いつづける。

このすばらしい空気を呑みこもうと
鼻の孔を盃大にふくらませ

未来もなく、思い出もなく
ここにわたしは坐っている。
あなたがた、可愛い、可愛い女の子たちよ、
そして椰子の木を眺めている。
椰子の木が踊り子のように
身を曲げ、くねらせ、腰をふるうのを
——いつまでも見ていると、こちらも腰がうごきだす！
踊り子は、どうやらあまりに長いこと、
しびれのきれるほど長いこと
ずっと、ずっと一本脚で立っていたらしい。
——そのため、どうやら
もう一本の方を忘れてしまったらしい。
わたしは大事な双子のかたわれを
——行方不明のもうひとつを
せめてもと探してみたが、むだだった。

彼女の可愛らしい、きれいな
ふわふわして、きらきら光るスカートの
聖なる領域のあたりまで探したがむだだった。
そうだ、みなさん、このわたしを
信じてくださるなら、言うけれど
あの踊り子は、その脚をなくしてしまったのだ。
それはもうないのだ！
永遠になくなったのだ！
もう一本の方は！
ああ惜しいことをした。あの可愛らしい別の脚！
どこにいるのだ？　どこで淋しがっているのだ？
ひとりぼっちの脚は？
ひょっとしたら、獰猛な、
金髪の渦をもった獅子の怪物の前で
こわがっているのかもしれぬ。それともとっくに嚙み裂かれ、ぽりぽりやられてしまったあとかもしれぬ――
情けなや、ああ！　ああ！　ぽりぽりやられて！　セラ

このもう一本の脚とは何だろう？　漂泊者はひたむきな懐疑家だ。未来も過去もないオアシスの〈良い空気〉の中で、ということはすでに〈善悪の彼岸〉にあることだが、彼はなおこれを疑い、分析する。そうした彼のよりどころとなるのは、やはり理性的な、捨ててきたはずのヨーロッパの精神である。この漂泊者もまた後ろ髪をひかれているのだ。ヨーロッパは精神分裂症的で、二元的だ。精神と生命、自由と秩序、理性と感性はその進歩の原理となった。踊り子の二本脚はその二元性なのだが、彼女はいまその一本を失った。その意味は、彼女は感性的なもの一本だけで、椰子の木のように立って、揺れているということである。疑りぶかいヨーロッパから来た漂泊者は、――脚がない、それはたぶん怪獣に食われたのだといわれて泣きだした踊り子を前にして、結局古いヨーロッパに逆もどりする。

さあ、出てきてくれ、見せどころよ！

道徳の真価よ！　ヨーロッパ人の真価よ！
吹け、吹け、またしても
道徳のふいごを！
さあ！
もう一度咆えるがいい！
道徳的に咆えるがいい！
——なぜかといえば、道徳の唸り声こそ(可愛い、可愛い女の子たちよ！)
何物にもまさって
ヨーロッパ人の熱情、ヨーロッパ人の渇望だからだ！
そしてここにわたしは、やっぱり
ヨーロッパ人として立っている。
わたしは、ほかにどうすることもできない。神よ。助けたまえ！
アーメン！

漂泊者はヨーロッパ人たる自己自身とその精神を戯画化し、最後は有名な、ヴォルムスの国会におけるルターの言葉をそのまま借用したりする。このわるふざけに洞窟内の鬱陶しかった空気は一変し、一同が陽気に笑いだすのである。これは『ツァラトゥストラ』の中の一挿話というだけでなく、〈善悪の彼岸〉における感性の位置という、やはりするどい問題を含んでいるのである。しかしわれわれはアフリカの砂漠に停滞しすぎたようだ。視線をずっと東方に転じよう。

〈善悪の彼岸〉という言葉自体になにか東洋的、仏教的な感じがある。これはわれわれの身近の行事として春秋の〈彼岸〉があるからかもしれない。望月『仏教大辞典』によると、彼岸というのはサンスクリットのパーラミータ(pāramitā)の訳であって、この語は、より正しくは〈到彼岸〉という意味である。すなわち「生死輪廻の此岸を離れて涅槃常楽の彼岸に到達する」という義だとあり、また春分秋分の二季に仏事を営むのはおそらく観無量寿経日想観の説によるものであろうとしてある。この弥陀の仏国ともいうべき彼岸の状態に達するためには六種の実践行為が奨められ、布施、持戒、忍辱、精進、禅定、智慧、これを六波羅蜜と呼ぶのである。

この〈彼岸〉はすでに生死の迷妄を超え、二河白道の彼方にあるのだから、もちろん

〈善悪の彼岸〉でもあるだろう。善人すら往生し、いわんや悪人はなおさら往生する域であろう。ニーチェは仏教を、すでに〈善悪の彼岸〉に立っている宗教であると見ている。ニーチェの仏教観を詳細にたどることはいまはできないけれども、『曙光』の中などで、キリスト教との比較の上で、インド思想や仏教に対して与えている高い評価は知っておく必要があろう。

「ヨーロッパがその他の点でどんなに進歩していようと、こと宗教に関しては、古代バラモンの闊達な素朴さにまで及んでいない。言ってみれば、インドでは四千年も昔に、現在のわれわれのもとにおけるよりも、より多くの思索が行われ、より多くの思索の悦びが代々伝えられてきた。すなわちバラモンは第一に僧侶は神々よりも強力であると信じた。第二に、そうした僧侶の権力が含まれているのは、慣習においてだということを信じていた。そのため、彼らの詩人たちは慣習（というのは祈禱、儀式、供犠、歌唱、音律）をあらゆる善の本来の源泉として倦まずたゆまず讃美したのである。多くの作為や迷信がそのへんに混入したとはいえ、この信条は道理に適っていた！　一歩進むと——人びとは神々を押しのけてしまった。ヨーロッパがいつかはやらなければならないことだ！　さらに一歩進むと、僧侶や仲介者も必要でなくなった。そして自己救済の宗教を説くブッダが登場した。——ヨーロッパはこうした文化の段階にいまなお何と遠くあることか！……」(IV, 90)

ニーチェは仏教はキリスト教よりも百倍も現実主義的な宗教だといい、それは歴史がわれわれに示す唯一の真に実証主義的な宗教だともいう。なぜならそれは客観的で冷静な問題提出の遺産を身につけているからだ。それは数百年にわたる哲学的思考ののちに出現してきたのである。「神」という概念は仏教出現のときにすでに清算されてしまっていた。それは「罪に対する戦い」をいわず、「苦悩に対する戦い」をいう。仏教はキリスト教とは違って、道徳概念の自己欺瞞をすでに卒業している。「私の言葉でいえば、善悪の彼岸に立っている。」(『アンチクリスト』VIII, 236)

仏教はむしろ「衛生学」と呼ばるべきものかもしれない。「あの深い生理学者」ブッダが注視し、その教えの土台としたのは二つの「生理学的事実」であった。文化の爛熟した、末期の、デカダンスの人間が持つ感受性の過度の敏感、そして過度の精神化という現象である。こうした過敏な人間たちのおちいりやすい症状、ことに抑鬱状態をブッダは治療しようとした。節制を説き、アルコールその他の刺戟物、一切の興奮させるもの(情熱をふくむ)を遠ざける。仏教は復讐心や憎悪感を除こうとする。ルサンチマンをなだめようとする(『道徳の系譜』VIII, 237)。仏教は「美しい黄昏、完成された甘美と柔和」を用意する宗教である(XV, 257)。

しかし、ニーチェのいう「善悪の彼岸」(倫理的見地からの彼岸)と、仏教の理想の境地である「涅槃《ニルヴァーナ》」——いうなれば「絶対否定の彼岸」とは違うのである。仏教に対して、キリスト教との比較の上で、あれほど好意的な評価を与えたニーチェであるが、この「涅槃」の絶対否定にいたると、明白な拒否の姿勢をしめす(ニーチェの仏教に対する知識源は、彼の親友パウル・ドイセンの著作によるところが多いようだ)。

『道徳の系譜』には次のように書かれている。

「……われわれは(道徳を捨てることだけでは到達できないといわれる)〈解脱〉に敬意を表したいと思う。だがそれにしても、この疲れすぎて夢を見る力もないこうした生の倦怠者たちが、深き眠りに対して加えている評価を、本気に取るのは、いささか困難だ。——深き眠り、といったのは、前にいったように、〈梵〉への帰入、神との〈冥合《ウエオ・ミュスチカ》〉の成就である……仏教の信者はいう「深き眠りにおいては、魂はその肉体からぬけだし、最高の光明の中にはいり、そこで本来の姿となってあらわれる。ここに魂は至高の霊性そのものとなって遊行し、あるいは婦女とたわむれ、乗物に興じ、あるいは友人と楽しむ。車に牛馬が繋ぎとめられているように、プラーナ(気息)が繋ぎとめられている肉体という付帯物を、魂はもはや想いかえさない」——ここに言われていることは結局、それがいかに東洋的な誇張を弄していようとも、あの明るく冷やかな、ギリシア的に冷やかな、しかし苦悩をたたえたエピクロスの評価と同じ評価にすぎぬということである。催眠的な虚無感、深い眠りの安らぎ、つまりは無憂苦——これこそすでに苦悩し、悶えている者たちにとっては、まさに最高善であり、価値の中の価値と考えられるものである。それはかれらにとって積極的《ポジチーフ》なものと評価され、積極的なもの自体と感じられざるをえないものである(同じ感情の論理によって、すべてのペシミスチックな宗教では、無が神と呼ばれている)。」(VII, 447f.)

仏教の長所に対する高い評価にもかかわらず、その究極の理想の境地である〈涅槃〉ということになると、ニーチェは明白な拒絶反応をおこす。――ここで連想されるのは、仏典の中でも〈涅槃〉の思想がよく出ているといわれる『那先比丘経』すなわち『ミリンダ王の問い』においてミリンダ王すなわちギリシア人メナンドロスがやはり〈涅槃〉を首肯できないことだ。長老ナーガセーナはミリンダ王に訊かれて〈涅槃〉をこう説明する。――「大王よ。……教えを聞いた立派な弟子は、内外の(六つの)領域を歓喜せず、歓迎せず、執着していません。かれが歓喜せず、歓迎せず、執着していないときには、かれには妄執が滅び、妄執が滅びるが故に、執着(upādana)が滅び、執着が滅びるが故に、生存一般が滅び、生存一般が滅びるが故に、生まれが滅び、生まれが滅びるが故に、老い死ぬことと憂い・悲しみ・苦痛・悩み・悶えが滅びる。かくのごとくにして、この全き苦しみの集まりが滅びるのである……」。

これが長老ナーガセーナの説く〈涅槃〉の状態であるが、このような絶対否定の境地がどうして人間の望む最究極の理想的境地なのであろうか? しかもその境地が安楽(sukah)であると強調されるのはなぜだろう。ミリンダ王はこれを理解できないのだ。

〈中村元氏の訳と解明による。同氏『インドとギリシアとの思想交流』参看。――なお〈涅槃〉には煩悩永滅して後有なき境地であるとともに、ブッダの死後も法性は常住するという見方などがあるが、そうしたことにはたちいらない。〉

この〈涅槃〉への拒絶反応が、ニーチェの東方漂泊の折り返し点になったといえるだろう。しかしそれはたんなるアレルギー的なものではなく、思想的必然に裏打ちされていた。それはニーチェが師ショーペンハウアーから離れたゆえんと揆を一にする。弟子は師の意志否定に対して意志肯定、すなわち力への意志の立場を選びとったのであるから、彼が〈涅槃〉を理解しなかったというよりも、むしろすすんで拒否したと見るべきで、そこに厭世観《ペシミズム》から訣別したニーチェの面目があった。（ショーペンハウアーの〈涅槃〉の見方は、その『意志と表象としての世界』正編第七一節などにうかがえる。）

こういうふうに考えてくると、日本的〈漂泊者〉たちを動かしている東洋的、仏教的無常感というものも、ニーチェにおける〈漂泊〉とはかなりの懸隔があるかもしれない。芭蕉は『奥の細道』に「片雲の風に誘はれて、漂泊の思ひやまず」と書いた。冒頭の「月日は百代の過客にして、行きかふ年もまた旅人なり」というのは、漂泊の根柢にある、過ぎゆく時間の無常さに目がいっているのである。こうした無常感に纏綿《てんめん》されて、〈わび〉があり、〈さび〉があり、いわば美的救済を意味する〈風雅の道〉があった。西行、宗祇、芭蕉から放哉、山頭火にいたる多くの詩人的漂泊者はこのカテゴリーにはいるだろうが、そうした無常感も根源へ、根源へとさかのぼれば〈空〉や〈涅槃〉にゆきつくだろう。こうした無常感に対する、——あるいは無常感への〈甘え〉に対する——徹底的な拒否を、むしろ人はニーチェにおいて見るべきだろう。ニーチェの漂泊者は「自分自身の頭を踏みつけて」上方へ登る漂泊者であり（『ツァラトゥストラ』第三部の最初の章参照）、たじろげば破滅する漂泊者（「漂泊者」と題された四行詩）である。「月日は百代の過客」と直観することなく、時間と格闘し、その欲望をくじき、回帰を求める〈力への意志〉（『ツァラトゥストラ』第二部「救済」など参照）である。

それにしても「神は死んだ」としてヨーロッパを脱出し、〈善悪の彼岸〉の、〈片雲の風〉どころか〈雲ひとつない空〉（『ツァラトゥストラ』第三部「日の出前」参照）を求めたニーチェの漂泊は、東洋におけるその〈涅槃〉の境地を拒否することによって、どこにさまよっていったろうか。それはキリスト教でもなく、仏教でもなく、東洋でもなく、西洋でもなく、むしろ東西の仲介者であり、その対立の止揚者とニーチェの考えた古代ギリシア（ソクラテスやプラトンのギリシアではない）へもどったと見るべきであろう。東西の仲介者融合者としてのアレクサンドロス大王が、あるときニーチェの親しい理想像であったことも考えあわせるべきである。そうしたニーチェの精神的帰郷の途上で、古代イランの宗教的開祖ゾロアスター（ツァラトゥストラ）が架空のモデルとして利用された一時期があったが、ゾロアスターが元来善悪の価値を設定した予言者であったことは、ニーチェに自己矛盾を感じさせたのであった。ニーチェのこの理想像はあるいはつかみそこないであったかもしれない。『この人を見よ』の中で、この点に関して一種の弁明が見られる（XV, 118f.）。ニーチェはツァラトゥストラからさらに離れてディオニュソスに行った。ディオニュソスはニーチェの〈漂泊〉のたどりついた最後の認識であり、〈ついの栖《すみか》〉であるが、ここに将来への希望の白光もかがやくがごとくである。『力への意志』の一〇五一（XVI, 389f. ——シュレヒタ版なら III, 462f.）を噛みしめて読んでみよう。

「（このディオニュソス的な経験というもの——）、ここにはすべてのギリシア的なものにとっての大きな深み、大きな沈黙がある。――この隠れた地下通路がまだ埋もれたままであるかぎりは、われわれはギリシア人を知らないのだ。その発掘のためにどんなに多大の学識がささげられようとも、学者たちのやっきとなった眼にはこうした物事は何ひとつ映るまい。――ゲーテやヴィンケルマンのような古代ファンの高尚な熱情も、ここではむしろ無理な、ゆきすぎた感じがする。待機し、準備することだ。新しい泉の湧くのを待つことだ。孤独の中で、未知の顔や声に出会う心づもりをすることだ。現代のお祭り騒ぎと埃っぽさから、おのれの魂をいよいよ洗い清めることだ。あらゆるキリスト教的なものを超キリスト教的なものによって超克し、たんにふりすてるだけではなく、――キリスト教の教えは、ディオニュソスの教えに対抗するものだったから――さらに南方を自己自身のうちに再発見し、明るくかがやく霊妙な南方の天空を、おのれの頭上に張りめぐらすことだ。魂の南方的な健かさと隠れた力強さをふたたびわがものとすることだ。一歩一歩、より包括的になり、より超国家的になり、よりヨーロッパ的になり、より超ヨーロッパ的になり、より東洋的になり、ついにはギリシア的になることだ――なぜならギリシア的なるものは、一切の東洋的なものの最初の偉大な結合であり綜合であって、まさしくそれによってヨーロッパ精神の発端であり、われわれの〈新世界〉の発見であったのだから——。こうした命令《イムペラチーフ》のもとで生きようと思うのは誰か？　そうした者にいつかおとずれるものが何であるかを知っているのは誰か？　おそらくそれこそ——新しい日であるかもしれない！」(XVI, 389f.)

——より包括的に、より超国家的に、よりヨーロッパ的に、より超ヨーロッパ的に、より東洋的に、ついにはよりギリシア的に、すなわちディオニュソスの名で呼ばるべきものへ——。しかしもう解説めいたことは省略しよう。ただディオニュソス的世界像を陶酔をこめて要約した、例の有名なアフォリズム(XVI, 402)でも、その結び近くに、「——永遠の自己創造、永遠の自己破壊のこのわたしのディオニュソス的世界、二重の快楽のこの霊妙な世界、わたしのこの〈善悪の彼岸〉、円環の幸福の中には目標がないとすれば目標のないこの世界……」といったように、〈善悪の彼岸〉が保持されているのは、われわれの眼をひかずにはおかない。ニーチェはよほどこの想念と言葉に愛着を抱いていたもののようだ……。

ニーチェにおけるヘーゲル像

二十何年か前に、ニーチェの『曙光』を訳したとき、非常に印象に残った一節があった。その後なにかにつけてそれを思いだす。それはヘーゲルに関係したもので、しかもヘーゲルの思想についてではなく(そうしたものはあとから挙げるように全著作にわたって数多くある)、むしろ文体に関したもので、その意味でユニークなのである。

「エスプリと道徳。——精神や知見や心情《ゲミュート》を間のびのしたものにしてしまうこつをわきまえ、そうした退屈さをこれが道徳というものだと思いこんでいるドイツ人は——フランス的なエスプリ(esprit)に出会うと、それが道徳に目つぶしを喰わせやしないかという不安を抱き、——しかもちょうど小鳥がガラガラ蛇に出会ったときのような不安と同時に一種のはずんだ気持になる。有名なドイツ人のなかでヘーゲルほどにエスプリを持っていた者はいなかったろう、――しかしヘーゲルもまたそのエスプリにたいして、ドイツ的な大いなる不安を抱いていたので、そうした不安があのヘーゲルの独特の悪文(seinen eigentümlichen schlechten Stil)を創造することになった。つまり彼の文体の本質は、だいじな核心が幾重にも巻かれて、もうほとんど見えるか見えないぐらい、羞ずかしそうに、もの好きに、――古代の女嫌いアイスキュロスの言葉を借りれば――《若い女たちがヴェールのかげから盗み見る》ようになってしまったところにある。ところでその核心は、きわめて精神的な事象にたいしての洒落《しゃれ》た、しばしば行きすぎた思いつきであり、またたくみに意表に出た言語合成といったもので、それはそれとして思想家たちの社会では学問の香辛料として役だつものではあるが、――なにしろあのように巻かれてしまっては、いかにも難解な学問そのものといった観を呈し、まったく最高度に道徳的な退屈と化してしまったのである！　こうしてドイツ人も、かれらに許された形式のエスプリを手にいれたわけで、かれらが有頂天になってそれをかつぎまわったさまは、ショーペンハウアーのあのすぐれた、きわめてすぐれた知性もあっけにとられてしまうほどであった。――ショーペンハウアーはドイツの連中が演じてみせたこの奇観を一生罵りつづけた。しかし自分ではどうにもうまい説明がつけかねた。」

この短文はいろいろなものを含んでいるが、ヘーゲルを著名なドイツ人の中で最大のエスプリの持ち主と見たのは面白いし、その文体をはっきりと悪文と言ったのもニーチェらしい。ヘーゲルばりの文章や発想が一世を風靡し、それにたいしてショーペンハウアーが悪態のかぎりをつくしたのを絡ませたのも面白い。エスプリと道徳の関係が、このアフォリズムの軸になっているのは標題の示すとおりであるが、ヘーゲルが『精神現象学』のなかで『ラモーの甥』のディドロを分析してエスプリや機智を批判しているくだりを、ニーチェはまだ読んでいなかったのか、読んでも知らぬ顔で書いたのか、そういうことはよくわからない。

ただヘーゲルの悪文という点である。たしかにヘーゲルの文章は読みにくい。よくその例にあげられる『大論理学』などはことにそうだが、なにもそれと限らない。落語に「素人うなぎ」というのがあって、「どこへ行くのかうなぎに聞いてくれ」というのがご存じの落ちになっているが、ヘーゲルを読みほごしているとそんな気になってくる。そうしたときにニーチェのアフォリズムが頭をかすめるのである。ヘーゲルの文章は、心しずめてためつすがめつ眺めていれば、つまり厳密に用語を分析し文脈を確定すれば明瞭になってくるといったしろものではない。このうなぎをつかまえようとするのがまちがいであり、むしろうなぎだということがはっきりわかることがだいじなので、そのぬるぬるしていることがうなぎ全体(真理は全体である)からにじみでていることが、心底から合点がいくことがだいじなのである(真理は具体的である)。アドルノも途方にくれる例として挙げているような、

「本質における成、その反省的運動、は無から無への、またそれによって自己自身への還帰の運動である。移行または成は、その移行の中で自己を止揚する。この移行の中で成るところの他者は或る有の非有ではなくて、無の無である。そしてこのこと、すなわち無の否定であるということが、有を形成するのである。——有は、ただ無の無への運動としてのみあり、かくしてそれは本質なのである。しかもこれはこの運動を自分の中にもつのではない。この運動は絶対的仮象そのものとして純粋な否定性である。この純粋な否定性は自己以外には自己を否定する何ものも持たず、ただ自己の否定的なものそのものを否定するにすぎない。しかもその自己の否

定的なものはただこの否定することの中にのみある。」

といった『大論理学』の一節をつきつけられて、小首をかしげない人はよほどどうかしている人である。アドルノはこうしたヘーゲルの文体に密着した関係をちかごろみごとに説明してくれたと思うが、彼は落語を知らないから、うなぎとはいわず、フィルムの流れにたとえる。フィルムを止めて一コマ一コマに拡大鏡をあてて見てもはじまらないのである。(Theodor W. Adorno, *Drei Studien zu Hegel.*)

ヘーゲルの機智を指摘したのはニーチェにはじまったわけではない。キルケゴールを忘れるのはよくあるまい(ニーチェはキルケゴールを読んでいない)。『不安の概念』はヘーゲルの批判からはじまる。キルケゴールはヘーゲルの論理が「動く」ということを許しがたく思う。ヘーゲルの論理は現実性を手にいれるために運動、すなわち「論理学にはその場所を見出しえないひとつの超越」を取りこむのである。そのために「否定的なもの」が使われる。「論理学においてなにがなんでも運動が必要だというわけである。そこで出てきた助け舟が否定的なものだ。否定的なものが力及ばなければ、洒落や慣用句がやってくれる。もともと否定的なものということ自体、すでに洒落に堕しているのだ。」さらに注をつけてキルケゴールはこう言っている。

「たとえば――《本質》(Wesen)とは《有った》(gewesen)ところのもの、であり、《有った》は《有る》(sein)の過去のかたちであるから、本質は止揚された《有》、有ったところの有である、などと言う。これが論理的運動なのだ! もしも誰かが、ヘーゲル論理学の中で論理的運動を押しすすめようとせっせと加勢しているあらゆる小びとや妖怪を一網打尽にしてくれたら、おそらく後世の人びとは、こんな気の抜けた洒落が、かつては論理学で大きな役割を演じていたこと、それも付加的な説明とか気のきいた註釈としてではなく、ヘーゲルの論理学をして驚異の業《わざ》たらしめ、論理的思考がのこのこ歩くように足をつけた首謀者だったことを知って唖然とするだろう。しかし誰ひとりそれに気づかなかったというのは、讃嘆の長い外套がその乗り物を包んでいたからで、ルールルー(当時流行した歌劇に登場する自動人形)が、誰にもからくりを見られずに歩いてくるのと同じことだった。」

このキルケゴールの指摘も『大論理学』の第二部本質論の書きだしをさしているので

ある。

ヘーゲルのそうした機智的なものが、かれの哲学を構成するのにどこまで必要なものか、はたしてそれを抜きにしては成りたたないほどのものであるか、文字どおりキルケゴールの言うがごときものなのか、もしそうだとすれば劇作家のブレヒトがその『亡命者の対話』の中でひとりの登場者に語らせているように、ヘーゲルの『大論理学』こそは世界文学中で最大のユーモラスな作品の一つということになるかもしれぬ。そこではヘーゲルのユーモア、彼の国家との関係、またその《概念》の運動と生態（うなぎとは言わないがまさしくうなぎである。《つるつるして、不安定で、無責任な存在》なのである）が、物のみごとに諷刺されている。

このブレヒトもシュワーベン人だが、シュワーベン人というもののイメージがなければヘーゲルを理解することはできない。またシュワーベンなまりがわからなければ彼の講義の雰囲気を味わうことはできまい。私はさいきんヘーゲルの『歴史哲学』を読みなおし、あらためて彼の講義者としての偉大な情熱にゆすぶられたが、同時に彼の弟子ホートーの書いた思い出が行間にちらつくのであった。(H. G. Hotho, *Vorstudien für Leben und Kunst,* 1835. その一端が Franz Widmann, *G. W. F. Hegel. rowohlts monographien* にのっている。）

そんな意味でもニーチェが『善悪の彼岸』の中で、ドイツ人の深みについて語り、シュワーベン人について触れているのは興味がある。

この二四四ぜんぶを引用するといいのだが、長くなるから要約する。ドイツ人の魂は複雑だ。しかしこれは大昔におそろしく多数の種族がまざったこと、たぶんアリアン人種以前の要素が優勢を占めたことから来ているのであろう。（シュワーベン人の一部――背の低い、ずんぐりしたタイプ――にはいまも原種族的なものが保たれていると考えられている）。ドイツ人はなんとも定義しにくいものであり、それを考えるフランス人がやりきれなくなるようなものである。ドイツ人自身にしてからが「ドイツ的とは何か」としじゅうたずねている。もともとドイツ人をどう言ってみたところで、まるっきり見当違いということには決してならないはずだとニーチェは言う。なぜかといえば――

「ドイツ人の魂のなかには多くの廊下、小廊下がある。そこには穴ぐらがあり隠れ場があり、城牢がある。その無秩序は秘密めいたものがもつ魅力を備えている。

ドイツ人は混沌に通じる抜け道を知っている。すべてのものはおのれ自身に似たものを愛するものだから、ドイツ人は雲を愛し、およそ不明瞭で、生成《ウェルデン》しつつあり、朦朧として、湿っぽく、覆われたものを愛する。かれらはあらゆる種類の不確実なもの、かたちにならないもの、うつろいゆくもの、成長するものを《深い》と感じる。ドイツ人そのものは存在《ザイン》しない。彼は生成《ウェルデン》している。彼は《発展する》。だから《発　展《エントウィッケルング》》ということこそたくさんのりっぱな哲学的方式のなかでも真にドイツ的な発見であり、成果なのである。――この支配的な概念は、ドイツビールやドイツ音楽とあいまって、全ヨーロッパ人をドイツ化しようとかかっている。ドイツ人の魂の底にある矛盾性（ヘーゲルはこれを体系に組みたてたのである。ワーグナーはこれを音楽にもって行ったのである）、この矛盾性がつきつける謎のまえに立って、外国人は呆然として、しかも心をひかれる。《お人よしで、しかも奸悪》――こんな共存は他の民族のばあいにはおよそ矛盾撞着だが、いかんながらドイツではそれがしばしば成りたつのである。試みに、しばらくシュワーベン人のあいだで暮らしてみることだ。ドイツの学者の鈍重さ、その野暮ったさ、そうしたものが、神々も寒気《さむけ》をおぼえるほどの精神的な綱渡りや軽快な大胆さと仲良く手をつなぎあうのである。」

だが、ヘーゲルのシュワーベン的な機智とその学者的重厚性あるいは底にこもったあの情熱、そうしたもののかねあいにあまりに心を労することはないと、私などは思うのである。

ヘーゲルを読むと、突飛なようだが、しばしば私小説のすぐれた作家を連想する。すべてがその《私》にひきよせられ、そのパースペクチヴで独特な風格ある世界が構成されるように、ヘーゲルでは《精神》《ガイスト》に一切がひきつけられる。対象は否定性によって抽象され、止揚され、構成され、位置づけられる。それは主体の世界であって同時に客体の世界だ(実体は主体である)。機智も悪文も廻転する動輪の発するうなりか、あるいはきしりだと思えばいい。

今年(一九七〇)はヘーゲルの生誕二百年であるから、生誕百年は当然の話一八七〇年であったはずであり、そのころニーチェはバーゼル大学に就任したての若年教授であったから、何かこの百年記念に関連した発言でもあるかと探してみたが、たいしたものは見つからなかった。ただ手紙の中で、友人のゲルスドルフに宛てて(一一月七日)、日ごろ敬服している同僚(といってもかなり年長)のブルクハルトの講義を傍聴していること、今日はヘーゲル記念の年にふさわしくその歴史哲学が語られたことを報告している(かなり批判的なものであったに相違ない)。この手紙にはワーグナーのことも出てくる。

一八七〇年はヘーゲル百年であるとともにベートーベン百年でもあった。そのためウィーンでは第九交響曲が演奏されることになり、ワーグナーはその指揮を頼まれたが、理由あってこれをことわり、そのかわりに論文「ベートーベン」を書いた。ニーチェの手紙の中に「ワーグナーは数日前に、「ベートーベン」と題するすばらしい原稿を僕のところへ送ってくれた。そこにはショーペンハウアーと緊密に結びついた、きわめて深遠な音楽哲学がある。この論文はベートーベンを記念して出版されるものだが、――わが国民がベートーベンにたいして示す最高の敬意ともいうべきものだ」とあるのはそれだが、それにつづいた手紙(一二月一二日)で、ニーチェは「ベートーベン」を君(ゲルスドルフ)に送る、と書き、「この論文、そしてワーグナーのショーペンハウアーの教説への賛意は、それなりにヘーゲル記念への寄与でもある。まともな論争の文章などはもうほとんど必要がない。ハルトマンの『無意識の哲学』――とにかくショーペンハウアー的な意味で問題が提出されている本だ――が、すでに再版になったということでも、大きな変化が起っている証拠になりそうだ」と書いている。

ここの「それなりに」(in ihrer Art)というのはネガチーフな意味である。つまり、若いニーチェはショーペンハウアーに心酔しているわけで、その意味でアンチ・ヘーゲルの側にあり、「まともな論争」などという語もとびだすのであり、ワーグナーもかつてはHegeling(ヘーゲル青年)であったのにいまはショーペンハウアーの信奉者となり、その理論を応用して「ベートーベン」を書いたのだから、これらはヘーゲルに対する消極的な記念の行動なのだというのである。ニーチェの見るところ、時代はようやくヘーゲルの圧倒的な影響から離れて「真の哲学者」ショーペンハウアーの真価を認識しだしたのである。ショーペンハウアーとワーグナーによって新しいドイツ文化が形成される可能性が開かれてきたと見るのである(ビスマルクによるドイツ帝国の興隆と繁栄はむしろ文化を低下させるものと、彼は見る)。エードゥアルト・ハルトマンについては森鷗外がその『妄想』の中で述べているが、そしてニーチェの「生に対する歴史の利害」はハルトマンに対する痛烈な批判でもあるが、ここらあたりの見方ではハルトマンはともかくショーペンハウアー側の動きに加勢するものとして見られている。

この断簡からでもおしはかられることは、若いニーチェがショーペンハウアーの影響下にあって、すべてをその視角で見ているために、ヘーゲルに対してはほとんど先入見的に敵対的な姿勢を取っていることだが、その後ニーチェはしだいにワーグナーの呪縛を脱し、ショーペンハウアーのペシミズムを超克して二人の師に対し批判をくだすようになってくる。つまり自己の中のロマン主義を克服し、『人間的な、あまりに人間的な』によって実証主義に移行し、つづいて『ツァラトゥストラ』以後の《神の死》とそのニヒリズムの洞察という時期にはいって行くのだが、こうしてショーペンハウアーにたいする評価が修正され、限界づけられるにつれて、その対蹠者であったヘーゲルの評価は、もちろん反比例的に上昇するというような単純なものではないが、その偉大さがむげに否定されないものになって行くのである。イデアリスムに対しては端的な否定が最後まで残るけれども、ヨーロッパ的な視野から見るとき、ヘーゲルの及ぼした国際的な影響をやはり率直にみとめる。「ショーペンハウアー——考慮に値する最後のドイツ人——彼はゲーテのごとく、ヘーゲルのごとく、ハインリヒ・ハイネのごとく、ヨーロッパ的な出来事であり、地方的な、《国民的な》出来事にとどまらなかった」(『偶像のたそがれ』)。

すこし先まわりしすぎたので、ふたたび若いころに引返してみよう。

バーゼルで一八七二年に試みた講演「われわれの教育施設の将来について」の中で、一切の教育の努力を国家目標に結びつけるヘーゲル哲学の傾向が指摘され、ヘーゲルがそうした国家(つまりプロイセン)を《絶対に完成した倫理的有機体》と呼んだことが言われている。ニーチェのヘーゲル観はこうしたあたりから出発している。(「第五の講演」の中にはすこぶる痛烈な言葉がある。「……そして何より好んで取られる手段は、あの本然の哲学的衝動をいわゆる「歴史的教養」によって麻痺させることだ。このところ恥ずべき名を世界にとどろかしている一つの体系が、哲学のこういう自己破滅の公式を発明したのだ。そして今ではもう至るところ、物事を歴史的に見る際に世にも不合理なものを「理性」あるものとし、黒いものを白いとして通用させるようなひどく素朴な無思慮が現れているので、しばしばあのヘーゲルの命題のパロディを作って「この不合理は現実なのか」と問いたくなるくらいだ……」)

しかし同年に発表された彼の処女作『悲劇の誕生』にはヘーゲルの名は見あたらない。つづいて書かれた『反時代的考察』にいたってヘーゲルの名はいくたびも出てくる。これは時代とその精神的動向を対象とするからには、どうしてもヘーゲルが登場せずにはすまないということである。

『反時代的考察』の冒頭はダーヴィト・シュトラウスに対する批判的攻撃である。この「教養ある俗物」としてまっさきに槍玉にあげられたシュトラウスは、かつて『イエス伝』をあらわし、この書をめぐってヘーゲルの弟子たちが左右両派に分裂するにいたった宗教哲学者である。ニーチェもかつてはこの書を感激して読んだこともあった。しかしこの聖書批判から出発してヘーゲル左派の首領的位置についたシュトラウスはこの時分では進化論をとりいれた自然主義的汎神論者になりかわっていたのである。一八三一年に死んだヘーゲルと一八四四年に生れたニーチェの間にはこのシュトラウスの世代がはさまっていて(それは革命家であった若きワーグナーの時代でもある)、かつての進歩派はもはや時代の変貌についてはいけなくなっている。かれらは、「ヘーゲル病とシュライエルマッハー病にかかって」いて、それは「決して完全になおることはない」のであり、また「現実的なものを理性的なものとしてあがめるヘーゲル的な崇拝」のうちに、すなわち既存の「成果の神格化」のうちに育てあげられてきたのである。「歴史の利害」の中には「いまだに年配の人たちの頭の中でくすぶっているヘーゲル哲学」という表現があるが、前に述べたハルトマン批判からさらに筆がヘーゲルその人にまでのびて――

「このヘーゲル的に理解された歴史を、人びとは嘲って神の地上における遍歴と呼んだ。しかしその神にしてからが、歴史によってはじめて作りだされる。この神はヘーゲルの頭脳の中で、おのれ自身をくまなく透明に理解しうるようになったのであり、すでにその生成《ウェルデン》のあらゆる弁証法的に可能な段階をのぼりつめて、あの自己啓示にまでたどりついたのである。したがってヘーゲルにとっては世界過程の頂点であり終点であるものが、彼自身のベルリンにおける存在と一致するわけである。そうだ、ヘーゲルはこう言いたいところだった、――自分のあとにやってくる一切の事柄は、ほんとうは世界歴史の旋舞曲《ロンド》におけるおしまいの付加曲《コーダ》、いや、むしろ蛇足なのだと。さすがにそこまでは言わなかったが。」

ニーチェによれば当代のドイツ人は文化の衰弱をしみじみ感じて、自分たちは亜流者《エピゴーネン》だという悲観的意識にとらわれていたのが、ヘーゲルのおかげで歴史の流れの終点を頂点と読みかえることによって、ドイツ帝国の興隆を背景に、一転して傲岸な姿勢にかわった。かれらは他の精神的な諸力、すなわち芸術や宗教を無視して、歴史を絶対主権の座につけ、それをプロイセン国家と結びつけた。歴史は《自己自身を現実化する概念》であり、《もろもろの民族精神の弁証法であり》、《世界審判》だということになった。普仏戦争直後、戦勝に酔っている泡沫会社濫立時代のドイツにたいする時代批判であり、その後の動向を思えば、このへんにもニーチェの警世者としての面目をみとめないわけにはいかない。

『華やぐ知恵』の時期になると、ニーチェはすでに完全にショーペンハウアーとワーグナーへの陶酔から覚め、両者への分析と批判はするどく辛辣になる。たとえば「ショーペンハウアーの信奉者たち」と題された断章などはそうである。その中でショーペンハウアーの弟子の中でも最も有名なのはワーグナーであり、彼はこの哲学者にめぐりあうまで「ヘーゲルによって惑わされてきた」。ワーグナーがドイツ語の堕落について憤慨するのは、ショーペンハウアーゆずりであるが、「ワーグナーの文体にしたところですくなからず潰瘍や腫れものができている」とニーチェは言い、またこのワーグナーばりの文体をまねする仲間がふえて、それは「ヘーゲルばりの文体におとらず困りものになりはじめた」と言う。こういうふうにニーチェでは、ヘーゲル、ショーペンハウアー、ワーグナーという標識が時代の流れを測定する山頂の三角点のようなものになっている。

同書の断章三五七は、「ドイツ的とは何か、という古い問題」をめぐって非常に興味ぶかいものだが、一見ドイツ的な伝統から遊離しているように見える思考を展開したドイツ哲学者、たとえば意識を表象のひとつの偶有性と見たライプニッツ、因果性の概念に大きな疑問符をつけ、しかもその限界を明らかにしたカント、そして種の概念が自身から発展するという、従来一切の論理の慣習と惰性を打ちやぶったヘーゲル（けだしヘーゲルなくしてダーウィンはない）、これらの哲学者はほんとうに哲学的なドイツ人であったのだろうか、とニーチェは一応たずねたあとで、やはりかれらはわれわれドイツ人の精神的基盤から出てきたものだとみとめる。ヘーゲルについては、その「発展」という決定的な概念をはじめて学問に持ちこんだ革新がやはりドイツ的な基盤と不可分なものである。ヘーゲルはドイツ的なものの代弁者なのだ。

「われわれドイツ人は、よしひとりのヘーゲルが存在しなかったとしても、ヘーゲル主義者なのだ、——われわれが（すべてのラテン民族と反対に）《在る》もの（was ist）よりも、生成なり、発展なりにたいして、本能的に、より深い意味と、より多くの価値を与えるかぎりにおいて、ヘーゲル主義者なのだ。——われわれはほとんど《存在》という概念の権利を信じない――。同様にわれわれ（ドイツ人）は人なみの論理に対して、それが論理自体《アン・ジヒ》、それしかない論理であることを認めようとしないかぎりにおいて、ヘーゲル主義者なのだ。（むしろわれわれは、われわれの論理などというものがたんになにか特異なもの、ひょっとしたら最も奇妙で愚劣なもののひとつではあるまいかと考えているのだ）。」（『曙光』の序文――それは後年書き加えられたものだが――には、同じ意味ながらさらに凝縮した表現がある。引用したいが略す。）

しかし、つづけて第四に、ニーチェはショーペンハウアーはどうかとたずね、ここで区別をつける。ショーペンハウアーはドイツ人よりもむしろ良きヨーロッパ人だ、というのは、彼ははっきりと無神論を取ったからである。すなわちキリスト教信仰の没落と科学的無神論の勝利という、ドイツ的ならぬ全ヨーロッパ的事件に参加したからだ。その反対に、この無神論の勝利を遅延させ、かつ危いものにしたのがドイツ人であった。特にヘーゲルこそ、この延引の責任者であり、「この延引者の尤《ゆう》なるもの（Verzügler par excellence）であった。」ヘーゲルはわれわれドイツ人の第六感「歴史的感覚」という最後の助けをかりて、「存在の神性」をわれわれに説得しようとかかった。「ショーペンハウアーは哲学者として、われわれドイツ人が有した最初の明白な、不屈な無神論者であった。彼のヘーゲルへの敵意はここにその背景を持っていた。」

結局ニーチェはその「神は死んだ」という無神論的立場からショーペンハウアーを味方につけ、ヘーゲルを敵側の代表者に仕立てる。しかしニーチェの場合、ソクラテス、パウロ、ルソーなど一連の親しい敵といえるものがあって、攻撃の対象にするということは評価が大であるということを語りもする。ヘーゲルはそうした意味でニーチェの思想の大いなる敵役に仕立てあげられていくように見える。

しかしニーチェのような自己克服に終始した精神のばあい、一斑をとらえて全豹を推すことはできない。ある個所を読んで彼の決定的な意見と考えるのは、いつも間違いのもとである。ことに『ツァラトゥストラ』以後の時期はそれまでに言ったことをいちだんと深め、従来の前提をつき破って物を言っているから、結果的に矛盾した表現になっていることが多い。『善悪の彼岸』の二〇四ではショーペンハウアーに対して点がからくなっている。彼は言う、――哲学に対していろいろな不満がきかれるが、中には若い人たちが或るひとりの哲学者の影響をしたたか受けたために、他の哲学や哲学者たちを不当におとしめていることがある。たとえば「最近のドイツに及ぼしたショーペンハウアーの影響はこうしたものにもとづいていた。彼はヘーゲルに対するその分別を失った憤怒によって、最近のドイツの世代をドイツ文化とのつながりからひきはなすことに成功した。だがこの文化は、総体的に考えれば、やはり《歴史的感覚》の高みと預言者的な切れ味を見せたものであった。……しかるにショーペンハウアー自身は、ほかならぬこの点に関しては天才的に貧弱で、鈍感で、非ドイツ的であった。」ショーペンハウアーの形而上学の非歴史性が言われているのであり、ここでは非ドイツ的は悪い意味である。『道徳の系譜』や『偶像のたそがれ』の中にはさらに痛烈な発言がある。

ニーチェはこのように若き日の師ショーペンハウアーに仮借なく批判をくわえたが、ワーグナーについても同様であり、より以上に苛烈なものがあった。『ワーグナーの場合』では、彼はワーグナーをヘーゲルと緊密に結びつけて裁断する。その第一〇節を読まれるがいい。

ワーグナーは「音楽はつねに一つの手段である」という。これが彼の理論であり、実践であった。しかし一般の音楽家というものはそんなふうに考えないものだ。ワーグナーは「自分の音楽は無限的なものを意味する」のだからそうした音楽を厳粛に、深遠に取るようにと万人を説得する理論がいつも必要であった。彼は生涯《理念《イデー》》の註釈者であった。

「ワーグナーが若かったころは、ちょうどヘーゲルとシェリングが人びとの精神を誘惑していた時代だったこと、ドイツ人がただひとつ真面目にとるもの、すなわち《理念》、つまりある暗い、不確かな、予感をそそるものを、彼が感得し、つかまえたこと、ドイツ人のあいだでは明瞭ということは反対される根拠であり、論理というものは反駁される理由であることを、われわれは思い起そう。……ヘーゲルはひとつの嗜好だ。ドイツだけではなくヨーロッパの嗜好だ！――ワーグナーは、これはいただけると感じた！　これを不朽のものとした！――彼はただ音楽に応用しただけだ、――彼は《無限的なもの》を意味するひとつの様式を発明した。――彼はヘーゲルの後継者となった。……音楽が《理念》となった！

そして世間はワーグナーをどう受け取ったか！――ヘーゲルに熱狂したのと同じ種類の人間が今日ワーグナーに熱狂している。彼の一派ではヘーゲル調の書き方までしている！――とりわけワーグナーを理解するのはドイツの青年であり、《無限》

と《意義》という二つの言葉でかれらはもう十分だった。言葉を聞いただけで何ともいえない良い気分になった。ワーグナーが青年層を獲得したのは、音楽によってではない、《理念》によってだ、――かれらをワーグナーのところにみちびき、誘いよせるものは、その芸術にそなわる謎めいたもの、百千の象徴のもとの隠れん坊、理想の華やかな多彩さだ。ワーグナーの雲をつくりあげる天才、もやの中で、つかみ、ただよい、かすめるところ、どこにいてもどこにもいないところ、ヘーゲルが当時の青年たちを誘惑し、おびきよせたのとそっくり同じ手だ！　ワーグナーの多様さ、豊富さ、勝手放題のただ中にあって、青年たちはおのれを取りもどし、義認され、――《救済》されたように思う。……彼らはことごとくワーグナー自身と同様、いやな天候、つまりドイツの天候の親類なのだ！」

ここではワーグナーもヘーゲルも一緒にされて、ニーチェのドイツ批判の対象になっている。

ニーチェの発狂近くに書かれた『アンチクリスト』の中のドイツ哲学の要約は、ニーチェのヘーゲル把握の究極の根拠でもあるだろう。

「われわれが誰をわれわれの敵手と感じているかを言っておく必要がある。——神学者ならびに神学者の血すじを引いているもの一切——つまりわれわれの哲学ぜんぶというわけである！　こうしたことが冗談事ではないということがわかるためには、人はこの災禍をま近で見たか、あるいはむしろ身をもって体験し、そのために破滅しかかるといった目にあっていなければならない（わが自然科学者や生理学者諸君が自由思想家ぶっているのは、私の目から見ればお笑い草にすぎない、——かれらにはこうした事柄における情熱、そのための苦悩が欠けている——）。あの災禍は人の想像をこえるものだ。人びとが今日《イデアリスト》と自任しているところ、——人びとがひときわ高い由来をたのみにして、優越的に、ひとごとのように現実を眺める権利を要求しているところ、そうした到るところに、私は《高慢》という神学者的本能を見出した。……イデアリストは、聖職者とまったく同じことですべての偉大な概念を手中にしている（またたんに手中にしているだけではない！）。彼はそうした概念によって《悟性》や《感覚》や《名誉》や《富裕》や《学問》といったものを好意的な軽蔑をまじえてやりこめてしまう。彼はそうしたものを下方に見る。さながらそれらが有害な誘惑的な力であって、その上を《精神《ガイスト》》(霊)が純粋な対自的状態(in reiner Fürsich-heit)でただようといったあんばいである。純粋な精神《ガイスト》とは、純粋な嘘だ。」

ヘーゲルという名はないが、ヘーゲルを思わずにこの一文を読むことはできない。そのすこし先に書かれている部分はますますそうである。

「哲学は神学者の血によって堕落させられている、と私が言えば、ドイツ人ならすぐに納得がいくことである。プロテスタントの牧師はドイツ哲学の祖父なのだ。プロテスタンティズムそのものがドイツ哲学の《原罪》なのだ。プロテスタンティズムの定義は、キリスト教の――そして理性の――半身不随ということである……。ドイツ哲学が結局のところ何であるかといえば、――つまり狡猾な神学なのだ。このことを理解するためには《チューービンゲン神学部》(Tübinger Stift)という語を口にしさえすればいい……。シュワーベン人はドイツにおけるいちばん上手な嘘つきである。かれらは無邪気に嘘をつく……」

ニーチェがヘーゲルに関連して述べている個所は多く、ほかにも引用したいところもあるが重複もするし、あまりにこまかくなるから省略し、以上でだいたいの輪廓があきらかになったものと考える。ニーチェとヘーゲルとの関係は、一方が一切の価値と意味を支えてきた神の死を宣言し、ニヒリズムの世紀の到来を説く預言者であり、他方はすべてを《精神《ガイスト》》に収斂し、その《精神《ガイスト》》が神学的なものと切っても切れないものであるというように、両者の関係を要約すれば、両者の距離と敵対的な関係は明白であって、くだくだしく述べるだけ野暮なようなものであり、いままでの引用文からもだいたいそうした結論になりそうである。

しかし、さらに考えて、ニーチェのヘーゲル観の大部分が思想史的、文化史的な側面に集中していること、つまり歴史的にヘーゲルを位置づける行き方であって、キリスト教批判の中にヘーゲルが包みこまれていること、これを限界と見るべきだが、さらに踏みこんで考える余地はないかということである。ニーチェが生前にあらわした著作の中にはそうしたものはないが、遺稿(従来「権力意志」と呼ばれたもの)の中には、そうした手がかりを与えるものがいくつかあるように思われる。

ニーチェが「神は死んだ」と言ったこと、そこからニヒリズムの洞察を引きだしたことは周知のことだが、すでにヘーゲルにも「神は死んだ」という表現があること、これはレーヴィットやティーリッケなどの諸家がつとに論じつくしているところで、ここでくわしく述べない。それは初期の論文『信仰と知識』にあり、また『宗教哲学』にも出てくる。しかしこの神の死、すなわちイエスの十字架上の死は、ヘーゲルのばあいは結局弁証法の否定のモメントにすぎないので、ニーチェとは内容的にまったく違うのである。

ところで、ニーチェとヘーゲルの関係を前述のようにたんに「神の死」と「精神《ガイスト》」の対立と見るかぎり何もはじまらないが、ニーチェがニヒリズムの洞察から、さらにこれを克服しようとする最後の構想に移ったとき、すなわち「永遠回帰」の思想から「運命愛」の境地にはいったとき、ヘーゲルとの関係にはある種の変化が生じるはずではなかろうか。一方ヘーゲルの宗教性は決してルターのようなソラ・フィデ的な信仰ではなく、むしろグノーシスに近いものであり、「理性の狡智」を挿入した彼の歴史観はニーチェの「善悪の彼岸」に立った考察と近接するものがあるように思われる。たとえば、「……最も有害な人間も種属の保持に関しては、あるいはこれまた最も有益な人間であるかもしれない。……憎悪、意地悪なよろこび、掠奪欲、支配欲、その他あらゆる悪と呼ばれるもの、それは種属の保持の驚嘆すべき経済《エコノミー》に属している。もちろん高価につく、浪費的な、全体的に見てきわめておろかな経済である。――しかしそれはすでに証明ずみのように、わが人類を維持してきたのである。」したがって「諸君の最善の、あるいは最悪の欲望に身をまかせるがいい、いや、とことんまで行って身をほろぼしてみるがいい。――どっちみち諸君はおそらく依然として何らかの意味で人類の促進者であり、恩恵者であるだろう」(『華やぐ知恵』)というのは、ヘーゲルの《理性の狡智》を別のことばで言ったものともいえるだろう。ツァラトゥストラは言う、「世には善と悪とを結びつける塩がある。最悪のものでも刺戟剤となり、最後の沸騰のきめ手となる」(「七つの封印」)。

ヘーゲルの歴史哲学はひとつの弁神論《テオディツェー》であり、オプティミスムスを蔵するものだが、ニーチェの《運命愛》と《永遠回帰》(一種の宿命論《ファタリスムス》である)から、《ディオニュソス肯定》の境地にも、そのおもむきがある。それは万有の肯定であり、自由と必然の一致である。最後的にそうした境地に行ったニーチェには、従来の彼のヘーゲル像とはまたちがったヘーゲル像が浮かびあがる可能性がなかったろうか。

ニーチェが最も尊敬したドイツ人はゲーテであった。『偶像のたそがれ』の中の《ゲーテ》と題した一節は、ゲーテへの無類の讃嘆であるが、「……弱さからではなく、強さからの寛容の人間、悪徳といわれようと、美徳といわれようと、弱さというものを除くほかは、もはや何ひとつ禁じられたもののない人間……そのような自由となった精神は、個物だけが棄てられるのであって、全体としては一切が救済され、肯定されるのだという信仰を抱きながら、悦ばしく信頼する宿命論《ファタリスムス》をもって万有のただ中に立つ――彼はもはや否定しない……そういう信仰はあり得る限りの信仰の中で最高のものである。」――そうしたゲーテ像だが、遺稿の中のいくつかの個所は、ヘーゲルをこうしたゲーテ像に近づけるかのごとく見えるものがある。

有名な「ニヒリズムはわれわれの戸口に来ている」という断章の中には、世界の道徳的解釈が維持されなくなり、虚無へのあこがれが生じるなかで、――「《道徳的なる神》を克服する哲学的試みもなされた」として、括弧してヘーゲル、汎神論と書いてある。また、「哲学者についての迷信」と題されたものの中には、ドイツに生まれた男性的な批評精神（レッシング）の流れと、それをはばんで既存の信仰を支持するかのごとく見えるロマン主義と、この二つの傾向がヘーゲルにおいて絶頂に達し、また総括されるにいたったと言い、これを呼んで《弁証法的宿命論》ということばを使っている。

さらに「三つの世紀」と題されたものは内容的にすこぶる注目すべきものだが、そこには「ヘーゲルの考え方(Denkweise)はゲーテのそれからあまり遠くはない。ゲーテがスピノーザについて述べている言葉を聞くがいい。そこには万有と生命を神化せんとする意志があり、これによって、それを直観し思弁することの中に平静と幸福を発見しようとするのである。ヘーゲルはいたるところに理性を求める——人間は理性の前には頭を垂れ、謙虚になることができるわけだ。ゲーテの場合には、信頼にみちた一種のよろこばしい宿命論《ファタリスムス》があり、それは反抗をひきおこさず、意気沮喪も知らない。そして一切の全体の中ではじめて救済され、善かつ正なるものとしてあらわれるという信仰をもって、自己を一つの全体性にまで形成しようと努める。」(*Nietzsches Werke*, ed. K. Schlechta, Band 3, S. 512)

このように「ヘーゲルの考え方がゲーテの考え方からあまり遠くない」と考えられるならば、ゲーテの考え方を《ディオニュソス的と命名した》最後の段階のニーチェの考え方も、ヘーゲルの考え方にそれほど遠くないと言えるかもしれない。それは初期のほとんど敵視ともいうべきヘーゲル像から見れば大きな変化である。

斎藤茂吉とニーチェ
――日本におけるニーチェ影響史への一寄与として――

斎藤茂吉は、ニーチェにすくなからぬ関心を抱いていたように見える。『強羅雑記』のなかにつぎのような一文がある。（岩波刊『斎藤茂吉全集』第九巻、三三六頁以下参照。これからは略して単に九の三三六というふうにしるす。また茂吉はニイチエ、ツアラツストラ、デイオニゾスなどと書いているが、私はニーチェ、ツァラトゥストラ、ディオニュソスなどと書き、不統一といえば不統一のところが生じるかもしれない。また茂吉の歌や文章は旧かなづかいであるが、引用はもちろんそのままである。）――

「強羅は、大湧谿、早雲山の方から幾つも谿があつて早川に終つてゐる。その谿は物さびてあるが中には水の無いのも幾つかある。私は時折さういふ谿間に行つて沈黙してゐることがあつた。ある時には感傷して次のごときものを作つた。

山なかに心かなしみてわが落す涙を舐むる獅子さへもなし

ひとが読んだらをかしからうと思つて公表しないが、こんなこともあつた。そしてこの獅子云々といふのは、洞窟内のツアラツストラに従つてゐる獅子が年老いた彼の落す涙を舐めてくれるところが書いてある。それに本づいたのであつたが、こんなことは今の歌人にはちつとも共鳴が無いとおもつて雑誌に出さなかつたものである。」

このツァラトゥストラの涙を舐める獅子は『ツァラトゥストラ』の第四部の終わりにある「徴《しるし》」(Das Zeichen)と題された章に出てくるものである。(VI, 474. ニーチェの著作はクレーナー刊、大オクターフ版一六巻の全集により、巻数と頁数を上記のようにします。これはもちろん茂吉がこの全集によってニーチェを読んでいたということではない。茂吉が読んでいたニーチェの版などについては田中隆尚『茂吉随聞』中の記述によって、だいたいの推測を得ることができる。なお同書上巻一五一頁につぎの茂吉の言葉がある。「大学を出た時に、Taschenausgabe を全部買つておいたんだが、ばらばらに置いてゐたものだから見つからない。箱根に行くときはいつも持つて行つた。」）

このころ（昭和一一年の夏）、茂吉が『ツァラトゥストラ』を読んでいたことは、かれの日記にも出ている（四八の三九五）。

「七月二四日　旧六月六日　金曜

箱根山中、嵐吹き、豪雨降る。ために温泉来らず入浴せず。朝四時半起床、ゲエテのウインケルマン論を読む。ついで、ウインケルマンの古代芸術史を読む、ドイツ文を根つめてよみしため、午後になり頭痛す。これではいかぬとおもひ、稍楽にしたり。夜ニイチエのツアラツストラをひろひ読す。歌二つばかり作る。手紙来らず。米二俵とゞく。夜になり雨止む。」

作った二つの歌の一つが、上記の歌であるかどうかは明らかでない。その翌日もかれはニーチェを読んでいる。

「七月二五日　旧六月七日　土曜　晴

朝から庭の雑草を刈る。汗出づ、それから哥少しづつ作る。ハガキと手紙とを処々の友人に書く。手紙二通とゞく。午後強羅公園の方に散歩し哥三つばかり作る。帰つて来て庭の雑草をぬき、入浴し、ニイチエを読む。」

この「哥三つ」のなかにあるのかもしれない。あるいはさらにその次の日（七月二六日）に、「夜一〇時迄かかつて、哥一五首ばかり作る。併し碌な哥一つも無い。」のなかにあるのかもしれない。しかし、あってもなくても、それは実はどうでもいいことで、茂吉が『ツァラトゥストラ』を読んでいることと、かれの作歌の際の想念のなかにツァラトゥストラの世界がはいってくることのひとつの痕跡をあげてみたのである。もちろん茂吉がこのときはじめて『ツァラトゥストラ』を読んだとは考えられない。

たとえばすでに歌集『あらたま』所収の、大正五年の作品のなかに「深夜」という見出しの一〇首がある。その後半の六首は、作者が寝ている闇のなかで蝿の飛ぶ音を聞いている歌であるが、そのなかに次の一首がある（一の一八五）。

汗いでてなほ目ざめゐる夜《よ》は暗し*うつつは深し蝿の飛ぶおと

この「うつつ」の語の肩の星印は、数行さきに付せられた注に呼応する。曰く「ニイチエは"Die Welt ist tief."と謂へり」。（その次の歌も秀逸であると思うので、挙げておく。「ひたぶるに暗黒を飛ぶ蠅ひとつ障子にあたる音ぞきこゆる。」一九の五一五参照）

歌に、ドイツ語の注があるのも珍らしいが、このニーチェの Die Welt ist tief も『ツァラトゥストラ』のなかにあるものである。さきに挙げた「徴」の一つ前の「酔歌」の最後にある有名な詩のなかの一句である。（こまかく言えばもっと前にもある。「日の出前」の章などにもある。）茂吉は「うつつ」という語にニーチェの詩句における Welt の含蓄を持たせたのであろう。『ツァラトゥストラ』のなかでは、超人と永遠回帰とともに「大いなる正午」というものに深い意味が与えられている。「大いなる正午」は世界が完成するときである、とも表現されている。いまはそれについて説明すべき場合ではないが、その「酔歌」の章では、「深夜がまた正午である」という神秘的な思想が出現するのである。茂吉の注は唐突で、簡単すぎるから、どこまでかれが『ツァラトゥストラ』の思想に滲透しているのかわからないが、ともかくこういうふうにニーチェが何となく、かれの作歌の内面的な「業房」の一隅にひかえているのである。

芥川龍之介は茂吉のことを書いた一文のなかで、「近代の日本の文芸は横に西洋を模倣しながら、竪《たて》には日本の土に根ざした独自性の表現に志してゐる。苟《いやし》くも日本に生を享けた限り、斎藤茂吉も亦この例に洩れない。いや、茂吉はこの両面を最高度に具へた歌人である」といっている。この一文を書いた芥川の念頭には『赤光』があったのであるが、ニーチェにしぼって、この問題を考えるとどうなるであろうか。ニーチェは明治三〇年代以来、いろいろな意味で日本の文学者や思想家に影響をおよぼしてきたといえるが、この斎藤茂吉の場合は、きわめて独自なものであって、私は冒頭に、「すくなからぬ関心」というようなきわめて茫漠たる表現を用いたけれども、この関心はもうすこしたちいって考えなければならないと思う。

茂吉は、歌人であって医学者であった。この後の場合、すなわち医学者、精神病医としても、かれはニーチェに対し、その病気に対して関心を示した。これはやや別個の取扱いを要求するものであり、この小論の最後で触れることにしたい。そこで歌人であったということから、ニーチェへの関心が規定されているかといえば、まさにその通りであって、そこに茂吉におけるニーチェの独自性が集中しているのである。日本におけるニーチェ影響史というようなものが将来書かれるとすれば、この茂吉のような態度でニーチェに触れたり、迫ったりしている例は他に見出しがたいことが明らかになるだろう。ただ歌人であったというのでなく、かれの作歌道のひたむきな姿勢と信念がニーチェに対しても独特な関係を生みだしているのである。

茂吉が日本の言葉の一つ一つについて、万葉の古語から現代語にいたるまで、実に驚歎すべき執念ぶりで、吟味し、検討を加えているのは、よく知られていることである。かれの先師伊藤左千夫は「あんまり言葉に興味を持ちすぎる」と、茂吉に忠告したというが(一九の五〇五)、かれが歌をつくるというひたむきで、全力的な作業のなかで、一つ一つの言葉と格闘し、そのいのちを見出そうとし、その声調をとらえようとしている努力は、息づまるようである。これらのことについてはここにくだくだしく述べる必要はない。

しかし、かれのこの言葉に対する態度が、日本語だけでなく、ドイツ語にまで押し及ぼされているのを、見逃してはならないようである。かれのドイツ語は、単なる教養でなく、かれの作歌道の業房のなかで、大きな役割を演じているように見える。

「舗装せる道路のうへを余響をもちて小型のタンクとほりゆきたり

この頃は、小型のタンクでも自分等の心を牽いたものである。「余響」の文字はこれまでも屢《しばしば》使つた。この語は余韻などと共に昔からあつた語であるが、ナハクラングの語感などと融合して、新しい感じの語として表出したと看做していい。」（二〇の三七二）

『作歌四十年』のなかにあるもので『暁紅』の旧作一首をみずから註釈したものである。ナハクラングはNachklangであるが、「ナハクラングの語感などと融合して」というのは実に茂吉的である。こういうのは衒学的として片附けることのできないものであって、日本語と同じくドイツ語もそのひびきと声調として、茂吉に捉えられていることを示す。

宇野浩二なども ほめている『接吻』という小品があるが（八の二二以下）、そのはじめの方に、夕食をすましてから、ヴィーンのギュルテル街を歩いて行くところが書いてある。

「太陽が落ちてしまつても、夕映《ゆうばえ》がある。残紅がある。余光がある。薄明がある。

独逸語には、Abendröte があり、ゆふべの Dämmerung があつて、ゲーテでもニイチエあたりでも、実に気持よく使つてゐる。これを日本語に移す場合に、やまと言葉などにいいのが無いだらうか。そして、夕あかり。うすあかり。なごりのひかり。消のこるひかりなど、いろいろ頭のなかで並べたことなどもあつた。欧羅巴の夏の夕の余光はいつまでも残つてゐた。」

ゲーテは今は問わないとして、ニーチェの場合、Abendröte や Dämmerung やそれに近い語がよく出てくることはたしかだし、ことに一日の推移をあらわしているMorgenröte, Vormittag, Nachmittag, Abendröte, Mitternacht などが、かれの哲学と絡みあって、特殊な意味を持っていることは、よく知られていることである。『人間的、あまりに人間的』第一部のいちばんおしまいの言葉は、「かれらは午前の哲学 die Philosophie des Vormittags を探し求める」(II, 414)というのであり、著作にも『曙光』があり、『偶像のたそがれ』があり、また先に挙げたように「大いなる正午」とか、「深夜」とか、のちに引用するような「芸術の夕映」といったような表現が多い。しかし茂吉がいうように「実に気持よく」ということになると、これはどういう連想であるか、さしずめ私などの頭に浮かぶのは、あの『この人を見よ』のなかの、ヴェネチアを歌った有名な詩の一節――

Gondeln, Lichter, Musik―
trunken schwamm's in die Dämmerung hinaus. . .

のDämmerungであるが(XV, 41)、もちろん茂吉がはっきり何を考えていたという詮索のつくものではあるまい。また「節分」と題した随筆のなかで(一〇の四七七)、茂吉は、鷗外の文章『追儺《ついな》』の一節を引用し、

「「ニイチエに芸術の夕映といふ文がある。人が老年になつてから、若かつた時の事を思つて、記念日の祝をするやうに、芸術の最も深く感ぜられるのは、死の魔力がそれを籠絡してしまつた時にある。南伊太利には一年に一度希臘の祭をする民がある。我等の内にある最も善なるものは、古い時代の感覚の遺伝であるかも知れぬ。日は既に没した。我等の生活の天は、最早見えなくなつた日の余光に照らされてゐ

るといふのだ。芸術ばかりではない。宗教も道徳も何もかも同じ事である」

云云。

私は鷗外のこのころの文章を愛して飽く事を知らなかつた。」

こうしたものが、茂吉の頭のなかに何となくたたなわっていることが、想察できるのである。ちなみに、このニーチェの「芸術の夕映」(Abendröte der Kunst)は、『人間的』第一部のアフォリズム二二三(II, 207)である。「余光」という言葉は、茂吉の流れを汲む歌人たちにも好んで用いられている言葉だが、茂吉にはこのへんまでさかのぼった含みがあったのである。

茂吉の歌集『暁紅』は、ニーチェの著書Morgenröteを連想させる。事実、茂吉はニーチェの著書のほうも『暁紅』と訳しているのである。(前掲『茂吉随聞』の中に、茂吉の言葉としてこうある、――「『Morgenröte《モルゲンレエテ》』の巻頭の文は名文だな。僕の『暁紅』は『Morgenröte《モルゲンレエテ》』の訳だ。それまでは『あけぼの』とか『曙光』とか訳してゐたのを、僕が『暁紅』と訳したんだ」(上、一五二)。)

それに関連して、『童馬漫語』のなかに「ひとりごとの歌」という章があり、そのなかで茂吉は「ニイチエの『暁紅《モルゲンレエテ》』」というふうに書いている。

「独り居の寂しさに堪へぬ人々にいはう。縦ひ独語《ひとりごと》するときにも、公けの前にゐるごとく、つつましくなくば、矢張り其は不行儀なともがらである。

これはニイチエの「暁紅《モルゲンレエテ》」のなかの言葉である。さはれ、吾等のやうに気の弱い、はにかみ勝のともがらは、ひとり言の間ぐらいは我儘でありたい。」（一四の五〇）

茂吉がその第十一歌集に『暁紅』という題名を選んだとき、それはニーチェの『暁紅』と重なることが、十分意識されていたのである。ちなみに、この「独り居の」という文章は、ニーチェの『暁紅』（私は『曙光』と訳す）アフォリズム五六九 An die Einsamen である（IV, 370）。

なお、いまの文章にすぐつづけて行を改めずに、茂吉がこう書いているのにも注意しなければならない。「物をいぢり遊びながら、独り物いふ童幼の如く、公けにかかはりなき吾等の „Selbstgesprächen" を人知れず尊重したい。この日ごろは、独りゐて静寂を味ふ暇すらもなき吾等である。」

若干でもドイツ語を解する者には、この Selbstgesprächen はちょっとひっかかるのである。これは複数の三格だからである。なんのために三格にする必要があるだろう。しかしニーチェの原文にあたって見たら、この疑問は氷解した。氷解したとともに、茂吉がニーチェを原文で味わっていることを確かめえたのである。短いものだから、ニーチェの原文をぜんぶ引いておこう。——

《An die Einsamen.》—Wenn wir die Ehre anderer Personen nicht in unseren Selbstgesprächen ebenso schonen wie in der Öffentlichkeit, so sind wir unanständige Menschen.

茂吉はこの in unseren Selbstgesprächen の複数三格をそのまま使ったのである。(やはり一格にもどして Selbstgespräche と書いたほうがいいと、私は思うけれども——。)

茂吉がニーチェの原文にあたって読んでいるものの中で、いちばんよく読み、また親しみを持っているのは、『曙光』ではないか、と私は推測している。この点については、いまだ茂吉研究者の誰からも指摘がないように思うので、いささかここにその証拠を提出して見たい。(ニーチェの数ある著作のなかで、その中間期の作品『曙光』に親しんでいるということが、私の考えでは、いかにも茂吉的である。そしてその読み方も茂吉的である。)

茂吉は昭和一六年一月の『短歌研究』に「メモランダム」なる一文を載せたが、そのなかでこういうことをいった(一九の三四三)。

「歌壇が集団だとせば、銘々数百乃至数千の門人をでも擁せよといふのか。門人を擁して、門人をぞろぞろと後《しりえ》に随へて、さて先行せよといふのか。ニイチエは云つた。「予は先行者を称讃する。常に一人の足跡をのこし、誰か追随し来る者ありや否や、といふ如きことを毫も顧慮せざる、さういふ先行者を称讃する。斯の如き先行者はかういふであらう。自分の立ち止まるところに、そこに自分は自分一人を見出す、何故に自分は立ち止まらねばならぬか、沙漠はいまだ曠い!」大体こんな意味のことを云つた。これをしも単なる個人主義者、単なる自由主義者となし、以て侮蔑するものありや否や。」

このニーチェの文章は、どこにあるものであろうか。茂吉は挙げていないが、これも『曙光』のなかにある。すなわちそのアフォリズム五五四(IV, 363) Vorschritt と題されたものである。なお先行者という訳語は der Vorschreitende にあたる。

『童馬山房夜話』のなかに、「夢」という一篇がある(一三の一七五以下)。奇妙な夢を見た話がおもしろく書いてあるが、そこにこういう一節がはさまっている。

「『オイデイプスすらも、賢いオイデイプスすらも、吾人の夢みるものに対して、責任を有たぬと言つて、自らを慰めてゐた』かう西洋の哲人もいふ。かういふ夢には私もまた責任を持ちがたいけれども、この夢を夜話にしようとおもつたのは、現実の素材が夢中に織込まれてゐるのが分かるためであつた。」

こういうところは、それなりに読んでおいて別に差支えはなく、読者としてはなにも詮索沙汰をする必要はないのであるが、この「西洋の哲人」といっているのはニーチェのことであり、そして、このオイディプス云々は、『曙光』のなかの「夢と責任」(Der

Traum und die Verantwortlichkeit）と題された一章（IV, 127）から取ったものである。ニーチェの原文を試みに訳せばこうである。

「何事につけても諸君は責任を取ろうとする！　ただ諸君の夢にだけはそうしようとしない！　何というあわれな弱気であり、論理を徹底させる勇気の何たる欠乏だろう！　諸君の夢ほど諸君のものであるものはない！　諸君の作品であるものはない！　材料も形式も時間も俳優も観衆も――この芝居では一切が諸君自身だ！　それなのに諸君はこの場合諸君自身を恐れ、恥じようとするのであり、オイディプスすらも、賢いオイディプスすらも、われわれは自分の見る夢に対して、どうすることもできぬという考えに慰められていた！　ここから、私は推論する。大多数の人間は厭うべき夢を意識しているに相違ない、と。（以下略）」

自分の奇妙な夢の話をしようとするときに、『曙光』の愛読者の脳裡に、この一節が想起されてくるのはきわめて自然といわなければならない。

『小歌論』と題された一文の結びはこうである（一六の一二四）。

「我国無限興隆の歴史は、常に無限の摂取力をその特色の一つとして来た。譬ふれば巨人の食欲のごとく、無限に食らひ無限に消化して、もはや摂取せるものの何なるかを知らざるに似て居つた。現代の健康無類の歌人は、何物をも畏怖することなく、何物をも回避することなくこれを摂取せよ。巨大豪壮なるレッエプトールたれ。僕もまた然かならむことを希ふ。ああ、„Homo Panphagus“に祝福あれ。」

レツェプトールは Rezeptor（受領者）で、これはただ頭に浮かんできたドイツ語を茂吉が使っただけだろう。Homo Panphagus の n は m の書き誤りか、誤植であろう。「何んでも食べる人」の意味であるが、この方はただラテン語を使ったというのではなく、このあまりお目にかからない言葉は、やはり茂吉がニーチェの『曙光』から取ったものと、私は想像する。

『曙光』のアフォリズム一七一（IV, 168）に「近代人の栄養」（Die Ernährung des modernen Menschen）と題するものがあり、「彼はさまざまなもの、否、ほとんど何でも消化することができる、――それが近代人の名誉というものだ。しかし、そんなことができなかったら、その方がもっと高級なはずなのだ。homo pamphagus は極上の種類ではない。われわれは、おかしな、依怙地な趣味を持った過去の時代と、おそらくはもっと選り好みする趣味を持つようになるはずの未来の時代の中間に生きているのだ、――われわれはあまりにもその途中でありすぎる」という意味のものである。ニーチェのアフォリズムが近代人に対していおうとしていることを、茂吉は現代歌人に、逆の意味で、要求しているのであって、この Homo Pamphagus の一語にも、茂吉の背後にニーチェの『曙光』があるのである。

また『童馬漫語』に収められた一文に「歌の形式と歌壇」というのがある(一四の五二以下)。その中で茂吉はこう書いている。

「短歌の形式は不自由である。そこに自由な心を盛るのは虚偽に陥るといふ。一応明白な理である。ところが実はその虚偽なところより力が湧いて来るのだ。虚偽の生ぜんとする刹那に其と闘ふ力から光明が放射するのである。力は障礙にぶつかつて生ずるのである。短歌の形式をいとほしむ心は力に憬るる心である。短小なる短歌の形式に紅血を流通せしめんとする努力はまさに障礙に向ふ多力者の意力である。「多力に向ふ意志《ウィルレツールマハト》」である。

おのれが程度の真力を出したいのである。小さいながら短歌形式の不自由な抵抗にぶつつかつて、力を出すのである。作歌態度の純乎たらん事を願ふ。いつも短歌の形式を念々に意識してゐる。而してこの二つの間に少しも矛盾の無い所以である。抵抗に衝突して苦闘した揚句に、西方の人が云つて呉れた „Feldapotheke der Seele“ の妙歓喜を味ふのだ。これまでわれ等が短歌の形式に執著して来たのはこの為である。」

Feldapotheke der Seele の妙歓喜——という表現は、まったく唐突である。「たましいの野戦薬局」の意味するものが、即座にのみこめる人は日本にどれだけあるだろうか。また茂吉がドイツ語をかつぎだして、人をけむにまいていると片附けられても仕方がないようなものであるが、「西方の人」というのが、前に引用した「西洋の哲人」と同じようにニーチェであることは容易に見当がつくのであり、そして、この句もニーチェの『曙光』の中の一節に拠っているのである。そのアフォリズム五七一(IV. 370)は、きわめて短いものであって、こうである。

《Feld=Apotheke der Seele》と題して、——

Welches ist das stärkste Heilmittel?——Der Sieg.

これだけのものである。たましいの野戦薬局における最上の特効薬は勝利だ、という意味である。

衒学といえば衒学かもしれないが、引用した茂吉の全文を注意して読むと、ぜんたいがニーチェの思想であって、それに乗っかって茂吉が物をいっているので、最後にこの妙歓喜が出てくるのは、筆者たる茂吉の心理としては決して唐突ではないことに思いいたるのである。「短歌の形式をいとほしむ心は力に憬るる心である。」何とニーチェ的なことか。「紅血を流通せしめんとする努力」、そして「多力者」、また「多力に向ふ意志《ウィルレツールマハト》」。「西方の人が云つて呉れた」と茂吉は書いているが、この云って呉れたという表現に茂吉の気持が出ている。茂吉はニーチェを読むとき、その思想によって自分の作歌態度が裏付けされることを期待し、よろこびをもって、共鳴し、共感し、鼓舞されているのである。総じて矛盾にみち、全体的には容易に捕捉しがたい思想家であるニーチェを、茂吉は筋を通して解釈したり、体系的に理解したりしようなどとはしない。茂吉は自分の考えがニーチェによって支持される点において、その表現を通して、ニーチェに結びついているのである。この「野戦薬局」のような、多くの人によって読みすごされ、あまり引用もされないアフォリズムが、かれの脳裡に刻まれて、こうした機会に出てくるのは、茂吉の作歌者としての心構えの必然なのである。

「紅血を流通せしめる」というのもニーチェを踏まえて書いたのである。これはたぶん多くの人が直感するであろうように『ツァラトゥストラ』の中の例の有名な句、「血をもって書け」(VI, 61)によって書いたのではない。茂吉の念頭にあったのはニーチェの詩、《Das Wort》(VIII, 365)である。その中に „Lebend'gem Worte bin ich gut: . . . Hat Blut in sich," の句があって、それが意識されていたのである。『童馬漫語』の先の引用文につづいて「模倣の歌」(一四の五四)の一文があり、「言葉は概念的なものである。それに独自の血を通はせるやうにするには大力を要する」と書き出し、すこし先で「然し同じ影響を受けても自分の血を一旦通すとすれば、矢張り自分のにほひが出なければならぬ」などと書いている。このニーチェの《Das Wort》と題する詩はあまり知られていない詩だと思うが、『童馬漫語』のさらに先に、「ニたび詞の吟味と世評」の中で(一四の一三〇)、「ニイチエの詩に„Ein totes Wort—ein hässlich Ding"といふ句があるが、己も短歌の詞を論ずるのに、死語は醜いぐらゐの事は言つてもよい」とあり、このニーチェの詩句もまた、詩《Das Wort》の中から取ったのである。「死語は、醜い物」などというのは格別ニーチェの表現を借りるほどのものでもないと思われるが、先に指摘した「西方の人が云つて呉れた」と同じように、「己も……言つてよい」という調子には、茂吉がニーチェを引用するときの、ニーチェの考えに倚恃《いじ》する姿勢が見られるのである(大正四年の文章だということも考慮する必要がある)。

『童馬漫語』の「詞の吟味と世評」は「二たび詞の吟味と世評」と「三たび詞の吟味と世評」と関連し、土岐哀果に対する論争がこれらの文章を書かせているのであるが、その「三たび」の中には先に挙げた„hat Blut in sich"の句を茂吉みずから示している。

「おもふに生命を尊重する歌人は紅血流通の詞を飽くなく貯へて置かんことを欲する。西人の謂ふ„hat Blut in sich"の詞を包蔵しておくのである。詞について勉強し典籍からお蔭を蒙ることは決して多力者の恥づべきことではない。」(一四の一三三)

一般の読者には西人がニーチェであると感づいても、その出典が示されず、前後の関連がわからないから、„hat Blut in sich“の雋句では、あまりにも暗指にすぎるといえる。『童馬漫語』のさらに先に「言語包蔵」の一文があり、「少しく機微を漏らしてやつてもよいと思ふ。「紅血流通」は譬喩である。西人といつたのはニイチエの事である。ニイチエの文を読んで此語の心持を感得するがよい」(一四の一四八)とあるが、「機微」を洩らしても、この程度では煙にまくのと大差はない。しかしこうしたものは茂吉一流の高飛車で独断的な発言もしくは衒学というだけではなく、その背後に茂吉らしいニーチェに接近する読みかたがあり、その倚恃する心持からする同感と愛惜があるといえるだろう。

ついでに、なおそのすこし先に「古代の諺と近ごろの俳句」(一四の一五六以下)の中で、碧梧桐の俳句に関連し「しかし必ずしも十七字調でなくもよいが近頃の俳句の言ひぶりが、その語気が説教じみて、諺語くさくて不満足に感じてゐる」といい、「短歌や俳句では、うつたふる語気と、その響とがおのづからなる性命ではあるまいか。人間切実の表出運動はさういふ短歌なり俳句なりに落著くのではあるまいか。予は記紀の歌謡を読んでそんな気がし、蕪村の句に何かの不満の感あるのも、近ごろの俳句の大体の傾向を好かないのもさういふ理由に本づくのではあるまいか。Sinnspruch heisst: „Sinn ohne Lied" とニイチエが歌つたのもこれであると思つてゐる」としてニーチェの語が出てくるが、これはニーチェの詩《Lieder und Sinnsprüche》の中のことばである。このころの茂吉の座右にニーチェの詩集があることが察せられるが、この引用にしても、厳密にいえば言葉だけ切り離された引用である。という意味は、茂吉の文章のつづき具合から行けば、ニーチェは Sinnspruch に反対する側にありそうであるが、ニーチェの原詩のいわんとしているところはむしろその逆で、碧梧桐側がこれを利用すればもっと適切になるところである。ニーチェは生前みずから詩集らしい詩集を編むことがなかった。現在ニーチェの詩集として巷間に見られるものはかれの妹エリーザベットその他後人の編集したものである。しかしニーチェ自身にもその意志はあったらしく、かれは自作の Lieder と Sinnsprüche を集めて一巻の詩集としようと意図した形跡がある。その際の巻頭語《モットー》として書かれたらしいのが、前述の詩《Lieder und Sinnsprüche》であって、ここでは Lieder とならんで Sinnsprüche の積極的な意味が述べられたのである。そこには Sinnspruch hat ein neu Gebiet. の句もあるのである。（参考までに竹山道雄訳を載せておく。「モットー、リードと箴言。はじめにリズム、おわりに押韻／その魂はつねに音楽――。／この神のうたごえが／リードである。さればリードは「音楽としての言葉」//箴言の領域はこれと異なる。／譏笑し、さまよい、飛躍するが／うたうことはできぬ。箴言は／「うたなき意味」//いざ、この二つを呈しよう。」）

『曙光』に依拠するものを調べているうちに、『詩集』の方に移ってしまった。なんのために、このような細かい穿鑿をする必要があろうかと疑われるかもしれないが、このように調べてゆくと、茂吉が、ニーチェ著作のどれとどれをおもに読んでいるか（その濃淡の度）ということ、それから、どういう読み方でそれを読んでいるか。それから、どうしてそういう読み方になるのかということが見当がついてくるのである。

『ツァラトゥストラ』と『曙光』と『詩集』についてこれまで見たのであるが、ニーチェの初期に属する著作『悲劇の誕生』や『反時代的考察』に関して、これを読んだという痕跡がない。『道徳の系譜』などもないようである。痕跡がないから読まないということはもちろんいえるものではないが、調べたかぎりではそうである。後述するようにディオニュソス的という概念を、茂吉が重視したことからいっても『悲劇の誕生』は精読すべきものであると思われるが、どうもそうでない。いま挙げた三つの作品に共通していることは、どれもアフォリズムの集録でなく、いずれも論文的なことである。茂吉の読み方は広汎な関連をもった思想の追及でなく、むしろ短い言語（切り離され、要約された思想）とその表現に即し、自家の「言語包蔵」に役立たしめようとする傾きがあるので、これら論文風のものは敬遠されているとも解されるのである。

ところで『善悪の彼岸』に関係するものとしては、つぎの文章がある。これは『短歌初学門』のなかの「単純化」という章の終りの方に引かれているものである（一五の三三四）。

「シルレルの古代芸術を論じた文中に、„Wahre Simplicität"（真の単純）といふ語があり、ニイチエの善悪の彼岸中に、„O, sancta simplicitas!"（おお、聖き単純よ）といふのがあり、なほウインケルマンには有名な„edle Einfalt"（高貴なる単純）の語あるのは人多くこれを知る。

レッシングのラオコオンで、文芸における対象描を論じたとき、絵画的形容の統一性（Einheit）と物体的対象に於ける節約（Sparsamkeit）の法則について言及してゐる。「節約」の文字はやはり参考になるだらう。」

このO, sancta simplicitas! は『善悪の彼岸』のどこにあるかと思って探すと、その第二章「自由なる精動」の冒頭の章の、その書き出しの句がこれである(VII, 41)。

茂吉は、作歌の心得として複雑を排して「単純化」を強調するために、いろいろ古来の証言を挙げているわけだが、そうした関連で、このニーチェの句を援用しているのは、きわめて適切でない。だいたいこの sancta simplicitas! というラテン語の句は、なにもニーチェの表現というものではなく、ときどき用いられる古来の慣用句にすぎない。わが国の諺の類でこれにあたるものはないが、無理にさがせば、「知らぬが仏」でもあろうか。これでは茂吉のほうが知らぬが仏である。ニーチェの『ツァラトゥストラ』の中の「創造者の道」という章には、„Hüte dich auch vor der heiligen Einfalt!“という句があるが(VI, 93)、この heilige Einfalt は sancta simplicitas をドイツ語になおしたものである。ツァラトゥストラはいう。「さらにまた、聖なる単純に用心せよ！　この単純にとっては単純でないものはすべて冒瀆である。それはまた好んで火を――焚刑の火を弄ぶ。」――この一文の意味は、一四一五年、ボヘミヤのフスが異端者として、焚刑に処せられたとき、無智の一老婆がそのための薪を火中に投ずるのを見て、フスが大声あげてO, sancta simplicitas! と叫んだということがあり、それ以来この句が使われたという故事によるのである。「聖なる単純」は決して、単純を強調し、聖化し讃美するのではなく、その反対に使う言葉であって、むしろ無智な愚人をあわれみ、笑うときに使うのである。『善悪の彼岸』の例の個所でも、その一節をよく読めば、その意味で使われているのであって、茂吉の引用は、かれがそのアフォリズムをすこしも前後の関連における内容的なものとして読んでいないことを語っている。茂吉はただ眼に写った言葉だけに密着し、自分の考えていることをそれに詰めこみ、独り合点しているのである。

『善悪の彼岸』はそれくらいのもので、あまり精読した様子はないのである。それではニーチェの最後の自己主張の書ともいうべき『この人を見よ』あたりはどうであろうか。

関連上、ここで茂吉の『ニイチエの墓を弔ふ記――Röcken 紀行略――』(八の三六八以下)について述べることにする。この紀行文は大正一五年一月号の『思想』に載ったものので、わが国におけるニーチェ関係の文献として、きわめてユニークな価値をもつものである。それを『思想』に発表した後まもなく茂吉は、一高校友会雑誌三百号記念『橄欖樹』に「思出の断片」という一文を書き、その中で次のように書いている(七の一九四)。たいして重要ではないが、この方もニーチェに関連があって何となく面白いので、すこし前の方から引用しておく。

「警句のことであるが、私は青柳有美さんの文章を読んで、岩元先生の意見を叩いたことがあつた。すると先生は、何の馬鹿な、あんなかすはよまんがよいぞ。ニイチエの Aphorismen だつて大したものではない。シヨペンハウエルぐらゐを読め。こんなことを云はれたことがある。博渉家の岩元先生は、青柳有美のものまで読んで居られた。

さてそのニイチエであるが、私はつひ近ごろ、岩波書店の雑誌『思想』で、ニイチエの墓を訪ふ小旅行記を書いた。そのなかの Nietzsche の綴がみんな Nietsche になつてゐる。これは私の無学のためで、つまりzの文字が一つ足りないのである。横文字で切角書いて、z一つで文章がだいなしになるといふのは残念であつた。」

茂吉全集に載っているのは、もちろん訂正ずみのものである。

茂吉は大正一〇年(一九二一年)の秋四〇歳で、ドイツ留学の途につき、主としてヴィーンとミュンヘンで研究をつづけたのであるが、大正一三年六月のはじめにミュンヘンを立って「西南独逸を遍歴し、神経・精神病学の大学教室をたずねて、それから、Cassel《カッセル》, Jena《イエナ》, Weimar《ワイマアル》 を経て Leipzig《ライプチヒ》 に来たのであつた」。茂吉はライプチヒの傍の Lützen の町からさらに田舎にはいって Röcken の村にあるニーチェの墓を訪ねた。

この愛読すべき紀行文の冒頭に、茂吉はヴィーンの珈琲店の片隅で、ドイッセンのニーチェ回想記を拾読《ひろいよみ》したことを書き、またメービウスの病志(P. J. Möbius: *Ueber das Pathologische bei Nietzsche.* Wiesbaden, 1902 のことだろう)を挙げている。またミュンヘンに移ってからも、古本屋でニーチェの墓がどこにあるかを調べ、「機会があつたら Röcken《リョッケン》 を訪ねようと思い立つたのである。そして或日、独逸の案内記を繰りながら独逸の地図を虫目金で見て行くと、リユッツエンはライプチヒの近くにある。そしてライプチヒから汽車が通じてゐる。それだけの事が分かつた。そこでもし二たびライプチヒに行くことがあつたなら是非リヨツケンを訪ねようといふ見当を立てた」というふうに書いている。滞独中の茂吉の頭脳の一隅にニーチェが存在しているのである。歌集『遍歴』はミュンヘン滞在以後の歌を集めているが、二月一〇日オデオン座にワーグネル祭を行ふ、と詞書して「ニイチエの詩の朗読をひとりの若き女性のしたるが好しも」という歌が載っている（二の一四一）。どのような詩が読まれたのかはわからない。六月いよいよ旅立ってライプチヒへ行く途中、ワイマルに寄った（二の一七四）。「この街のゲエテ、シルラー、ニイチエと親しむものは親しみ来《きた》る。」ニーチェは一九〇〇年八月二五日ワイマルで、妹の看護のもとに没したのである。「Fürstengruft《フュルステングルフト》にゲエテとシルラーの棺《ひつぎ》もありき年古《ふ》りしなり。」しかしニーチェの棺はかれの生まれた村、すなわちRöckenに移されたわけである。

「ミユンヘンより来りて見れば独逸語もほがらかなりけりここの国べは」――この歌を説明するような一文が、『ワイマアル途上』と題された短い紀行文の中にある（八の二五二）。そこへ来るまでがこの小品のヤマなのだが、それは略するとして、こう書いてある。

「汽車がGotha《ゴータ》駅に著いたとき、二人の媼が僕等の車房に乗込んで来た。もうこのへんに来ると発音が歯切よく、目をつぶつて聞いてゐると早口で十八ぐらゐの娘のやうな声をだしてゐる。ワイマアル人の話す独逸語の明快なことは、一昨年の旅で直ちに分つたことで、ゲエテも此処に住み、ニイチエなんかも其処で没したことなどが腑におちてくるやうな気もしたのであつた。」（なお二〇の一〇九参照）

ゲーテはともかく、ニーチェがワイマルで歿したことが「独逸語の明快」とどういう関係があるのだろうか。ニーチェがワイマルに来たのは死ぬ三年前で、それまでかれを引きとって世話をしていたナウムブルクの母親が死んだので、妹のエリーザベットがワイマルに連れてきたのであった。病人はすでに痴呆状態であった。ドイッセン、メービウス、それに妹エリーザベットの回想記（後出）も読んでいるはずの茂吉がどうしてこういうことを書くのか、「腑におち」ないことである。

さて、茂吉はライプチヒからリュッツェンに行き、一泊してから、リョッケンまで「小一里」の道を歩いて行ったのである。近頃は政治的制約の関係もあってこの東独に属しているニーチェの墓を訪ねたという人の話を聞かない。茂吉のは今から四〇年も前の紀行文であるが、この「平野のなかにある極めて寂しい農村」の様子が、詩情を帯びた筆でよく書けている。

「僕は顔に傾きかけた太陽の光を受け、疲れた足を励ましながら歩いた。道は新《しん》道《どう》とおぼしく、遥か向うまで一直線に通つてゐる。道の両側には林檎と梨の並木があつて、それに林檎と梨が房生《ふさな》りに生《な》つてゐる。成熟し難いものは木のもとに幾つも落ちてゐる。リヨツケンまでは間《あいだ》に村一つ無いので、目に遮るものもない畑であつて、雲雀がしきりに鳴いてゐる。たまたま荷馬車に通過《とおりす》がると砂塵《しゃじん》が僕の体にかかる。太陽がだんだん紅くなつて来、鶏鳴がきこえる。それから犬の鳴くのが聞こえる。……

リヨツケンの村は直ぐ目の前に見えて来た。そこに桜桃《おうとう》の林があつてそれに熟しきつた桜桃の実があふれるやうに生つて居た。その傍の池には水草が生えて微かに動いてゐる。池のそばに山羊が啼き、汀のところに蟇《ひき》のやうなこゑの蛙が聞こえる。池の近くの草原《ウイゼ》には紫の小花が一めんに咲いてゐる。池のふちには童幼の遊んでゐた跡があつて空瓶などが捨ててあり、池から揚げられた泥が未だ乾かずに居る。

僕が村の小道を歩いて行くと村の穢い童幼が地べたで五六人遊んで居た。僕は試みにニイチエの墓を知らないかと訊いて見た。するとも意外にもそのうちの一人二人は先を争つて僕を案内した。童幼の遊んで居つた近くには、Gasthaus《ガストハウス》 zur《ツール》

Erholung《エルホールンク》などいふ看板の店もあつた。日本の「御休所」の義で僕は一寸興味を感じた。僕は二人の童子に一銭づつ呉れて墓場に入つて行つた。

墓場と謂つても極く狭いところで、その境内《けいだい》には馬鈴薯畑があり、林檎畑がある。その間に極く小さい墓が散在してゐる。そこに古びた小さい寺がある。その隣に一軒の住宅があり、それがニイチエの生家であつた。今はそこの寺の牧師が住んで居る。寺の東側であらうか、そこに、古の騎士の墓があり、ニイチエの父の墓があり、その間にニイチエの墓がある。墓は皆寝墓で、Friedrich Nietzsche 15. October. 1844. 25. August. 1900. と単簡に刻されてゐる。墓のまはりには薔薇の花が咲いてゐる。僕はその墓の前の鉄柵の前にしばらく佇んでゐた。僕の意識には、ニイチエの妹の Förster《フェルステル》 Nietzsche《ニイチェ》 の書いた回想記や、阿部次郎教授の、『ツアラツストラの批評』中の事柄などが、極く極く断片的に再現されて来たりするのであつた。(中略)それにしても、この寒村の寂しいニイチエの墓は、ニイチエの孤独な高い寂しさと何処かに似通ふところがある。やはり僕は此処に来て好かつた。」

茂吉は「寺」の中を見てから、明日あらためてもう一度来よう、写真も撮ろうなどと思ってリュッツェンに引返した。そしてその「旅籠屋」で粗末な夕食を取り、「麦酒の大杯を二つ三つ傾けて」陶然とし、「向ふの卓で村の老翁」が何ごとか大声で論じているのを聞きながら、ニーチェの言葉を思いだす。このニーチェの言葉を、茂吉はドイツ語のまま書いている。

「ニーチェは酒が飲めなかつたので、こんなことを言つた。Alkoholika sind mir nachtheilig; ein Glas Wein oder Bier des Tages reicht vollkommen aus, mir aus dem Leben ein „Jammerthal“ zu machen, —in München leben meine Antipoden. 一杯の葡萄酒でも麦酒でも「苦の谿」に陥《おとしい》れるといつてゐる。民顕《ミュンヘン》に住んでゐる僕には、やはりかういふ言葉も興味があつた。僕はそんなことを漫然と思ひながら部屋に行つて床のなかにもぐり込んだ。」

「民顕に住んでゐる僕には」云々は、ドイツ文の最後の句、「ミュンヘンには私の対蹠人《アンチポーデン》が住んでゐる」を受けているのである。このニーチェの言葉は茂吉がそのときこれほど正確に思いだしたのではあるまい。執筆のときに原書を見て確かめたのであろう。これは『この人を見よ』の「なぜ私はかくも怜悧であるか」という章の中の一節である(XV, 28)。

ところで、茂吉はニーチェの村へもう一度行くのをあきらめ、翌日汽車に乗ってライプチヒに向った。「僕の腹工合は依然としていまだ好くなかつた。服薬をすると口腔内が非常に乾いた。汽車のなかで、「孤独の頌歌」Dithyrambus auf die Einsamkeit だの、「同情の征服」Ueberwindung des Mitleides だのといふ語、それから、「おれは人間ではない。爆弾である」Ich bin kein Mensch, ich bin Dynamit. などといふ、さういふニイチエの語を切れ切れに思浮べるのであつたが、今の僕の心には渾然として来なかつた。僕は口が乾いて切りに清冽な水を欲してゐた。」

茂吉の文章の調子では、ニーチェの「孤独の頌歌」「同情の征服」「おれは人間ではない。爆弾である」などの言葉が、ニーチェの諸著作に散在していて、それが強い印象となってかれの脳裡に残っていて、このとき想起されたようであるが、これらの言葉の出所を今度調べて見て驚いたのは、これらは揃って『この人を見よ』にある。あるいは、前の引用文を書いたついでなのではなかろうか。「孤独への頌歌」は同書中《Warum ich so weise bin.》の章の第八節 „Mein ganzer Zarathustra ist ein Dithyrambus auf die Einsamkeit"（XV, 23）に見え、「同情の征服」は同じ章の第四節 „Die Ueberwindung des Mitleids rechne ich unter die vornehmen Tugenden."（XV, 17）にあり、「おれは人間ではない云々」は《Warum ich ein Schicksal bin.》の章の第一節にある（XV, 116）。どうも茂吉は無造作のようでもあり、人を喰っているようでもある。

なお『遍歴』の中にはこの紀行のときの歌があるから、参考のために挙げておく（二の一七七）。

六月二六日、Lützen, Röcken

Röcken《レッケン》のニイチエの墓にたどりつき遥けくもわれ来たるおもひす
東海のくにの旅びとみづからを寂《さび》しむがごとひとり歩きす
フリードリヒ・ニイチエがまだ穉《いとけな》く遊びてゐたる池のさざなみ
この村の林檎畑《りんごばたけ》に入りくれどあやしまむとする人ひとりゐず
Lützen《リュッツェン》の旅舎に夜もすがらをどりたる村の男と女らの帰るこゑ

さてこの紀行文にニーチェの墓の前のところで、ニーチェの妹の回想記（茂吉はその最初の部分を抄訳し「稈きニイチエ」と題して『アララギ』に載せたこともある。三九の四四〇以下参照)とともに阿部次郎の名があがっているのは、注意していい。阿部次郎の『ニイチエのツアラツストラの解釈並びに批評』が出たのは大正八年であるが、これよりずっと前、明治四〇年に『アララギ』は正岡子規十周年忌を記念して、記念号を出し、それには阿部次郎の文章が載っているが、それについて茂吉は、『アララギ二十五年史』の中でこういっている。

「それから此記念号には、イエツの訳詩を載せたり、モウパッサンの月光を載せたり、大須賀乙字氏の説を載せたり、阿部次郎氏の文章を載せたりしてゐる。訳詩や、小説の訳は前から時々載せたが、阿部氏に御願するやうになつたのは本号がはじめである。かういふ事も編輯者としての私の当時の意嚮が分かるのであつて、私は阿部氏の文章を前から愛読し、阿部氏を尊敬するのあまりその文章をもらつて、アララギの新気運を成就する力とせむと希つたのであつた。」(三五の四二八)

同郷の友人である阿部次郎と茂吉との関係、ことに前者のニーチェ研究とその見方が、どのように後者に関連しているかを、ここでさらに追及すべきかもしれないが、阿部次郎は、日本におけるニーチェ影響史上、和辻哲郎などとともに、それだけを独立した主題として取扱うべきものがあると思われるので、いまはただ茂吉が阿部の学識を尊敬し、そこから自己のニーチェ像になんらかの部分を摂取していると推測するにとどめたい（なお若干後述する）。

さて以上のように見てきただけで、茂吉がニーチェに対して抱いている関心の性格を相当明らかにすることができたかと思うが、茂吉の姿勢は、決してニーチェの思想のなかに深くわけいり、その体系ならぬ体系を見定めようという構えではない。かれのニーチェの読み方は一口にいえばかなりアト・ランダムなところがある。研究とこれをいうには、およそ問題が設定されていないのである。

しかしそれにもかかわらず、かれが終始示しているニーチェへの親近感は、たんに有名な西方の哲人に追随し、讃美するといった態のものではない。むしろ茂吉の創作の根柢にある意欲と信念が、ニーチェの内蔵するものにきわめて近いという事情から一切が生じているのである。茂吉がニーチェに学んだというのではなく、かれの作家道において必然的に自覚された内的論理が物をいっているのであって、これによって茂吉はいわば血縁的なものをニーチェに直感しているといえる。

その点を明らかにするのは、茂吉の「写生」という主張の中心にある「生」の考え方、また柿本人麿を評して「デイオニゾス」的と呼んだこと、またかれが「悲劇的」や「衝迫」や「渾沌」といったものに与えた意味である。

茂吉がその『柿本人麿私見覚書』(二六の一八二)で、人麿の作歌根源をデイオニゾス的という言葉で捉えたことはよく知られていることで、茂吉を論ずる人たちによって繰返し取上げられている。茂吉は『柿本人麿』全五巻の労作を物し、それによって学士院賞を受けたが、その精髄はこの『私見覚書』にこめられているといっても過言ではない。そこには茂吉の人麿に対するきわめて端的な傾倒が表白され、人麿を短歌道の極致に達したものとし、その奥義を成就したものとして、全力的な熱情をこめて論じられている。これは茂吉の歌論の頂点とも見られ、『柿本人麿』の大著述もこの信念を敷衍し、証明し、裏付けるものとして書きあげられたとも見られるのである。

この『私見覚書』のなかで、茂吉は人麿の作品をはげしい気魄をこめて論じ、人麿の作歌態度を、つねに全力的に作歌するものとし、そこからその力量の大、作歌価値の大が生まれ、また悲劇的なものが生まれるとした。人麿は長歌ともなれば、実に骨折っていろいろなことを歌いこもうとしているが、それでも実際は真摯で、愚直とおもわれるほど軽妙でないのである。「人麿のものは常に重々しく、切実で、そのひびきは寧ろ悲劇的である」と茂吉はいい、「それと同時に人麿のものはいまだ「渾沌」が包蔵せられてゐる。いまだカーオスが残つて居る。重厚で沈痛な響は其処から来るのであらう」といった(二六の一八〇)。この「悲劇的」や「渾沌」はすでにニーチェ的発想を思わせるものであるが、茂吉はさらに語を継いで、こういっている。

「人麿の作歌全体を通じて、その声調は顫動的であり流動的である。気機生動とか、一気流注とか、気勢流走とか、支那の詩論などでいつてゐることがやがて人麿の作全体の声調に当嵌めていふことが出来る。またその声調がデイオニゾス的だと謂ふことも出来る。或は言語をしてデイオニゾス的象徴(dionysischer《ママ》 Symbol)として役立たしめたとも謂ふことが出来る。」

人麿は宮廷歌人として仕えたことがあり、供奉応詔の歌を作った。そのようないわば御用歌人的な作品の中にも、「人麿があれだけの歌を残したといふことは実に不思議と謂はねばなるまい」と茂吉は考え、「そしてその根源の特徴をデイオニゾス的といふ言葉で求めようと欲したのであつた」という。

さらにつづけて、茂吉は書く。

「そして此処で一言註脚を入れるならば、ニイチエの、「生の最高典型の犠牲の裏に自己の無尽蔵を喜べる生命への意志」(安倍能成氏訳) „der Wille zum Leben, im Opfer seiner höchsten Typen der eignen Unerschöpflichkeit frohwerdend—das nannte ich dionysisch" かうであるから、これをも覚書として加へ置く。」(二六の一八二)

そのすこし先になおディオニュソスの語が見えるところがあるから、それもここに引用しておく。

「……高市皇子尊《たけちのみこのみこと》の殯宮《あらきのみや》の時の挽歌は非常な大作だが、その中には、「冬ごもり春さり来れば野ごとに著《つ》きてある火の風のむた靡けるごとく」といふごとき、または、「大雪のみだれて来たれ」といふごとき句があるのは、その心熱の度に於て、その緊張の度に於て、ただの組立歌人には決して出来ないわざだとおもふのである。「大雪のみだれて来たれ」といふ一句でさへ、デイオニゾス的な全力的な歌人でなければ到底出来ないとおもふのである。

人麿は、どういふ場合に、どういふ動機に、作歌せねばならぬときでも、抒情詩本来の面目であるこのデイオニゾス的心境に居られた歌人である。これは長歌の場合には、「理性・本能」の融合が特に目につくが、短歌の場合には、寧ろ、「本能」(Instinkt)が純粋にあらはれて、人麿の本態を現出してあますところがない。」(二六の一八二)

それにつづく文章にもデイオニゾス的が出てくるが略す。

さきのドイツ語の引用から見てもわかるように、明らかに茂吉はデイオニゾス的の語を、ニーチェを意識して使っているのである。しかしここで注意していいことは、多くの人がディオニュソス的という言葉を使う場合、ドイツでも日本でも、大概の場合に、アポロ的との対立概念として使うのである。すなわち類型論的な使用である。ところが茂吉の場合では人麿の本質を論じてどこまでもデイオニゾス的であるとして、アポロ的という言葉は、この『私見覚書』のどこにもでてこない。そうした対比的な方向では、この言葉は使われていないのである。類型論的に使えば、それだけでディオニュソス的なるものの内実は相対化されて稀薄になるのを、直覚的に避けているかのごとくであり、ここにも茂吉的な姿勢が窺われるのである。

ディオニュソス的という言葉でまずひとの念頭に浮ぶのは、ニーチェの処女作『悲劇の誕生』であって、その冒頭でニーチェはディオニュソスとアポロというギリシアの両芸術神を指摘し、この二神において本質と目標を異にする二つの美的世界の象徴を見、この両者の交錯綜合からギリシア悲劇の成立と推移を解明しようとしたのであった。それ以来、このディオニュソス的とアポロ的という対立概念は、美学的、芸術論的、文芸学的にひろく用いられる類型論的用語となった。『悲劇の誕生』には、すでに抒情詩の本質とその悲劇性に対する深い洞察があり、それは茂吉によって観られてもいいはずのものであった。

日本の場合で、そのような類型論の一例を挙げるなら、萩原朔太郎の『詩の原理』（新潮社版全集第三巻)を挙げることができる。ディオニュソス的とアポロ的という両概念の対立の上に、その論旨が展開されている。朔太郎は生田長江訳によってニーチェに親しんだので、その影響はかれの多くの散文詩の発想や、「郷土望景詩」などの漢文調の詩――かれのいうところの「独逸語に似た詩韻を出そうとした試み」――に窺われるのである。朔太郎もまたニーチェ影響史の重要な一章となるものと思われるが、それはともかくとして、朔太郎は『詩の原理』でこう述べている。人間の宇宙観念を作るものは「時間」と「空間」の二形式である。われわれのあらゆる思惟、あらゆる表現の形式も所詮この二つのいずれかに属する。思惟は措くとして、芸術表現について考えるなら、音楽は時間に属し、美術は空間に属している。音楽と美術はあらゆる芸術表現の両極である。主観主義に属する一切の芸術文学は音楽にきわまり、客観主義に属するすべてのものは美術にきわまる。以下すこし長いけれども朔太郎の特色ある文章を引用する。

「音楽と美術！　何といふ著るしい対照だらう、およそ一切の表現中で、之れほど対照の著るしく、芸術の南極と北極とを、典型的に規範するものはない。先づ音楽を聴き給へ。あのベトーベンの交響楽《シムホニー》や、ショパンの郷愁楽《ノクチューン》や、シユーベルトの可憐な歌謡《リード》や、サン・サーンスの雄大な軍隊行進曲《ミリタリマーチ》やが、いかに情熱の強い魅力で、諸君の感情を煽ぎたてるか。音楽は人の心に酒精を投じ烈風の中に点火するやうなものである。仏蘭西革命当時の狂児でなくとも、あのマルセーユの歌を聴いて狂熱し、街路に突進しないものがどこにあらうか。音楽の魅力は酩酊であり、陶酔であり、感傷である。それは人の心を感激の高所に導き、熱風のやうに狂乱させる。或は涙もろくなり、情緒に溺れ、哀切耐へがたくなつて、嗚咽する。ニイチエの比喩を借りれば、音楽こそげにデオニソスである。あの希臘的狂暴の、破壊好きの、熱風的の、酩酊の、陶酔の、酒好きの神のデオニソスである。

之れに対して美術は、何といふ静観的な、落着いた、智慧深い瞳をしてゐる芸術だらう。諸君は音楽会の演奏を聴いた後で、直ちに美術展覧会に行き、あの静かな柔らかい落着いた光線や、気分の中を、あちこちと鑑賞しつつ歩いた時、いかに音楽と美術とが、芸術の根本的立場に於て正反対にまで両極してゐることを知つたであらう。会場の空気そのものすらが、音楽の演奏では熱して居り、聴客が狂気的に感激してゐる。そして美術の展覧会では、静寂として物音もなく、人々は意味深げに、鑑賞の智慧聡い瞳《め》を光らして居る。かしこには「熱狂」があり、此処には「静観」があり、一方には「情熱」が燃え、一方には「智慧」が澄んでる。

実に美術の本質は、対象の本質に突入し、物如の実相を把握しようとする所の、直覚的認識主義の極致である。それは智慧の瞳を鋭どくし、客観の観照に澄み渡つて行く。故に絵画の鑑賞には、常に静かな秋空があり、澄み切つた直感があり、物に動ぜぬ静観心と叡智の行き渡つた眼光がある。それは見る人の心に、或る冷徹した、つめたい水の美を感じさせる。即ちこの関係で、音楽は正に「火の美」であり、美術は正に「水の美」である。一方は燃えることによつて美しく、一方は澄むことによつて美しい。そして絵画のみでなく、またもちろん、すべての造形美術がさうである。たとへば、建築の美しさは、あの幾何学的な、数理式的な、均斉や調和の取れた、そして大地の上に静寂としてる、あのつめたく澄んだ触覚にある。それは理智的の静観美で、熱風的の感情美でない。即ちニイチエの比喩で言へば、美術はまさに智慧の女神アポロによつて表徴されてる、端麗静観の芸術である。」

朔太郎はこの主観主義と客観主義の対比をさらにこまかく押しすすめ、抒情詩と叙事詩の本質を差別し、ついに和歌と俳句を対立的に性格づけた。「和歌と俳句とは、日本の詩に於ける二つの代表的な形式であり、且つ最も著るしいコントラストである」といい、「実に和歌と俳句の相違は、詩に於けるデオニソスとアポロの対照である」といった。

この朔太郎の論旨は、ディオニュソスとアポロをどこまでも類型論的(typologisch)な対立概念として立てた上で進められた議論である。われわれの芸術的感興は、一方ではディオニュソスの祭儀に酔う群衆のように熱狂的な陶酔境に通じ、また他方では、ホメロスを読む者のように静かな白日夢に遊ぶ境地を知る。すなわちディオニュソス的芸術は陶酔的・激情的であり、アポロ的芸術は夢想的・静観的である。前者は動揺、熱情、狂暴、破壊におもむき、集団的、情意的、主観的であるのに対し、後者は端正、規矩、秩序、調和を求め、個体的、理智的、客観的である。音楽、舞踊の本質は前者に属し、造型美術の本質は後者に属する。この類型はさらにこまかく適用され、文学の中でも抒情詩は前者に、叙事詩は後者に属するというわけである。

茂吉の『私見覚書』におけるディオニュソスはこのような類型論的な設定から遠くある。人麿の特質を対立の一極に持ってゆくのではなく、どこまでもディオニュソス一本槍で、人麿の根源に迫ろうとするのである。

（朔太郎が抒情詩の本質をディオニュソス的と見さだめたことは、さきに引用した茂吉の言葉「抒情詩本来の面目であるこのデイオニゾス的心境」と合致するわけであり、両者の和歌の本質に対する見方は一に帰するようであるが、そしてまた抽象的にはたしかにそうであるが、朔太郎としては『詩の原理』はアララギ派に対する批判を蔵するものでもあった。朔太郎はこう書いている。

「現歌壇のアララギ一派は、子規によつて始められた俳人の余技歌を亜流し、歌であつて俳句の境地を行かうとしてゐる。之れ既に形式をはきちがへた邪道であるのに、日本自然派文壇の誤つた美学を信奉して、一切詩的精神の本源を拒絶しようと考へてゐる。真に蒙昧愚劣、慨殺すべきの徒輩であるが、ただ彼等の中にあつて一奇とすべきは、巨頭の斎藤茂吉である。彼は医者の有する職業的の残酷さと唯物観とで、自然を意地悪く歪んで見てゐる。けだし茂吉は国産品のキユービストで、一種の和臭ニヒリストである。」

アララギ派の中で茂吉に特別の地位を与えていることは注意すべく、ことに「自然を意地悪く歪んで見てゐる」という一句はおもしろい。アララギ派における「写生」の重視は、朔太郎の見るごとく俳句の境地であるとも考えられるが、後述するように、茂吉の「写生」に与えた意味と、ディオニュソス的自然の内容を考慮しなければなるまい。しかし『詩の原理』の初版は昭和三年であるから、茂吉の『短歌に於ける写生の説』も『私見覚書』もまだ発表されていない。)

さて、茂吉におけるディオニュソスに戻って考えることにしたい。さきに引用したように、茂吉は人麿の声調がデイオニゾス的であるとし、また人麿の歌の根源の特徴をデイオニゾス的という言葉に求めたのであるが、そのデイオニゾスを説明するために、ニーチェの言葉を引いた。もう一度繰返し引用する。「生の最高典型の犠牲の裏に自己の無尽蔵を喜べる生命への意志」(安倍能成氏訳)„der Wille zum Leben, im Opfer seiner höchsten Typen der eignen Unerschöpflichkeit frohwerdend—das nannte ich dionysisch"

ディオニュソスの説明としては、これは「註脚」としてもいささか唐突であるかもしれない。この句はニーチェの著作のどこにあるかといえば、安倍能成氏の訳として挙げられていることからも察しがつくように『この人を見よ』の中にある。『この人を見よ』

の中の「何故私はかかる良書を書くか」という章の中に「悲劇の誕生」という小章があり、その第三節のはじめにある(XV, 64)。しかしそこにも断ってあるように、それは、かつて『偶像の黄昏』の中に書いた句を、ニーチェ自身が引用しているのであって、結局『偶像の黄昏』の最後の章「私が古人に負うもの」の終りに近く、ニーチェがディオニュソスについて語った重要な個所の一部なのである(VIII, 173)。„das nannte ich dionysisch“(これを私はディオニュソス的と呼んだ)で茂吉は切っているが、原文はそこはコンマで、つづいて、安倍氏訳で、「これを私は悲劇的詩人の心理学に至る橋と解した」という文章になる。

「最高典型の犠牲の裏《うち》に」とはどういうことか。生への意志は、ニーチェの場合自然そのものといってよい。ニーチェの自然の見方では、自然はたえずより高級なもの、さらに最高のタイプのものを作りだそうとする意志に充ちている。もろもろの自然の形成物のなかで、最高のものは人類である。それゆえ人類の自覚的な文化的使命は、その人類の中でもすぐれた存在者、すなわち哲人(芸術家、聖者)を生みだし、こうして自然の意図を促進し援助し完成することにある。——ニーチェの若いときに書いた『教育者としてのショーペンハウアー』などにとりわけ、そうした思想が明らかに出ている。そこで生への意志(それは「力への意志」でもある)は、みずからそうした最高の典型どもを生みだすが、しかもそれを破壊する。破壊しつつ、その苦痛のなかでこれを肯定し、新たなる創造に向う。ディオニュソス的世界の永遠の自己破壊と自己創造である。そして悲劇的詩人はこの深刻な生命肯定の上にたっている。「恐怖や同情からのがれるためではない。ある危険な熱情をはげしく爆発させて、これから浄められるというものでもない(アリストテレスは悲劇をそう解釈した)、そうではなくて、恐怖や同情を超えて、生成そのものの永遠の快楽——破壊の快楽までも内に含んでいるあの快楽」、これが悲劇的詩人を成立させるディオニュソス的なものである。

ニーチェにおけるディオニュソスは、たしかに一つの問題である。『悲劇の誕生』で提示され、中間期の述作でその名が消え、後期の述作で、ニーチェの到りえた究竟の境地の表現としてふたたび用いられるこのディオニュソス、『ツァラトゥストラ』の中でも、その名ははっきりとは出ていないが明らかにそれを示唆すると思われる隠れたディオニュソス。こうしたものを追及し明らかにするのは、一つの努力を要する仕事である。ギリシア神話におけるディオニュソス本来のすがたを明らかにするのは、これと関連しながらも、また一つの努力を要する仕事である。おそらくそのためには独立した著作が必要になってくるであろう。ファーネルやハリソンやニルソンやフレーザーらの諸研究に負わなければならず、ことにニーチェとの関連においてはW・F・オットーの著作を重視しなければなるまい。もちろんここではそうした範囲にまで及ぶことはできないから、これ以上述べることをさしひかえる。

ただ茂吉の『私見覚書』において、人麿と結びついたディオニュソスは、ニーチェの『この人を見よ』のそれであること(それは『偶像の黄昏』のそれと同じであるが)を指摘し、この点で、私はさらにひとつの仮説を述べたい。

それはこうである。『私見覚書』を書いている茂吉の座右に『この人を見よ』の安倍能成氏訳と、ニーチェの原書がある。それは前掲のドイツ文引用の個所で、想像がつく。しかし、茂吉はこの個所を書くときになって、『この人を見よ』をひらいて見たのではなく、その前の方も、あとの方も、もっと正確にいえば、三の節の終りごろ(二六の一八〇)から、四の節の終り(二六の一八三)まで、『この人を見よ』に依倚し、共感し、その文章を踏まえ、その言葉を使っていると思われるのである。

つまり、人麿を悲劇的とし、「渾沌」を包蔵するとし、「カーオス」が残っているとしているあたりから、およそデイオニゾスという言葉が散見される個所はぜんぶ『この人を見よ』の、それも「何故私はかかる良書を書くか」の中の『悲劇の誕生』について回想した個所(XV, 61-67)に依拠し、その発想をあきらかにわがものとして書いていると思われるのである。

なぜかというと、茂吉はディイオニゾス的象徴と書き、括弧して dionysisches Symbol とドイツ語を挿入しているが、これは、ニーチェのその個所にある語である(XV, 62)。(この表現はニーチェの全著作中この個所以外のどこにも、まだ私は発見することができない)。それから本能に対し、わざわざ Instinkt のドイツ語を加えているが、これもニーチェのその個所にある語であるからである(XV, 62 なお 63、さらにまた 66 には instinktiv の語が見える)。また茂吉が、人麿はどういう場合にも、抒情詩本来の面目であるディオニゾス的心境に居られた歌人であるといい、つづけて、「長歌の場合には、「理性・本能」の融合が特に目につくが、短歌の場合には、寧ろ「本能」(Instinkt)が純粋にあらはれて、人麿の本態を現出してあますところがない」といっているが、この「理性・本能」の対立も、ニーチェが同じところで、ソクラテスを批判し、ソクラテスをギリシア崩壊の道具としての典型的デカダンと見て、Vernünftigkeit gegen Intstinkt という定式に要約しているのと、発想的に非常に以通っている。そもそも「悲劇的」という言葉からしてが「悲劇の誕生」の雰囲気にはなはだ近いのである。

これ以上のことはいえないので、私としては仮説といったわけであるが、茂吉の研究家諸氏の批判を乞いたい。

しかし、もしその通りであって、この『私見覚書』のくだりが、ニーチェに大きく依拠しているものであるとしても、それは茂吉のこの辺の思想がニーチェの借物であるというのではない。前から述べているように、茂吉がこうした思想に到達したのは、どこまでもかれの作歌道の必然的論理なのであって、ここに看取されるのはむしろ茂吉のニーチェに対する一貫した親近感というべきものである。ディオニュソス的という言葉にしても、茂吉は日本語の場合のように一語一語の伝統的な使用例に即して正確に使いたいのであり(かれが多くの言葉、たとえば「食《お》す」とか「海彼《かいひ》」とかいう単語に対して反応した異常なまでの情熱を想わなければならぬ)、ニーチェによるとすれば、本来はもっとこまかく広く遡及すべきであるが、わずかに『この人を見よ』の上述の個所に依拠したわけであり(それも見当違いではない)、茂吉自身の内部から発して求めているものが、前提的なニーチェへの親近感と結びついて、このようなものとなったものと思われる。私がはじめて『私見覚書』を読んだとき、例の「生の最高典型」云々の引用は、そのドイツ語とともに、私にはあまりにも唐突で、不親切のように思われたのであるが、もしも今の仮説のように考えるならば、茂吉にとっては決して突如としてこのような「註脚」を加えたのでないことが、わかるのである。

なおついでに指示しておくべきは、『私見覚書』の最後に茂吉は、「文中ドイツ語を挿入したのは(中略)、一語彙にも一論文、一著書、一思想、一潮流の背景を持つてゐることを暗指するのである」と書いていることである。

茂吉が人麿をディオニュソス的といったのは、非常によく知られているが、それは結局『私見覚書』のこの四の節によるわけであるから、私のこの穿鑿もそれだけの意味があるだろうかと思う。

さて、茂吉の『童馬山房夜話』の中には、ふたたびニーチェに関連してディオニュソスが取上げられている章がある(一三の三三八)。これは戦後の『アララギ』に書かれたものであるから、『私見覚書』からは十何年も経過しているのである。茂吉は幾度かヴィンケルマンとその「貴き簡素と静かなる偉大」について語ったが、この「古代芸術の讃」と題した一章の中で、そうした関連で、ふたたびディオニュソスを取上げている。

「然るにフリードリヒ・ニイチエの偶像の黄昏を読むと、希臘の芸術の中から、静かなる偉大(Ruhe in der Grösse)や、高貴な簡素(hohe Einfalt)などを抽出してその特徴とし讃美するのは鈍いことであるとし、又ソクラテス一派の哲学といふものは、畢竟希臘的本能の頽廃《デカダンス》に過ぎない、さうしてトウキデイデスの如き者が即ち希臘的本能の代表者であつて、厳しい強い現実主義者の総和とも謂ふべく、彼は現実把握に勇猛であり、多力に向ふ意志の体得者である、それに較ぶる時はプラトウの如きは理想主義へと逃げ去つた、現実の回避者に過ぎぬものである、とした。

さうしてニイチエは、あふれ流るる希臘的本能から、デイオニゾスの名を以て呼ばれ得べき驚くべき現象を見た。そしてこの現象は力の過剰(Zuviel von Kraft)といふことを以てはじめて解明し得べきものだとした。

なほニイチエは云つた。デイオニゾス的神秘、デイオニゾス的状態の心理に於てのみ、希臘的本能の根本事実が表白せられる。「多力にむかふ意志」が表白せられる。さうして、「生にむかふ意志」「永遠の生」「生の永遠回帰」が保証せられる。生への勝ち誇れる肯定である。生殖による、性欲的神秘による総体的生存としての真実の生である。即ち産婦の陣痛は生への永遠意志の象徴である。悲劇の誕生はこここにその根源を求め得べく、それは、あふれ流るる生及び力の感情としての機能亢進(Orgasmus)として洞察すべきものである。

この発明に較ぶれば、ウインケルマンも、ゲエテも希臘芸術の真の理会者ではなかつた。ウインケルマン等の考察したものは別個のものであつて、デイオニゾス的芸術の根源要素、即ち生にむかふ意志による機能亢進とは両立せざるものである。かうニイチエは云つた。」

これはヴィンケルマンとの関連で出てきたディオニュソスであって、人麿とは直接関係がないのであるが、この『偶像の黄昏』の個所は、さきに人麿と関連して引用した「最高典型の犠牲」の個所のすぐ前のところであって(VIII, 172)、永遠の生命が個体を乗り越えて総体的に存続する(その故に最高の典型をも犠牲にする)ということ、それ故に生殖、懐胎、誕生、またその苦痛が崇高な意味を持つというディオニュソス的肯定を語る部分である。しかし「あふれ流るる生及び力の感情としての機能亢進(Orgasmus)として洞察すべきものである」と茂吉が書いているのは、若干おかしいのである。原文にあたってみると、Orgasmus という語はなく、あるのは Orgiasmus であって、茂吉はおそらく読み違えたのであろう。もしもっと前の方から原文を読めば、以前から Orgien という語がすでに出ていて、それはディオニュソスの祭の秘儀のことであって、機能亢進となるはずがない。ディオニュソス芸術はディオニュソスの祭から発生してくるのであり、ディオニュソス的なものが力の過剰を意味し、またある意味では「生にむかふ意志による機能亢進」のようなものも含まないとはいえないかもしれないが、さらにそのさきを読んでも、Psychologie des Orgiasmus (XV, 173) というのは、たんなる機能亢進の心理学ではなく、ディオニュソス祭秘儀の心理であって、それがいままで誤解されてきたギリシア的な悲劇感情の概念をひらく鍵をあたえるのでなければならない。茂吉の読み方は大筋を間違えてはいないけれども、決して精密であるとはいえないのである。

そのようなところはあるにせよ、ともかく茂吉が人麿をディオニュソス的と呼んで以来、ディオニュソスに関心を持ち、ニーチェの与えた意味に即して、類型論的でなく、どこまでもディオニュソスそのものの内実《ゲハルト》を捉えようとしていることは注目されていい。私は前に茂吉においてはディオニュソス一本槍というような表現を用いたが、もちろんかれがディオニュソスとアポロの対立を知らないというのではない。それはたとえば森鷗外の作品について茂吉が敬意をもって語るとき、鷗外みずからその作風をアポロ的といったことが、しばしば引かれている。鷗外は『ヰタ・セクスアリス』の最後に近く「金井君は Nietzsche のいふ Dionysos 的なものだけを芸術として視てはゐない。Apollon 的なものをも認めてゐる……」というようにこの対立概念を使っているが、さらに名作『山椒大夫』と同時に発表した『歴史其儘と歴史離れ』という一文の中でこう書いたのである。「友人の中には、他人は「情」を以て物を取り扱ふのに、わたくしは「智」を以て扱ふと云つた人もある。しかしこれはわたくしの作品全体に渡つた事で、歴史上の人物を取り扱つた作品に限つてはゐない。わたくしの作品は概して dionysisch でなくつて、apollonisch なのだ。わたくしはまだ作品を dionysisch にしようとして努力したことはない。わたくしが多少努力した事があるとすれば、それは只観照的ならしめようとする努力のみである」といった(鷗外は apollonisch と書いているが、Apoll あるいは Apollo あるいは Apollon の形容詞は apollinisch であるから、これは正しくない)。茂吉は「鷗外の歴史小説」という一文の中で、『護持院ケ原の敵討』について書き、「作者のアポロン的筆致がそれをようくあらはして居る」(三九の四九)と書き、また、「鷗外作『山椒大夫』」という文の中では、「鷗外は、作品全体がデイオニゾス的でなくてアポロ的だと告白してゐる」として、前掲の鷗外の言葉を繰返しているのであるが(三九の一二

五、なお同じく六二）、ことに注意していいのは『短歌初学門』の中の「衝迫」の章におけるつぎの言葉である。

「それから衝迫の説は芸術論のデイオニゾス的表現に傾くやうであるが、これは必ずしもさうではなくアポルロ的表現であつてもいいのである。ただ衝迫の純粋を貴ぶのであるから出来あがつた歌は、人麿のやうな歌調でもよく赤人のやうな歌調でもいいといふことになる。子規の歌はどちらかといへばアポルロ的で左千夫の歌は寧ろデイオニゾス的であるが、出来のいいものになればいづれも皆いいのである。」（一五の三一二）

このような表現はまれではあるが、たしかに茂吉の意識にはディオニュソスとアポロの対立概念があるのであり、そのすこし先で「俳句と短歌に於て俳句の方が短歌よりもまだ衝迫的では無い」（同じく三一三）などといっているところは、朔太郎の分析に近いようであるが、『人麿私見覚書』のように全力的に情熱をこめて短歌の本質を論じるときには、アポロは影をひそめてディオニュソスの内実が深く探りだされることになるのは、ちょうどニーチェが初期の『悲劇の誕生』でアポロとディオニュソスを対立概念として提示しながら、後期になっていよいよ自分の独自の思想を積極的に述べようということになると、ほとんどディオニュソスのみに集中するというのと、類似したところがあるといえるのではなかろうか。

それはともかく、この「衝迫」というものを茂吉はしきりに説くのであるが、それについても一言する必要がありそうである。『童馬漫語』の中の一章に「作歌の態度」を説いたものがあり、そこで茂吉はきわめて端的にいっている。

「予が短歌を作るのは、作りたくなるからである。何かを吐出したいといふ変な心になるからである。この内部急迫(Drang)から予の歌が出る。如是内部急迫の状態を古人は「歌ごころ」と称へた。この「せずに居られぬ」とは大きな力である。同時に悲しき事実である。方便でなく職業でない。かの大劫運のなかに、有情生来し死去するが如き不可抗力である。予が「作歌の際は出鱈目に詠む」と云つたのはこの理にほかならぬ。」(一四の二八)

これは明治四五年一月の『アララギ』に載ったものの一節だが、その数か月後には、「力に満ちた、内性命に直接な叫びの歌は尊い。この種の歌を吟味するに際して、吾等は先づ、作者が如何なる「衝迫」から詠んだのであるかに留意する」と書き、その「衝迫」の語の下に括弧して「前言の「内部急迫」の語を、鷗外先生作『灰燼』のなかのこの熟語を以て更へる」と註記している(一四の三四)。

鷗外の小説『灰燼』のなかには、その拾肆の節に、この「衝迫」という語があるが、別にドイツ語の Drang の訳であると断ってあるわけではない。茂吉の方から言葉を求めたといえるのである。

この衝迫については、作歌の上の心掛として、茂吉はしばしば語り、「おもふに、これなら本気にならねばならぬといふ衝迫の見極めがついたならば、本気になつて作らねばならない」(『作歌実語鈔』一五の一九三)などといっているが、前掲の「衝迫の説は芸術論のデイオニゾス的表現に傾くやうであるが」云々の引用は、茂吉がアポロ的なものを一応立てているほとんど唯一の場合(鷗外作『灰燼』の中の「衝迫ばかりでは成功せられさうに無い」などの句を顧慮した上での)であって、『私見覚書』でも「短歌の極致」

である人麿のデイオニゾス的なものに対して、アポロ的なものの提示などはおくびにもなかったのである。類型論的に考えれば、たとえば森本治吉『万葉美の展開』の論旨のように、赤人のアポロ的なものを対照に力説するようなことになるかもしれないが、そうでなく、茂吉の場合には、衝迫にしても、ディオニュソス的に傾斜しているといえるだろう。

衝迫とともに、人麿についていわれた「渾沌」や「カーオス」などの語も、やはりディオニュソス的な発想圏につらなると見ていいであろう。「体験者は短歌制作時にあつて必ず「混沌のこゑ」を聞くに相違ない。これ「歌ごころ」である」(一六の四九)と茂吉はいっている。茂吉の「虚空小吟」の中の「荒谿《あらだに》の上空を過ぎて心中にうかぶ „Des Chaos Töchter sind wir unbestritten."」という歌は、ゲーテ(『ファウスト』第二部八〇二八行、フォルキアスたちの言葉)を使ったものであり(三の二〇)、「直ぐ目のしたの山嶽よりせまりくる Chaos きびしきさびしさ」の歌にも、自然現象の描写とともにそれにつらなる思想的な奥行を認めていいであろう(三の一五)。「谷合《たにあい》をひとときに見て飛行すれば現象《げんしょう》の此岸《しがん》に心かなしむ」(三の一九)のような表現と関連させて考えられるのである。

ディオニュソス的、衝迫、渾沌、そういったものは、結局これをつきつめて、茂吉における「生」の把握に問題をしぼることができる。茂吉における「写生」の「生」であり、それはかれのいう「実相観入」の対象でもある。歌人としての茂吉の根本信念がここにあり、「生」とも「いのち」とも「生《いき》」とも呼ばれるが、これはたしかにニーチェ的なものである。

明治四〇年に書いた、ごく初期の「いのちのあらはれ」と題した文章の中で「短歌は直ちに「生《いき》のあらはれ」でなければならぬ。従つてまことの短歌は自己さながらのものでなければならぬ」(一四の一〇)と茂吉は書いている。こうしたものが歌人としてのかれの自覚的出発であり、これが「写生」の内容たる「生」そして「自然」につながってゆくのである。

茂吉のいう「写生」はスケッチのようなものではない。「写生」の考えをもっとも良く知ることができるのは『短歌に於ける写生の説』(一四の三七一以下)であろう。この茂吉の「写生」については、すでに人々によって繰返し考察され論議されていることであって、いまさらくどくどと述べることもないので、簡単にしたいが、茂吉によれば「写生」とは、「実相に観入して自然・自己一元の生を写す」ことである(一四の四一二)。

のちに『短歌初学門』で、茂吉はみずからこの句を引き「この定義は善き定義であるから、若しも短歌の上で写生といふことを論じようとするなら、万人の尽くがこの定義に従ふべきである」といっている（一五の二一五）。「自然・自己一元の生」という表現を直視すれば、これはニーチェが『悲劇の誕生』でいうところのUreine（根源的一者）に遠くないことを感じる。

この「自然・自己一元の生」に関連して、茂吉は和辻哲郎の文章を「有益である」としてそこに援用しているが、それはこういうものである。

「私はここで自然の語を限定して置く必要を感ずる。ここに用ひる自然は人生と対立せしめた意味の哲学的用語ではない。むしろ生《せい》と同義にさへ解せられる所の（中略）人生自然全体を包括した、我々の対象の世界の名である（我々の省察の対象となる限り我々自身をも含んでゐる）。それは吾々の感覚に訴へる総ての要素を含むと共に、またその奥に活躍してゐる生そのものをも含んでゐる。」（傍点原著者）

この引用につづけて茂吉は書いている。

「予の謂ふ意味の自然もそれでいい。「生」は造化不窮の生気、天地万物生々の「生」で「いのち」の義である。」(一四の四一三)

さらに「予は「之に生《いのち》あり此生は人の光なり」(氷上注、ヨハネ伝一・四)をも引くるめて、生活、生命、生《しょう》等を皆「生《せい》」の一字に帰せしめた。「写生」は即ち此の「生」をあらはす事である」といっている。

これらと類似の表現は、いくたびも繰返されている。たとえば「「写生」とは実相実相と行くことである。そして其の生《せい》を写すことである。生はイノチの義である」(『短歌道一家言』一六の七六)。あるいは、「之を個(作者)の生に限局せしめず、人間生物を籠《こ》めた万有的存在の根原をなすイノチの義に解することも出来る。即ち万有を生と観る考方である」(『短歌初学門』一五の二一五)等々。

また「私が嘗て写生の定義を作つた時の「自然」は、ゲエテなどの考へたやうな意味だとも云ひ得る」としている。「ゲエテは、自然の生原理は人間の生原理であり得るとし、それであるから、現象のうちに神的原理の顕現を認め、「自然の中に神を見る」とも云つて居る。さうして自然に於ける無限の変化は、取もなほさず神的創造的原理の展開に他ならぬのである。客観的現象の此岸に於て、その、自然の全生命(Alleben)の膊動を見るのである。個の生にも全体を見、神性の統一をも生的(lebendig)と解するのである」と説明している(一五の二二〇)。

ゲーテの生と自然についていえることは、ニーチェの生と自然についてもいえるはずであり、茂吉の捉えているものは、たとえばヤスパースがその著書『ニーチェ』の中で、ニーチェの生を das Umgreifende des Seins(存在の包括者)と呼んでいるものである(Vgl. Jaspers, Nietzsche, S. 160ff.)。

さきに茂吉が引用した和辻哲郎の文章は、『偶像再興』の中に収められている「思索と芸術」の第四節「自然を深めよ」の一部(岩波刊『和辻全集』一七の一八一)であるが、この和辻の「思索と芸術」の第一節は「リップスとニイチェ」と題して、「自分は自分の注意の傾く方向に従って、リップスにニイチェの倫理学説の完成者を見る」などの句が見える。阿部次郎の『人格主義』もリップスに依るものであるが、この和辻・阿部のニーチェ把握は、日本におけるニーチェ影響史の一つの大きな段階と見ることができる。それは「生の哲学」的なニーチェであり、また理想主義的なニーチェである。ニーチェの日本への影響はだいたい四つの時期にわけて考えることができるが、第一は樗牛や竹風による、主として個人主義や超人の思想を中心とした明治三〇年代の段階であり、そのあとでいま述べた和辻・阿部などによる「生の哲学」的な理解の時期がある。そのあとは第二次大戦期でナチス的なニーチェ像があらわれ、その後に、現在にいたる実存主義的なニーチェ把握がくる。

和辻・阿部などによる「生の哲学」的なニーチェ理解の大きな潮流が、茂吉のニーチェ像の背景になっていることは否定できないであろう。さきに示唆した阿部次郎と茂吉の関係などもその一端をなしているであろう。茂吉の「生」の把握は「生の哲学」の生の概念に一致するといってもいいものである。前出の和辻の引用などはその一つの証拠となるだろう。そうした意味では、茂吉自身がこの段階の、一個の重要な登場者と見られるのである。

ただ茂吉にあっては、こうした「生」への道が、どこまでもかれの短歌制作上の実践によってきりひらかれ、自覚にもたらされたのであって、思想的な考察とは別のみちによって、かれはニーチェ的根源を直感し、それによって終始親近感を抱きつづけたのであった。阿部や和辻の場合にはニーチェに対して必ずしも批判や保留がないわけではない。茂吉にはニーチェに対し批判めいたものは一句もない。知的な接近はいわば直線的に迫るが、また通過する時期を生じる。茂吉の場合にはそうしたものがなく、むしろ血縁的ともいうべき親近感が終始ただようのである。この点こそ茂吉をしてニーチェとの関連において、まったく独自な地位を占めさせるものである。

医学者としても茂吉はニーチェの病気に若干の考察を加えたので、最後にこの点を付記する。

ニーチェの病気について、茂吉は二回書いている。一つは昭和一二年の『童馬小筆』の中の「ニイチエの病」(九の四一二)の小文である。メービウス以来ニーチェの病気は「先づ麻痺性痴呆(麻痺狂、進行性麻痺症)だつたらうといふことになつてゐる」。しかし茂吉は、かつては精神病学者であった哲学者ヤスパースのやや態度保留的な見方に共鳴しているようで、ヤスパースは「ニイチエの病気についても同情ある看方をして居り、単にカズイスチカとして取扱はないところは吾が意を得てゐる。メエビウス一流の模型的な看方を通つて来て見れば、その差別も明瞭である」と書いている。ヤスパースの慎重な見解は、その著『ニーチェ』の中に見られるものである。(なお、この茂吉の文章の中の、「一八八八年、即ち『この人を見よ』以後のことは、普通の医学者と雖《いえども》ときどき容喙し得るのであつて、それから二年足らずで歿するまでは……」とある、その二年足らずは、何かの間違いであろう。）

もう一つのものは、ずっとこくのあるもので、昭和二三年「ニイチエの病気」と題して『アララギ』に書かれたものである（『茂吉小話』一一の一二七）。やはり麻痺性痴呆ということに茂吉は疑問の余地を残している。かれの専門家としての臨床経験も窺えるものだが、「私は以前からニイチエの病気が麻痺性痴呆だといふ診断に一つの疑問を抱いてゐた」とし、その理由の一つは、ニーチェがバーゼルやイエナの精神病院に入院したとき、そうした明確な診断が与えられていなかったということ、つぎには、「ニイチエは、確実に精神病と認定せられた一八八九年一月から、没した一九〇〇年の八月二十五日までは、十二年半の星霜を経たのであるから、麻痺性痴呆の経過としては少しく長過ぎるやうにおもふ」ということである。第一の点については、イエナの病歴（バーゼルの病歴も含む）がしばらく紛失していたということもあって、茂吉はそれを詳しく知らなかったのであろう。同じ昭和二三年に出たランゲ・アイヒバウムの著作などを見れば、すでに明らかに麻痺性痴呆の診断が、二つの病院で下されていたのである。第二の点について、ランゲ・アイヒバウムは「ニイチェの進行麻痺は、その経過が永すぎるために、非定型的とせざるを得ないのはもちろんのことである。われわれは何よりもまず一八八一年(前兆をも含めて)から一九〇〇年まで一八年も続いた、いわゆる停止性麻痺(注、進行麻痺の一型)を考えねばならないだろう。かかる症例があり得ることは何ら問題はない」(Vgl. W. Lange-Eichbaum, Nietzsche—Krankheit u. Wirkung. S. 26ff. 訳文は栗野竜氏の邦訳による)として、いろいろ詳しく述べている。私は病誌学については暗いからこれ以上何ともいえないが、現在ニーチェの病気について進行性麻痺症を疑う学者はほとんどなくなったようである。しかし茂吉が、ヤスパースについて「同情ある看方」というような言葉を使い、麻痺性痴呆ときめることにためらっている態度には、ランゲ・アイヒバウムと同じような専門家でありながら、やはり彼自身ニーチェに対し「同情ある看方」を持ちつづけようとし、そこに或る意味の好意と親近感が窺えるともいえそうである。

なお茂吉全集で『手記雑二』としてまとめられた覚書の中に、ニーチェの年譜と著作の表がある(五六の五一七)。これは上述の「ニイチエの病気」を書くためのものだったろうと、私は推察している。これはヤスパースの『ニーチェ』の原著から転写しただけのものである。

そのヤスパースは、前述の『ニーチェ』の中に、「ニーチェは、みずからの思惟と自己自身をどのように理解しているか」という一章を書き、その最後に、ニーチェの本質のもっとも高貴な表現としてつぎの詩を挙げている。

„Ja ich weiß, woher ich stamme!
Ungesättigt gleich der Flamme
Glüh und verzehr ich mich.
Licht wird alles, was ich fasse.
Kohle alles, was ich lasse:
Flamme bin ich sicherlich!"

これは「この人を見よ」(Ecce homo)と題されて『華やぐ知恵』に収められているものだが(V, 30)、茂吉の『ともしび』の中のつぎの一首(二の三二五)は、それに依倚したものであるかどうか。

むなしき空《そら》にくれなゐに立ちのぼる
火炎《ほのお》のごとくわれ生きむとす

芸術の夕映
——鷗外・ニーチェ・ワーグナー——

森鷗外はいくつもの優れた短篇を書いたが、その一つに『追儺』がある。その終末にニーチェからの引用があって、その訳文もまた美しく、大変印象的である。『追儺』は豆まきの話だが、しごく短いもので、読んだ人も多いだろうし、筋をかいつまんでいうのも気が引けるようなものだが、冒頭に、いわばまくらとして余談めいた部分があって、それから主人公(鷗外)が知人に招待されて、役所の帰りみちに築地の料亭にまわる話がはじまる。「新喜楽」についてみると約束の時間までに一時間半もあり、軍服姿の鷗外は二階の広間の片隅で茶を飲んだり煙草をふかしたりして時をつぶす。あかるい、きれいな、額なぞ掛っていない日本間を「物質的時代の日本建築はこれだ」と好感をもって眺めたりする。

そのとき思いがけなく遠い襖があいて、小さな白髪の老婆が赤いちゃんちゃんこを着てはいってきた。座敷の真中で会釈してから、「福は内、鬼は外」と、勢いよく豆をまきはじめる。ついてきた女中たちがそれを拾う。「お婆あさんの活々《いきいき》した態度から、僕は問はずして新喜楽のお上《かみ》なることを暁つた。」

と、鷗外は書き、つづいてニーチェを出す。唐突のようでもあり、それをいいたくて待伏せしていたようでもある。

「Nietzsche に芸術の夕映といふ文がある。人が老年になつてから、若かつた時の事を思つて、記念日の祝をするやうに、芸術の最も深く感ぜられるのは、死の魔力がそれを籠絡してしまつた時にある。南伊太利には一年に一度希臘の祭をする民がある。我等の内にある最も善なるものは、古い時代の感覚の遺伝であるかも知れぬ。日は既に没した。我等の生活の天は、最早見えなくなつた日の余光に照らされてゐるといふのだ。芸術ばかりではない。宗教も道徳も何もかも同じ事である。」

最後の「芸術ばかりではない」以下は鷗外が書き加えたのである(後にまた触れる)。

『追儺』はこのさきも豆まきの考証などすこしあるが、いまは省く。

引用の「芸術の夕映」はニーチェの『人間的あまりに人間的』第一部のアフォリズム二二三番をほぼ半分に要約したものである。鷗外特有の「死の魔力が籠絡する」といった調子の訳文には何ともいえない深みがある。「日は既に没した。我等の生活の天は、最早見えなくなつた日の余光に照らされてゐる」というのも詩情があっていいが、この「余光」の語は原文にそれに相当する名詞がない。(. . . aber der Himmel unseres Lebens glüht und leuchtet noch von ihr her, ob wir sie schon nicht mehr sehen. とあるだけだ。)

斎藤茂吉は「節分」と題する短文を書いているが、その中で鷗外のこの個所を挙げ、「私は鷗外のこのところの文章を愛して飽くことを知らなかつた」と書いている。

茂吉の歌に「余光」の語が出てくるのは、その淵源がここにあるのではないかと、私はひそかに想像している。「にごりなき西のかなたや冬至すぎむ日の余光こそかなしかりけり」「山のうへの空は余光のごとくなり見る見るうちに月はいでたり」などだ(従来余光は恩恵が人に及ぶ意味で人間関係に多く使われていたのである)。茂吉の流れを汲む佐藤佐太郎氏などにも、「冬空にわたる余光のきよきとき庭にして桃の木の枝ひかる」

などが見られる。
鷗外研究家の小堀桂一郎氏はこの「芸術の夕映」について、「美しく巧みな要約」であり、「かつその引用のしかたが実につぼにはまっていて快い」とし、鷗外晩年の歴史小説と史伝の時代を三年後に控えて「鷗外自身の生活と芸術との光彩陸離たる夕映えの、不思議な予言となったというべき、何か予感に満ちた一節である」と見ている。

こういうふうに「芸術の夕映」には、皆が感心しているようだけれども、ニーチェのこの一文を読んで、すこしも感心せず、感心どころか大いに腹を立てた人がいたといえば、不思議に思われるかもしれないが、文章というものはそれを読む角度が大事である。腹を立てたのは音楽家のリヒャルト・ワーグナーである。だいたいニーチェの『人間的』は、それによってワーグナーとニーチェとの友情関係が破壊されるに至った因縁の書物である。とりわけ「芸術の夕映」をふくむ第四章「芸術家と音楽家の魂から」は、最初からニーチェがワーグナーを頭に置いて書いたものである。ここで芸術といえばワーグナーの芸術、芸術家といえばワーグナー、芸術家の妻といえば、ワーグナーの妻コージマを指しているのである。それもはじめははっきりとワーグナーの名をあげて書いてあった。あとから「芸術家」と抽象化し、緩和した。このあたりのいきさつは、早くはニーチェの妹の書いた伝記をはじめとして、多くの文献が触れているが、昨年(一九七三年)邦訳が出たヴェステルンハーゲンの『ワーグナー』――これはワーグナー側の本だが――にもくわしく出ている。「それになにはともあれ、ワーグナーの名前を伏せたからといって事をヴェールでくるんだことには絶対にならない。話題の主《ぬし》が誰であるかは、読むものにはすぐ分かった。まして当のワーグナーやコージマに分からぬはずがない。それに問題が思想や芸術作品の批評というだけならまだよかった。……そこでは人間ならびに芸術家としてのワーグナー個人に情容赦もなく攻撃が加えられているのである」(三光・高辻訳)と書かれている。

そうした一例として「天才崇拝の危険と利益」(一六四番)などが挙げられるだろうが、そこでは天才崇拝という迷信が、ついに芸術家自身に及ぶと、芸術家は自分がいっぱし超人間的な存在だと思いこみはじめる。自分のようなものは社会的責任からまぬかれ、例外的特権を与えられているといったようにのぼせあがり、他人とつきあえば、それだけで恩恵を施してやったような気になってくる。人が彼を第三者と比較したり、まして低く評価し、その作品の失敗を指摘したりすれば、気違いのようにいきりたって手がつけられないなどと書いてあって、これをワーグナーが自分のことだと思えば激怒するのももっともな話である。

「芸術の夕映」はその第四章の最後のもので、これだけに限っていえば、これはワーグナーへの個人攻撃ではなく、近代における芸術の衰退という一般的状況を述べたものにすぎぬといえば確かにそうであるが、ワーグナーの身になって読めば、ようやくバイロイトに自分の作品だけを理想的に演出する専用劇場を建てるというヨーロッパ音楽史上空前の事業をなしとげ、これによって普仏戦争に勝ったドイツ国民に真の文化の脈動を与えようと意気ごんでいるときである。ついさき「パルツィファル」のテクストをニーチェに送ってもやった。それに対してこのようなひややかな反応が、自分の芸術運動の有力な味方と信じていた若い友人によって示されるのは、おそろしく心外なことだったに相違ない。

奇矯な言い方をすれば、ニーチェはワーグナーに、あなたの芸術は新喜楽の老女将の豆まき程度のものだといったのである。「夕映」が語る芸術はほろびるという不吉な思想を、この「未来の芸術」を自負して、何度も挫折ののち、いまや人生最後の勝負に乗りだした大野心家に送りつけるのはどういうものか。それはワーグナーからの決定的な別離、絶交の宣言以外の何物でもない。

もちろんニーチェはワーグナーへの嫌がらせのために芸術は亡びるといったのではない。ニーチェはニーチェで彼の思想の内的必然からそういう考えになったのである。「夕映」のすぐ前のアフォリズム「何が芸術から残るか」を結ぶ最後の句は「科学的人間は芸術的人間の発展である」というのである。ニーチェの思想空間の上位にあった芸術が色褪せて、科学にその場所をゆずった。この時期をニーチェ研究家たちは、『人間的』にはじまるニーチェの実証主義的時期と呼んでいる。周知のようにニーチェはその処女作『悲劇の誕生』を、ほとんどワーグナーのために書いたのだ。芸術こそ人生の最高課題であり、その真に形而上学的な活動だというようなことが、ワーグナーに捧げた序文の中に出ている。そうした芸術の力でドイツ民族を救済したいという悲願である。ところが『人間的』の時期になると、そうした文化・芸術に対するロマンチックなバラ色の夢を容赦なく揺りさます。「芸術」やその「天才」には冷水が浴びせられ、むしろ科学的、学問的な認識こそほんとうに頼りになるものだという考えに移る。しかしそのまた次の時期『ツァラトゥストラ』以後はそれをも乗りこえたディオニュソス的な立場に立つ。この第三の時期は一見ワーグナーと親交を持っていた時の考えへの復帰のようだが、かえってワーグナーへの批判はきびしくなり、その死後も『ワーグナーの場合』『ニーチェ対ワーグナー』といったものが相次いで書かれ、ワーグナーは本物ではなく、ディオニュソス的俳優にすぎないと強調される。

ワーグナーとニーチェの関係は長い長いフィルムである。「芸術の夕映」はその中のほんの一コマであって、鷗外はそこを切りとり、美しい絵葉書にした。その影響は『妄想』の中に要約されたマインレンデルが正宗白鳥や芥川龍之介に及ぼしたものに似ていないことはない。（マインレンデルについては平川祐弘氏の『和魂洋才の系譜』など参照。）

さて「芸術の夕映」の引用の最後の句「芸術ばかりではない。宗教も道徳も何もかも同じ事である」は、鷗外自身の考えであろうか、それともニーチェの思想を敷衍したものであろうか。私はまず後者だと思う。その理由は、『人間的』のその他の部分、たとえば第一〇番などを読むと、宗教、芸術、そして道徳といったものは「世界の本質」に触れるものではないというような並べ方が見られるからである（世界の本質に触れるのは何かといえば、科学の精神である）。だから『人間的』における「芸術の夕映」以外の部分をも読んだであろう鷗外がここでニーチェの思想を補足したのだと考えられるが、しかし同時にそこに鷗外自身の本音が出ているのかもしれない。「すべて人為のものの無常の中で、最も大きい未来を有してゐるものの一つは矢張科学であらう」と鷗外は『妄想』の中に書いている。ニーチェが『人間的』の立場に立ったとき、鷗外とニーチェは思想的に最も近づいたといえるだろう。総じて鷗外はニーチェに対して否定的であったけれども——。

『悲劇の誕生』私解
――ニーチェとボードレール――

酔生夢死という言葉がある。辞書を見ると「何の為す所もなく一生を終ること」（広辞苑）とある。従って酔生夢死してはならない、と普通は否定的に使われることが多い。たとえば鷗外はその『妄想』の中で、自分は日本人として侍の家に生まれ、切腹ができなくてはだめだと、小さい時からさとされてきた。そのためもあるだろう、死というものを平静に受容できるように思う。死ねば自我は無くなる。「そんなら自我が無くなるといふことに就いて、平気でゐるかといふに、さうではない。その自我といふものが有る間に、それをどんな物だとはつきり考へても見ずに、知らずに、それを無くしてしまふのが口惜しい。残念である。漢学者の謂ふ酔生夢死といふやうな生涯を送つてしまふのが残念である。それを口惜しい、残念だと思ふと同時に、痛切に心の空虚を感ずる。

なんともかとも言はれない寂しさを覚える」というように使っている。

この酔生夢死を否定的でなく、反対の方向に、肯定的に、積極的に取ったらどうだろう。たとえば『パリの憂愁』の中で、ボードレールが「酔え」と題していっているように。

「常に酔っていなければならぬ。すべてはそこにある、これこそ唯一無二の問題である。君の肩をめりこませ、地上へと身を傾《かし》がせるかの「時間」の怖るべき重荷を感じないためには、休みなく酔っていなければならぬ。

しかし何によって？　酒であろうと、詩であろうと、徳であろうと、それは君にまかせる。ただひたすらに酔いたまえ。」（福永武彦訳）

この憂愁と絶望の詩人にとって、酔うことは、ショーペンハウアーの有名な比喩を借りるなら、いわゆるイクシオンの車輪がとまるとき、生存という不断の拷問がやみ、時間・空間、必然性の桎梏から放たれるたまゆらである。

酔生夢死の「酔」をディオニュソス、「夢」をアポロと取ってみたらどうだろう。ニーチェの『悲劇の誕生』は決して読みやすい本ではない。最初にアポロは夢の神として紹介される。これがまずつかみにくい。というのは、多くの読者にとって、ディオニュソスとアポロは芸術形成の原理論的な対立だという先入見があって、そうしたものが説かれるだろうという予想があるからである。ディオニュソスは音楽的で、陶酔と激情の神である。一方、アポロは彫刻的で、均整と秩序の神だという類型論である。ふたたび鷗外に迷惑をかけると、たとえば『歴史其儘と歴史離れ』の中で鷗外は「友人の中には、他人は「情」を以て物を取り扱ふのに、わたくしは「智」を扱ふと云つた人もある……わたくしの作品は概して dionysisch でなくつて、apollonisch なのだ」といっている。これはディオニュソスとアポロという類型論的概念(「情」と「智」にまで二元化されている)を踏まえているのである。

私はこの類型論を誤っていると主張しているのではない。このみごとな発見はたしかにニーチェの手柄といってもいい。ただ『悲劇の誕生』を読む際に、この類型論に足を取られていると、論文ぜんたいの見通しがつかなくなることをいいたいのである。ここではディオニュソスもアポロも「芸術」として「酔生夢死」の原理なのである。この点を押えておかないと、後半でソクラテスが登場する意味がわからなくなる。ソクラテスこそ酔生夢死、すなわち芸術、すなわち悲劇、に対する理性による破壊者であり、かれこそ真の対立的存在なのである。ニーチェの見るところ、アッチカの悲劇はこの知的怪物ソクラテスとその共鳴者エウリピデスによって亡びたのである(後年付加された序文の中でニーチェは、ここに提出されたのは科学の問題だといっている)。

だいたい『悲劇の誕生』は、古典文献学の論文ではない。著者はたしかにバーゼル大学の古典文献学の教授だし、このエッセイがその後のギリシア研究に陰に陽に大きな影響を与えてきたことはいうまでもないが、どうも最初からそのへんに大きな誤解があるように思われる。ヴィラモーヴィッツ・メレンドルフが意気ごんでこの論文を攻撃したのも古典文献学の正統的な立場からは至当なことで、結局次元が違うのである。

ギリシア悲劇をかつぎだしたのは、ニーチェではない。ワーグナーなのである。ニーチェは専門家だから、もちろんギリシア文化に対する理解があった。かれはそうした知識を駆使して、ワーグナーの芸術論がすでに取上げているギリシア悲劇の理想化に、てこ入れをしようとしたのである。

ボードレールとニーチェをつなぐ見えざる地下水の響きが、私の耳をひきつけてやまぬ。刊行中のグロイター版ニーチェ全集は、ニーチェの遺したおびただしいボードレールの『火箭』と『赤裸の心』からの抜き書きを公表した。ボードレールの名はニーチェの著作中『偶像の黄昏』と『この人を見よ』の二個所に見え、また、ペーター・ガスト宛の手紙にもあり、『悪の華』はその蔵書の中に含まれている。そうしたことはすでに知られていたが、この新発見の多量の抜き書きはあらためて多くのことを考えさせる。この機会に私はボードレールの「リヒアルト・ワーグナーと『タンホイザー』のパリ公演」(白井健三郎訳)を読み、ここに『悲劇の誕生』を解く鍵のひとつを見たように思った(もちろんそれは、ニーチェがこの評論を参考にしたという意味ではまったくない。もっと内奥のもの、ボードレールのいわゆる「相互のアナロジー」である)。

ボードレールはそこでワーグナーの「ベルリオーズへの手紙」を引用し、ワーグナーの「ギリシヤ演劇に対するきわめてはげしい関心」を紹介する。こうした引用個所そのものがワーグナーとニーチェの関係を掘り起して考えるのにきわめて適切なものである。ワーグナーはその仕事の出発点を求めて古代ギリシアに行きあたった。ギリシアではきわめて深い観念と、明晰で普遍的な大衆の理解が結びついていた。「三万のギリシア人がアイスキュロスの上演を終始変らない興味をもって追ってゆくことができた。」現代でわれわれがこのようなことを実現しようとするなら(何というワーグナーの野望!)、たがいに協力するあらゆる芸術の結合が必要であろう。

「このことは私をみちびいて、さまざまな芸術の分野相互間の関係を研究させ、そして造形的なものと身ぶりとの間に存在する関連をとらえたのち、私は音楽と詩歌《ポエジー》との間に存する関連を検討した。この検討から突如光明がほとばしり、その時まで私を不安にさせていた暗闇を完全に一掃した。

事実私は、この二つの芸術の一方が超えることのできない限界に達するまさにその地点で、ただちに、最も厳密な正確さをもって、他方の活動圏がはじまるのをみとめた。その結果、この二つの芸術の内密な結合によって、それぞれが孤立しては表現しえないものが、最も申し分のない明晰さで表現されるであろうことをみとめた。」

このボードレールの勘どころを押さえた引用を精読すると、ニーチェのディオニュソスとアポロという発想への呼び水がすでにここにあること、同時に音楽と文学という二つの芸術の内密な結合が、従来安易に使われたオペラという呼称を拒否して、あえて

「楽劇」(Musikdrama)を主張したワーグナーの気持ちがよくわかる。

ボードレールはさらにワーグナーの論文「未来の音楽」から引用する――

「私は、いくつか数すくない芸術家の創造の中に、自分の演劇的音楽的基礎をみいだしてきたのであった。今度は歴史が、私がいだいたような演劇と公衆生活との理想的関係の模範と典型を、私に提供してくれた。私はこの模範を、古代アテナイの劇の中にみいだした。アテナイでは、芸術の享受に伴われる宗教的祭典が行われる或るいくつかの儀式の場合にしか、演劇はその囲《かこ》いを開かなかった。国家のうちで最も傑出した人びとが、詩人あるいは指導者として、これらの儀式に直接参加した。彼らは、都市や地方から人民の眼には司祭として映じ、そしてこの人民は、まさに眼の前で上演されんとする作品の崇高さにたいするきわめて深い期待にみたされていたので、最も深遠な詩篇、アイスキュロスやソフォクレスのごとき詩人の詩篇が、民衆の前に提出され、しかも完全に聴かれることが保証されえたのだった。」

後年ワーグナーがバイロイトに建てたその独特な劇場を祝典劇場《フェストシュピールハウス》と呼んだのは、

こうした途方もない夢想と野心に駆られていたからである。ボードレールの論文からニーチェの『悲劇の誕生』までには十年あまりの歳月があるが、その間もワーグナーはその夢想を膨らまし続けたのであって、ワーグナーがニーチェの著作を受けとり、一読したときの感激は、かれの妻のコージマの日記からも察することができるし、実際、かれは「これほど美しいものを、私はいまだかつて読んだことがありません」とニーチェに宛てて書いている。かれが見たものは自己の思想のナルシス的影像だったといえるだろう(しかしこのワーグナーの興奮は、ディオニュソスとアポロの類型論に重点があったようで、ソクラテスの問題は無視されたように思われる。この点はいつか──再版の「序文」とともに──くわしく取扱いたい)。

グロイター版のボードレールからの抜き書きが生みだした波紋の一つとして、『ニーチェ研究』(Nietzsche-Studien)第七輯所収のペスタロッチ教授の「ニーチェのボードレール受容」を挙げておく。その中にも引用されているワルター・ベンヤミンの洞察はさすがである。

「ボードレールの英雄的な態度はニーチェのそれと血縁的にもっとも近いと言っ

てよい。ボードレールがカトリシズムに固執したとすれば、それは結局かれの宇宙の経験が、ニーチェが神は死んだという命題に要約した経験と精確に同じ系列の経験だったからである。」(円子修平訳)

漁樵問答
――ニーチェとハイデガー――

雪舟の「山水図」(いわゆる「小巻」の方で、「長巻」には見あたらない)の巻初にあり、また独立した一幅「漁樵問答図」(日本雪舟筆の落款があるもの)もある。漁夫と樵夫が渓流のかたわらに坐して、談話している図である。両者は何を問答しているのだろうか。神田秀夫教授の示唆では、あるいは元曲「漁樵記」から画材が取られているのかもしれないということで、この元曲を調べれば問答の中味もわかるかもしれない。この樵者は後に太守となった朱買臣なる人物の、いまだ時に遇わざる雌伏の姿らしい。漢書にその伝が、相手の漁者厳助の伝とともにあるという。しかしともあれ漢書から元曲までには一千年も時がたっているし、漁樵問答図なるものは雪舟以前にも描かれている実例があり、漁者も樵者もすでに――寒山拾得のごとく――神韻ただよう仙境に遊んでいる人物として、禅画的題材に移行しているものと見ていいだろう。漁者と樵者が問答しているということで、まず事は足りる。

ニーチェとハイデガーというテーマを設定しておのずと私の脳裡に浮かんできたのが、この漁樵問答である。画中の樵夫はいうまでもなくハイデガーである。彼は『樵夫の径』を書いた。シュワルツワルトのトートナウベルクの山荘で、ヘルダーリンの詩を引いて真理の「家郷」を語る生粋のアレマン人である。

話し相手の漁夫はニーチェと見たてていいだろう。後期のハイデガーが「建てる、住む、考える」を講演し、またヘルダーリンの詩句「詩人として人間は住む」を解釈するとき、この「住む」という一語に晩年の思索なり心境なりが収斂していくように思われる。しかしニーチェは住まない。母が残っているドイツのナウムブルクには、ついになじめなかった。スイスのバーゼル、イタリアのヴェネツィア、ジェノヴァ、トリノ、また夏ごとに訪れたアルプス山中のジルス・マリーア、どれも仮の宿であった。大学の教職を離れてからは、文字通り一所不住の漂泊者といっていい。「良きヨーロッパ人」として、彼はスイスから、イタリアから、あるいは南仏から祖国ドイツの運命を憂慮していた。「住む」という言葉は彼の耳にはハイデガーのような重みも含蓄も魅力もなかった（——風土や気候の生理的影響には極度に神経質であったが）。岩かげに小舟がつながれているのが見える。ニーチェの生涯はこの軽舸の中ですごされたように見える。彼には一茶の「終《つい》の栖《すみか》」さえなかった。

ハイデガーは郷土の詩人ヘーベルを讃えて、その文章を引用する。「われわれは草木だ、——自分自身認めようと認めたがるまいと、草木なのだ、——大地に深く根をおろし、そこから伸びて、空高く灝気《エーテル》の中に花ひらき、実を結ばなければならない」と。この「ヘーベル・家の友」と題された一文でも、「住む」ことが強調されている。この思索者は樵夫としてシュワルツワルトに住んでいる。草に蔽い隠された森の中の道をさぐり、また時には山をおりて『野の道』を歩くことはあっても、彼は住んでいる。画中の樵夫の背後には、たばねられた柴が天秤棒とともに見える。この二つの柴の荷は心なしか、「有」と「時」のように見える。いわゆる「転回《ケーレ》」は、彼が肩をかえて、荷の前後をとりかえたということではないのか。

ハイデガーはしばしばニーチェに触れ、ニーチェをめぐっていくつかの論文をものし、特に三〇年代の講義にもとづいた大著『ニーチェ』をあらわした。しかしニーチェとハイデガーとの関係については、「結局ニーチェはハイデガーに最も近接した者であって、最も遠い者であった」(ペッゲラー)と言わざるをえないだろう。漁者と樵者は膝を接して問答し、談笑しつつも、両者の世界は隔絶している。

ハイデガーにおけるニーチェは、あまりにもハイデガー的に裁断されているように見える。ニーチェはプラトンに開始されたヨーロッパ形而上学の完成者であり、終結者であると断定される。その「力への意志」は有(エッセンチア)であり、その「永遠回帰」は有のあり方(エクシステンチア)ということになる。たいへんみごとな処理であって、『ニーチェ』上下を通読すると、思わず固唾をのまされる箇所が多いが、同時にどこか大きな無理があるような気がする。取り残されているものが多いように思われる。高性能の望遠レンズでもなお模糊とかすんでいるというか。あるいは光よりも早い速度で、限界が遠ざかっていくようなニーチェの精神宇宙に、ハイデガーは存在論のレーダーを適用しようとするように見える。彼は「力への意志」にあまりにも問題をしぼりすぎるように、私には思われる。その反定立としては、たとえばラウター・ミュラーの「力への意志多元論」(彼の著作『ニーチェ』、また Nietzsche-Studien, Band 3. 所収の論文)の立場をその着実性の故に重視すべきではなかろうか。樵夫が漁夫のことば「芸術は力への意志の最も透明なかたちである」ということから出発するのはいいが、彼は同時に自分の穿いている靴を指さす。それはゴッホの農民の靴である(『芸術作品の根源』参照)。おそらく相手の漁夫の耳に芸術という言葉がはいるとき、たちまち誘発されるのは、ワーグナーの「トリスタンとイゾルデ」のあの波打つ無限旋律であって、それは「その最初の一音でレオナルド・ダ・ヴィンチのあらゆる妖しさから、その魔力を奪う」(『この人を見よ』)ものである。この音楽の海底(そこから処女作『悲劇の誕生』は生まれた)までは、ドイツの森の樵夫の斧のひびきはとどいていないようである。

「――わたしは海が好きだ。海の性質《さが》を持つすべてが好きだ。かれらが怒り狂って、わたしに刃向《はむ》かってくるときなど、いよいよたまらない。

未知のものにむかって帆をあげる、あの探求のよろこびがわたしの中にある。わたしのよろこびの中には、航海者のよろこびがある。

わたしは歓喜して叫んだ。「岸が姿を消した。――いまわたしをつなぐ最後の鎖も落ちた――

――無辺際のものがわたしをめぐって怒号している。時間と空間が、大きくひろがって輝いている。しっかりしろ、わしの魂よ！」――」（『ツァラトゥストラ』「七つの封印」）

「海は荒れている。一切は海の中にある。さらば行くがいい。わが水夫《かこ》の魂よ！」（同「古い石の板と新しい石の板」）

『ツァラトゥストラ』の中に出てくる海や波の比喩はおびただしいが、それらはつねに美しい。ニーチェの Wille（意志）は Welle（波）と同一の種族の出であり、同じ秘密の共有者なのだ（『華やぐ知恵』三一〇参照）。

ニーチェは彼が期待する理想の読者像について『この人を見よ』の中でこう書いている。

「完全な読者像を描くとき、いつも思われるのは、勇気と好奇心とのかたまりのような怪物だ。そして柔軟で、狡智にたけ、用心ぶかくもある、生まれながらの冒険者、発見者といった存在だ。結局私が誰に向かって語りたいのかといえば、それはツァラトゥストラがすでに語っている、それ以上のものではない。ツァラトゥストラ誰に向かって、その謎を語ろうとしたか。」

（以下に引用されているのはツァラトゥストラがその永遠回帰のヴィジョンを語ってきかせる有名な「幻影と謎」の章の一部である。沈黙していたツァラトゥストラは航海者たちと暮して、二日目の夕方、「その舌は弛《ゆる》み、彼の心の氷は割れた」。）

「──あなたがたは大胆な探求者だ。敢えて試みようとする人たちだ。帆をたくみにあやつって恐怖の海を乗りまわした人たちだ。

あなた方は謎にひかれる陶酔者だ、笛の音《ね》にさそわれて、どんな魔の淵へもはいっていく魂の持ちぬしだ。

それというのも、あなたがたは臆病な手つきでひとすじの糸をまさぐろうとしないからだ。ここぞと察知すれば、推論などにこだわっていないからだ……」

ジェノヴァにあったニーチェは、おのれをコロンブスに擬して、詩をつくっている。

新しい海へ

かなたへ——と、己は意志した。
これからの恃《たの》みは、この己と、己の伎倆《うで》だけだ。
海は渺茫と青く
わがジェノヴァの船の舳《へさき》にひらけた。
万有が新しく、さらにまた新しくなる。
時間も空間もまどろんでいる正午《まひる》どき
ただおまえの眼だけがすさまじく
己を見つめる——無限よ！

ドゥルーズは『ニーチェと哲学』の中で、ニーチェとマラルメを結びつけている。その骰子《さいころ》の比喩とともに、海についてももっと語れたかもしれない。

ハイデガーはニーチェ形而上学の中から五つの基本語を選びだしている。「力への意志」「ニヒリズム」「等しきものの永遠回帰」「超人」「正義」である。この中で彼が最も重きを置くのは「力への意志」だが、この点に関する私の疑問は、さきに一言した。この基本語に、私はさらに「ディオニュソス」を加えたい。ディオニュソスが音楽と陶酔に深い関係があるのはもちろんだが、ディオニュソスはまた海(そしてまた死)にも深いつながりがある。これに思い及ばないひとは、たとえば『ツァラトゥストラ』の「大いなるあこがれ」の章の後半を解くことができない。『ツァラトゥストラ』の中には各所にディオニュソスの姿が見え隠れしているので、注意ぶかい読者だけがそれに気づく。ニーチェのディオニュソスはまた船に乗って海を渡るディオニュソスである。永遠回帰の真理をつかんだツァラトゥストラの魂は、あまりにも大きな充実感のために、熟しきった葡萄の実が摘み手としてのナイフにあこがれるような、せつない苦悩をおぼえる。ツァラトゥストラはおのれの魂に向かって、高らかに歌うことによって、はけぐちを見いだせと言う。

「――歌うのだ、ごうごうと鳴りとよもす歌で。ついにすべての海が鳴りをひそめ、おまえの歌に耳を澄ますようになるまで、――

――そして、ついには静かな、あこがれに満ちた海に、小舟が浮かびだす。それは金色の奇跡だ。その金色をめぐって善きも悪しきもあらゆる奇妙なものどもが飛びはねる――

――多くの大小の生き物ども、身軽く奇妙な足をそなえて、紫色の潮路をすべることのできるものたち――

――かれらはみな金色の奇跡をめざして行く。それは自発的な意志の小舟であり、そこには主人《あるじ》が乗っている。主人は、ダイヤモンドのナイフを手にして待っている葡萄摘みだ。――

――おお、わたしの魂よ、かれはおまえの大いなる救済者だ。まだその名を持たぬ者だ。――未来の歌がはじめてかれの名を見いだすことになろう！　そしてまことに、おまえの呼吸にははやくも未来の歌のかんばしいいぶきが通う。

――はやくもおまえは燃えたち、夢みている。はやくもおまえは喉がかわいて、すべての深く、鳴りひびく慰めの泉から水を飲んでいる。はやくもおまえの憂鬱は、未来の歌の至福のなかに憩っている！――」

一見とっつきにくい象徴的風景だが、この箇所を書いたニーチェの脳裡には文献学的な知識(たとえばホメロスのディオニュソス頌歌――「ディオニュソス神はナクソス島へ渡ろうとして、テュレーニア人の海賊船に乗った。彼らは神を奴隷に売ろうとして、アジアに急いだが、神は帆柱と櫂《かい》とを蛇に変え、船を葡萄と笛の音でみたし、彼らは狂って海中にのがれ、いるかとなった」(高津春繁『ギリシア・ローマ神話辞典』)だけではなく、あるいは現在ミュンヘンの国立古代博物館の蔵するギリシア人エクセキアス作の皿の絵があったのかもしれない(レーヴィットは『ニーチェの永遠回帰の哲学』の扉絵にそれを使っている。ケレニーの『ディオニュソス』第五一図参照。なおフィンク『ニーチェの哲学』第三章にこの箇所の解説がある)。いずれにせよ「まだその名を持たぬ者」の背後にディオニュソスがいると見なければならぬ。

海と波を越えて飛ぶ鳥も、しばしばニーチェにとって思想家の象徴であった。

「思想家の交わり――。生成の大海原の真只中で、われわれ、冒険家で渡り鳥のわれわれは、小舟ほどの大きさの離れ島の上で目をさまし、しばしあたりを見まわす。できるかぎりすばやく、好奇心にみちて。なぜならいまにも風が起こって、われわれを吹きとばすか、あるいは波浪が小島を洗い去って、われわれの姿も消えてしまうかもしれないから！　しかし、ここ、このささやかな場所で、われわれは他の渡り鳥とめぐりあい、また以前の鳥たちについて話を聞く、――こうしてわれわれは楽しい羽《は》ばたきとさえずりを交《かわ》して、認識と推察の貴重な一瞬をすごし、こうして大海の上に、大海そのものにも劣らぬ誇りにみちて、精神の冒険の旅にのぼる。」（『曙光』）

ハイデガーとニーチェとは、こうした小さな島の上で会話をかわした二羽の鳥であったかもしれない。そしてそれぞれの方向に飛び去っていった――

ツァラトゥストラが深山の洞窟に住んだことはたしかである。山頂の氷冷な大気を愛する者であることも否定できない。しかしツァラトゥストラの使命は、その洞窟を出て、下界へ「没落」することによってはじまる。またつぎのことも忘れてはなるまい。ツァラトゥストラにとって、山嶺は同時に深淵を意味していた。第三部の冒頭の「旅びと」

は印象的な章である。「いまこそ、おまえはおまえの偉大をなしとげる道を行く。山頂と、深淵、それがいまはひとつのものとなった。」ツァラトゥストラの登攀は、道が絶え、登山用具が使えなくなったとき、「自分自身の頭を踏んで」よじのぼる。彼はおのれ自身を見おろすところまで行く。彼は山頂にあって「最高の山はどこから来たのか」とたずね、「それが海から生まれた」ことを、岩壁に刻まれた証拠でたしかめる。「いとも高いものはいとも深いものが高まって成ったものだ。」

ハイデガーは現有を「世界・内・有」と規定するが、その「世界」はツァラトゥストラにとっては、むしろ底知れぬ海、奇妙な深海魚の棲息する海と映じる。ハイデガーはヘルダーリンに示唆されて「方域」を想定し、「大地と天空、神的なものと死すべきもの」を挙げるが、海のイメージからは遠い(私はこの天空に鳥をとばせたい)。ツァラトゥストラは第四部の冒頭「蜜の供え物」で、新鮮な蜂蜜をたずさえて高山に登るが、彼の真意は蜂蜜をささげて供犠を行なうためではなく(――いったい誰に捧げるのだろう。ゾロアスター教の風習という解釈もあるが、一説のようにディオニュソスへの供犠と見るべきか)、むしろこの美味の餌によって、人間という奇妙な魚を釣ろうとするのであ

る。「かつて高山に登って、魚を釣ったものがいただろうか。」たしかに

「世界は、けだものの住む暗い森だ。あらくれの猟師どもが勇み立つ狩り場だ。しかし、それよりむしろ底知れない豊かな大海だと考えるほうがわたしたちに向いている。

——それは色とりどりの魚や甲殻類にあふれた海だ。それを見ては、神々でさえも漁夫となって網を打ちたくなるような海だ。この世界は、それほど奇妙なもの、大きなもの、小さなものに富んでいる！

ことに人間の世界、人間の海はそうだ。——この海にむかって、いまわたしは黄金の釣針を垂れ、そして言う、さあ開け！　人間の深海よ！

開け！　おまえの魚や妖しく光る甲殻類を惜しまずわたしに抛《ほう》りだしてくれ！　きょうは、わたしは極上の餌を使って、最も風変りな人間魚をおびきよせるのだ！」

ここで、人間魚という表現から、私がたまたま思いあたったことを書いておきたい。

ニーチェもハイデガーも実に多くの過去や同時代の哲学者や詩人などを取りあげて論じているが——さきの大海を飛ぶ小鳥の話題のごとく——、ことにハイデガーはレーヴィットも指摘するように解釈好きであり、古代ギリシアの哲人たち、プラトン、アリストテレス、アウグスティヌス、ドゥンス・スコトゥス、デカルト、カント、シェリング、ヘーゲル、また一面ではヘルダーリン、リルケ、トラークルといったぐあいにおびただしい哲学者や詩人とわたりあっているが、彼の眼光はそうした先覚のテクストの紙背に徹し、これをみごとに彼一流の「解釈」の俎上にのせて料理する。この板前の庖丁さばきはみごとだが、ニーチェの行き方とはあまりにも違う気がする。ニーチェはそのショーペンハウアー論の中で、「自分は哲学者というものを彼が一個の実例を与えるその能力に従って評価する」と書いている(カミュはこの句をその『シーシュポスの神話』の冒頭に引いている)。「教育者としてのショーペンハウアー」でニーチェはショーペンハウアーの形而上学にはほとんど触れず、その毅然とした生きざまに脱帽する。彼の教説はすでに時効にかかったが、その人間は不朽だという。ニーチェの場合は哲学者よりも哲人が眼目であって、これを自己と対決させ、これを踏み台にし、これを乗りこえることによって、「なんじ自身となれ」というピンダロスの句を成就しようとする。同じ

『反時代的考察』の中で、自分は古代ギリシアについても、博識な学者ツェラーよりも、挿話に富んだディオゲネス・ラエルティオスを読むのが好きだというのは、ニーチェの関心が哲学者の教説を分析し、読解するよりも、その本人が自己の教説や思想をいかに生きたか、生かしたかということに重点があるからである。彼は生涯音楽家ワーグナーを問題にし、愛し、憎んだのも、多くの友人から離れて孤独に陥ったのもそうした点に一つの鍵がある。「わたしがプラトン、パスカル、スピノザ、ゲーテについて語るとき、彼らの血がわたしの血管の中に流れているのを感じる」と言い、また「わたしの祖先はヘラクレイトス、エンペドクレス、スピノザ、ゲーテ」とも言う。ニーチェは永遠回帰の教説を体現し、血肉化しようとしたことで狂気に追いこまれたのである。言葉をかえれば、それが彼の狂気の内容となっているのである。彼はエトナの火口に身を投げて自然と一体化しようとしたエンペドクレスを想わせ、それに対して晩年のハイデガーはパルメニデスの「有」の原点にたちかえったようにも思われる(ニーチェの初期の天才的論稿「ギリシア人の悲劇時代における哲学」を参照)。ニーチェが最後の自画像に『この人を見よ』と題したのも、理論とともにそれを生きる人間があって、はじめて哲学が成立するという初心を失わなかったからである。

『この人を見よ』の中には、「わたしのツァラトゥストラをいくらかでも理解するためには、おそらく私と似たさだめを負うていかなければならない――片足を生の彼岸に置くという……」と書かれている。一時ニーチェの哲学は生の哲学と呼ばれたが、その生はたえず死に裏打ちされた生であった。漁夫ニーチェの小舟は、また冥府の川の渡し守カローンのあやつる「死の小舟」でもあった(少年期の詩作からすでにこの小舟は顔を出している)。すぐれた詩「奇《あや》しき小舟」あるいは「太陽は沈む」に出てくる小舟、『ツァラトゥストラ』の「古い石の板と新しい石の板」の中ではっきりと「死の小舟」と銘打たれているもの、それらはつながりがある。ハイデガーがその前期で、人間の現有を「不安」と「死への存在」として提起したとき、ひとは何よりもキルケゴールの影響を感得したが、影絵のようにニーチェの「死の小舟」が遠景を走っていたのである。『有と時』の中に『ツァラトゥストラ』の「自由な死」の一節があるのは恣意的な引用ではない。

『ツァラトゥストラ』の中でも最も美しい比喩として、私の忘れがたいのは「最も貧しい漁夫までが、黄金の櫂で漕ぐ」日没の海である。ツァラトゥストラは「死につつ、かれら(人間たち)に、わが最も豊かな贈り物をおくりたい」と願う。かれはこれを落日を見て学んだのだ。

「太陽は、その無尽蔵の富を傾け、黄金を海にふりまく、——そのときは、最も貧しい漁夫までが、黄金の櫂で漕ぐことになる。わたしはかつて、この情景を眺めて、心打たれ、涙をとどめるすべを知らなかった。」

落日のあと、蒼茫と暮れる海の上を、聖なる狂気の人を乗せた捨て小舟がひとつ漂っていく——永遠の回帰の世界へ……

岩上に坐した漁夫と樵夫の問答はなおつづいているようだ。かれらはテクノロジーの支配する現代を憂いているのか、古代ギリシアの及びがたい根源を懐かしんでいるのか、——潺々淙々《せんせんそうそう》と流れる川の音が、この塵外境の静寂をいっそう深めている。日はすでに午に近いけはいである。

解　説

三島憲一

　本書は、ニーチェ研究家として名高い氷上英廣（一九一一―一九八六年）氏が、一九世紀後半のヨーロッパの、そして特にドイツの社会や文化と戦ったこの思想家についてさまざまな角度から書いた一四本のエッセイや論文を集めたものである。氏には他にも、当時（一九七六年）としては早く『啓蒙の弁証法』やハーバーマスにまで論を伸ばした「哲学という嘆きの壁」、ユーゲント・シュティールとニーチェの関連を論じた「ニーチェと世紀末」、いわゆる〈強さのペシミズム〉を俳句の世界に探った「草田男とニーチェ」など捨てがたい珠玉の文章も多数あるが、文庫本の枠を突き破ることになるので、収録を諦めざるを得なかった[1]。

　氷上英廣氏が鬼籍にはいられて三〇年以上経った現在、氏の名前にすぐにはイメージもわかない読者も多いと思われるので、略歴を簡単に記しておきたい。東京は日本橋の生まれで、一高時代には文芸部で作家の中島敦(一九〇九―一九四二年)と深い友情関係にあった。一九四八年に出版された中島敦全集の編集委員もしている。一九三三年に東京帝国大学文学部独文学科を卒業したのちに、旧制の甲南高等学校で一九三六年から四六年までドイツ語を教えた。当時氷上氏にドイツ語を教わり、その後大学教員になった方の何人かと編者は、のちに知り合うことになったが、ドイツ語教員が一般に恐れられている中で、学生に非常に慕われた教員であったようだ。戦中には空襲で焼け出されたり、戦争末期には応召で、横須賀の海軍基地に勤務したこともある。一九四六年から七二年まで東京大学教養学部で助教授・教授の職にあり、教養学科ドイツ文科や大学院比較文学比較文化専攻課程の主任教授を務め、ヨーロッパ近代思想や近代ドイツ文学を教えた。祖先は兵庫県氷上町の出身と、いつも言われていたが、それは大昔の話で、日本橋の生まれということで、江戸の世界にも造詣が深く、都会育ちで、ベレー帽を好んでかぶる洒脱な出で立ちと品のいい諧謔は、難しい西欧思想の講義のあいだに学生に多くの息抜きを与えてくれるものだった。一九七二年の定年退職後は、一九八二年まで武蔵大学で教鞭をとった。

本書の基調をなすのは、まとめ的に言えば、「静謐なニーチェ」「隠棲のニーチェ」「風景のなかを逍遥するニーチェ」「エピクロスと通じるニーチェ」ということになろう。これには若干の説明が必要だろう。

一口にニーチェといっても、ニーチェほどその受容や研究の歴史が多様な存在はまずいないだろう。早くからあった左派的なニーチェもあれば[2]、ナチスが担いだニーチェもある。ハイデガーのように、西欧の存在論の歴史の最終段階に位置づける議論もある。文学者たちの読み方でも、トーマス・マンのようにドイツの運命と結びつけたものもあれば（『ファウスト博士』）、ジイドのように南ヨーロッパの風土の中で男性同士の愛の賛歌を、ツァラトゥストラもどきに歌いあげたものもあるかと思うと（『地の糧』）、バーナード・ショウのように、ヴィクトリア朝の二重道徳を笑い飛ばすためにニーチェを使ったものもある（『人と超人』）。一九六〇年代後半の学生運動の理論的主役であったマルクーゼなどは、ニーチェと快楽の解放を結びつけた。当時のパリの学生叛乱でニーチェとランボーの名がよく語られたことも思い出される。初期の文学的な受容から、ハイデガーを経て、フランスのポスト構造主義に至るにつれて、しだいに哲学での受容が目立ってきたと言えるかもしれない。しかし、文学とか哲学という区分けを無視するのがニーチェである以上、こうした指摘には、あまり意味がないかもしれない。もしも、この指摘に意味があるとすれば、まさに文学と哲学の分野の両方にわたってニーチェのテクストを論じてきたという点で、氷上氏のニーチェ論が際立つことであろう。その意味では、アカデミズムの区別を軽々と越えたニーチェに倣って、氷上氏もそうした壁を、やすやすと通り抜け、行ったり来たりしながら、ニーチェのテクストを、その時代の文学や思想の背景に深く丁寧に位置づけながら、しかも、斎藤茂吉や萩原朔太郎など日本人の書いた文学とも関連させて論じたのが、本書に集められた、渋く味わい深いエッセイ群であり、博識に裏打ちされた精緻な論文群である。

日本におけるニーチェの受容について当の氷上氏は、本書の「斎藤茂吉とニーチェ」のなかで四期にわけて、次のように述べている。「第一は樗牛や竹風による、主として個人主義や超人の思想を中心とした明治三〇年代の段階であり、そのあとでいま述べた和辻・阿部などによる「生の哲学」的な理解の時期がある。そのあとは第二次大戦期でナチス的なニーチェ像があらわれ、その後に、現在に至る実存主義的なニーチェ把握がくる」(本書三七六―三七七ページ。以下算用数字で377のように記す)。

この文章は、一九六六年に書かれているので、残念ながらその後の動きを氷上氏がどう見ていたかは、わからない。氏がそれなりに感心しながらも、はっきり距離を取っていたハイデガーはここではおそらく、「実存主義的な」把握に含まれているのだろう。

しかし、氷上氏のニーチェを見る角度は、西洋や日本におけるこうした受容のどれにもあてはまらない。それは、永遠回帰や力への意志を告げるときのニーチェ晩年の形而上学的で教祖的な身振りに引きさらわれない読み方であり、ツァラトゥストラの時として激越な文体にも酔うことのない受け止め方である。むしろ中期ニーチェの『漂泊者とその影』や『曙光』、そして『華やぐ知恵』のアフォリズム群に散見する、さまよえる孤独な魂が自分自身と交わる経験、また風景、それも万年雪をいただくアルプスの山嶺と麓の湖畔、地中海を望む岬や紺青の天空と交わる経験の丁寧な掘り起こしが中心的な仕事である。そうした風景の中で自我の深淵と表面、その両者の逆転、その戯れや分身化を描いた文章、明るく心に染み入る夕暮れの風景を筆にのせた描写などが氷上氏の関心を引いている。もちろん、永遠回帰、そのほかの凄まじい議論を氷上氏が無視しているわけではない。特に、本書に収録しなかった一九五〇年代から六〇年代はじめの文章などでは正面から論じてもいる。

しかし、そうした哲学史的に整理し、哲学用語で記述しやすい、いわば哲学者のニーチェとは違う方向に氷上氏は目を向けた。大道をいく哲学者には見えない森の奥に潜んでいるニーチェの姿や経験にである――もちろんのこと、こうした代表的概念についての、ヤスパース、レーヴィット、ハイデガーなどの議論をきちんと押さえながらだが。「ニーチェにおける午後、夕方、幸福感、夕映え、日没、たそがれといった一群の比喩は彼の思想の深所にとどいている」と氷上氏は書いている(97)。静かに流れる川に浮かぶあやうい孤舟も、ニーチェの、そして氷上氏の好きな人生メタファーだ。思想のキャッチフレーズの奥底に潜み、その源泉ともなっている経験である。

この点で代表的なのは、ET IN ARCADIA EGO(われもまたアルカディアに)と題された本書のほぼ中央部に位置する論文である。本当はこのタイトルを本書全体の表題にしたかったのだが、馴染みのないラテン語表現がタイトルにはそぐわないので諦めざるを得なかった。

実際のギリシアのアルカディア地方は、自ら旅した氷上氏の言によれば、昔も今もたいして趣のある風景ではないようだが、そのアルカディアが、そこに行ったこともないローマのヴェルギリウスによって、羊飼いのいる静謐な風景として、いわゆる「英雄的・牧歌的風景 heroisch-idyllische Landschaft」として西欧の文学のトポスに仕立て上げられていくプロセスが精密に辿られている。テオクリトス風の牧歌(Bukolik)からゲーテの『ファウスト』まで。髑髏を見る二人の牧童を描いたゲルチーノの絵から「アルカディアの牧人」と題したプーサンの絵まで。これは本論の途中であるが、「われもまたアルカディアに」の一文は、こうしたアルカディアにも、髑髏の存在が語り出すように、死は訪れる、という意味で絵画の寓意としても使われていた(その場合は「われはアルカディアにもあり」と訳した方がいいかもしれない)。しかし、ゲーテはその『イタリア紀行』の初版では「わたしも、夢にまで見た素晴らしいところ、つまりアルカディアに行ってきた」という意味で冒頭のモットーにしていた。ゲーテにとってはイタリアがアルカディアだったのだ。のちに死との関連を知ってか、最後の全集版では削除されているといったこの一文の多様な意味の歴史が辿られる。

そうしたことを論じた後にEt in Arcadia egoと題したニーチェのアフォリズムが引かれ、解釈されている。一八七九年に大学を辞めてからのニーチェは夏をスイスのオーバー・エンガディーン地方のジルス・マリーアで過ごしたが、そのときの散策で出会った風景だろう。森と草原、万年雪の山々と手前の湖畔、そして羊の群れと牧人。「いろいろの花」とあるから初夏から夏にかけての陽の長い時期の、静かな午後の風景だろう。

ニーチェ自ら「英雄的に、牧歌的に」とこの風景の経験を形容している。ここで氷上氏のこの論文の読者は、ドイツ語としては今でも普通に使う「英雄的」と「牧歌的」がこのコンテクストで、そしてこの結びつきで、本来は反対の意味を持つ二語がこの結びつきで、長い伝統の末の、ニーチェによる意識的な表現であることを悟らされる。さらには直前の行にある「プーサンとその弟子」の「弟子」がクロード・ロレンであることが謎ときのように明らかにされていく。いかにニーチェは孤独の中で味わう風景を「クロード・ロレン」とひとことで言い換えてきたことか。狂気の寸前『アンチクリスト』を書き上げたあとの友人へのトリノからの手紙が引かれる。「薄青色の空と大河、きわめて浄らかな空気、——私がこの目で見るとは夢にも思わなかったクロード・ロレン」と。大河とはトリノの中心を流れるポー河のことだ。最後の数年のニーチェはピエモンテ地方とその首都トリノにことのほか愛着を持っていた。

しかも、この論文は、ニーチェの経験を両方向に伸ばす。一つは現代への方向、まさに実存主義的方向である。つまり、ドストエフスキーの『悪霊』のなかの「スタヴローギン」の一節である。少女を凌辱し、彼女が首をくくるのを見届けたのちにヨーロッパに出てきたスタヴローギンは、ドレスデンの美術館でクロード・ロレンの絵を見ながら

「人類の黄金時代」の幸福にひたる。反逆の殺人者と黄金時代の啓示が出合う実存主義的経験。もうひとつは古代への方向、つまり、ニーチェが当該のアフォリズムの最後に触れている「英雄的・牧歌的な哲学のし方の発明者、エピクロス」の方向である。ニーチェが「古代の午後の幸福」と呼んだ静謐な哲学者エピクロスとドストエフスキーの凄まじい経験とが、クロード・ロレン描く英雄的・牧歌的な風景のなかで、しかも実際のオーバー・エンガディーン高地の景色とも孤独の中で溶け合うのが、先に氷上氏が「ニーチェの思想の深所」と呼んだ場所なのである。該博な知識に依拠した的確な注は、氷上氏が重視していたアビ・ヴァールブクの仕事を思わせ、古い話題を扱いながら、現代のアクチュアリティに、「反時代的に」静かに大騒ぎせずに、しかし鋭く切り込む論旨は、同じく氷上氏が好きだった静謐の歴史家ヤーコプ・ブルクハルトを、そして時として大胆かつ適切な対比は、晩年に読み始めていた、そして本書でもニーチェとボードレールとの関連で引かれているヴァルター・ベンヤミンを連想させる。

いずれにしても、こうした方面からニーチェを論じた人は、日本にももちろん西欧にもいない。そうした仕事のいわば「すがた」を際立たせるためにアルカディア論文の前に「ニーチェとエピクロス」に関する二本の論文を置いてみた。ニーチェがエピクロスを生涯にわたって気にしていたことは、この二本の論文からもあきらかだが、氷上氏も同じだったようだ。ニーチェは若い時に古代ローマの著述家で、哲学史を書いたディオゲネス・ラエルティオスについての論文を書き、それがもとで博士号も取得していないのに、バーゼル大学に招聘されたのだが、このいわば最初の哲学史家であるラエルティオスの『ギリシア哲学者列伝』(岩波文庫に収められている)ではその最後にエピクロスについて非常に多くのページが割かれている。ニーチェと同じく、氷上氏もこの部分を愛読したことは、多くの言及からもわかる。神を信じる唯物論者という一見矛盾した哲学者のエピクロス。つまり、神には敬虔だが、神が、あるいは、それぞれ担当分野を人間から勝手に割り振られた神々が、その役に応じてこの世の出来事に介入したりするとは思っていなかったエピクロス。その意味で唯物論者であったエピクロス。この世の行いによって死後の運命が決まるなどという古代末期に流行した多くの宗教思想と戦おうとしたエピクロス。しかし、そうした新興宗教の頂点であるキリスト教に、自らの死後のこととはいえ、結局は負けてしまったエピクロス。快楽主義者といっても酒池肉林的な快楽ではなく、ひときれのチーズと一杯のワインで数人の友人たちと午後をゆっくり過ごすのを「快楽」と見たエピクロス。この静謐の哲学者は、ニーチェと氷上氏が共有する

「古代の午後の幸福」であった。ニーチェはもちろん、同時にディオニュソスの復活を夢見たが、氷上氏はその思想を理解こそすれ、一緒に叫ぶことはしなかった。このエピクロス論では「デモクリトスとエピクロスとの自然哲学の差異」を論じたマルクスの博士論文にも言及し、かつ死の床のマルクスを描写したエンゲルスの書簡に出てくるエピクロスも引かれている。もう一度言おう。こうした方面からニーチェを論じた人は、日本にもちろん西欧にもいない、と。

氷上氏の、ここに集めたエッセイや論文のもうひとつの特徴は、なにげなしに触れる世界文学や日本文学である。「犀のように孤独」というニーチェの表現の意味を探った文章は唐代の柳宗元の漢詩からはじまり、古代インドの文学にまで及ぶ。隠棲の哲学者エピクロスの形容に「正体を発見されない寒山拾得」という表現も出てくる。斎藤茂吉論には人麻呂も萩原朔太郎も頻繁に引かれる。ニーチェの「大いなる正午」を扱った論文には蕪村の「三井寺や日は午に迫る若楓」が、そして茂吉の「真夏日のひかり澄み果てし浅茅原にそよぎの音のきこゑけるかも」がなにげなく、つまり衒学のてらいなく、論の必要に応じて柔軟に引かれる。しかも、ゲーテの自然と芭蕉の自然が「似ている」といったいい加減な議論が横行した時代に、そうではなく、茂吉の場合には、正午の静けさの経験とはいえ、正午の静けさのうちに怪異が現れるギリシアの経験とは異なるし、蕪村の場合にもどんな化け物も出てきようのない真昼であって、「日本的感覚」との違いを説くためである。他にも本書の各所で鷗外、漱石、子規とともに、雪舟の絵も参照され、もちろん晩年のニーチェが高く評価していたボードレールも引かれている。さらには落語も言及されている。

そこには、日本文学の、ほとんど手当たり次第とも言える膨大な読書経験と、そうしたテクスト群へのほとんど文学青年的な愛が潜んでいる。だが、それはナショナリスティックな自己愛や自己主張とはまったく無縁である。世界に張り出す軍事や経済の日本とは異なる日本へのやはり静謐な好感が生きている。多くの歴史修正主義者のように近代日本の自己礼賛に、特に軍事的・植民地主義的日本の自己礼賛に氏が走ることは決してなかった。また思い込みの激しい左翼権威主義も巧みに避けておられた。先にも触れたディオゲネス・ラエルティオスのエピクロス伝の次の文章は半ば氏にあてはまろう。「彼はあまりにも公正さを重んじたため、国事に関わることさえもしなかった」（岩波文庫下巻208）。非政治的だったことは間違いなく、その点が、デモクラシーの時代における人文科学のあり方を問うた、戦後世代——この問いに答えたのがアメリカのいわゆるヒユーマニティズ教育であり、その空洞化と水増しである「新制大学」の一般教養だが——には物足りなかったかもしれない。しかし、反時代的に現代を見つめる静かな眼差しは、まさに現代に必要なものでもある。

それゆえ、もう一度ニーチェに戻るが、氷上氏がツァラトゥストラの「大いなる正午」よりも、静寂に包まれる真昼時にパンの神が出現するとされたギリシア的な「正午」を、既成の価値を破壊する「ハンマー」や「ダイナマイト」よりも、黄泉の国との境を流れる川ステュクスに浮かぶ「孤舟」を、精神の「炎」よりも茂吉の実相観入を論じたのは、そしてニーチェにおける「シュティフターの静謐」「クロード・ロレンの金色の諧調」(12)を愛し、「澄みきった静謐の力強い安定」(96)を描き、永遠回帰を論じたニーチェの文章に「停止の充実と運動の円環」(191)の結合を見出すのは、そうした背景からであろう。ニーチェを扱った演習でも氷上氏は、「神の死」「超人」「力への意志」「運命愛」等々の人目をひく渦巻きをみつめるとともに、そうした渦巻きをつぎつぎに生み出す底流の動きをも考えねばならない、と常々言っておられた。「ニーチェの断片やアフォリズムの中から自分の気にいったのを後生大事にかつぎまわってもはじまらない。性急な結論は危険である」(15)。ハイデガーのニーチェ解釈もこのたぐいと思っていたようだ。ニーチェとハイデガーの「世界は隔絶している。ハイデガーにおけるニーチェは、あまりにもハイデガー的に裁断されているように見える」(406)。彼の解釈は「たいへんみごとな処理であって、……思わず固唾をのまされる箇所が多いが、同時にどこか大きな無理があるような気がする。取り残されているものが多いように思われる」(406)。

「取り残されているもの」——それを氷上氏は、壮大な自然の中に佇み、宇宙と万象を感得する詩的魂の経験と人間のあり方をめぐる議論とが、混沌と結びついていた一九世紀の哲学的思考のなかに、ニーチェを位置づけている。自然論と人生論が不即不離であった。それは、コリン・ウィルソンがかつて『アウトサイダー』のなかで論じた学生時代のニーチェが遭遇した雷雨の経験につながり[3]、また、コールリッジ(『クブラ・カーン』)やカーライルを受けており、そして明治の日本文学なら「山林に自由存す」と記す国木田独歩の世界とも通底する。誤解を恐れずに言えば華厳の滝の岩頭に記した藤村操の文章とも通い合い、逗子の海から伊豆の山々に沈む太陽を、その「永遠《イテルニテー》の濱」の光を見事な散文に載せた徳冨蘆花の文章世界につながる。「相模灘の落日」と題したこの蘆花の文章はタイトルもまさに『自然と人生』というエッセイ集に収められているが、

『ツァラトゥストラ』を思わせる一節もある。

「濱に立つて望めば、落日海に流れて、吾足下に到り、海上の舟は皆金光を放ち、逗子の濱一帯、山と云はず、家と云はず、松と云はず、人と云はず、轉《まろ》がりたる生簀《いけす》の籠《かご》も、落ち散りたる藁屑《わらくず》も、赫焉《かくえん》として燃へざるはなし。斯る凪《なぎ》の夕《ゆうべ》に、落日を見るの身は、恰も大聖の臨終に侍《じ》するの感あり。荘厳の極、平和の至、凡夫も霊光に包まれて、肉融け、霊獨り端然として永遠《イテルニテー》の濱に彳《たたず》むを覚ふ」（岩波文庫60）。

ジェノヴァ湾の夕暮れを描いたニーチェの文章も思い出される。「ここは海だ。ここならわれわれは都会を忘れることができる。折しもその都会の鐘はアヴェ・マリアをしきりと打ち鳴らしているが、――あの昼と夜の別れ目の、暗く愚かな、しかも甘美な響きを、――だが、それもほんの束の間だ！　今は一切が沈黙する！　海は青ざめ、きらきらと輝いて横たわっている。……大空は赤や黄や緑の色を駆使して、その永遠の暮れゆく無言劇を演ずる。われわれに突然襲いかかるこの巨大な沈黙は、まさしく美であり、旋律だ。おお、大海よ！　おお、夕方よ！……君達は人間に人間たることをやめよと教える」（『曙光』423番）。

まさに「美の掲示される瞬間の声なき礼拝」（95）である。蘆花と同じに「永遠」が語られる。先にもニーチェにおける日没や夕暮れの重要性を指摘した本書の文章を引いておいたが、このアフォリズムも氏が他のところで好んで引用している。

日没の海に関しては、氷上氏が「最も美しい比喩として、私が忘れがたい」と言いつつ、よく引く『ツァラトゥストラ』の一節はこうである。「太陽は、その無尽蔵の富を傾け、黄金を海にふりまく、――そのときは、最も貧しい漁夫までが、黄金の櫂で漕ぐことになる。わたしはかつて、この情景を眺めて、心打たれ、涙をとどめるすべを知らなかった」。この文章に続けて氷上氏は、こう書いている。「落日のあと、蒼茫と暮れる海の上を、聖なる狂気の人を乗せた捨て小舟がひとつ漂っていく――永遠の回帰の世界へ……」(420)。本書の他の箇所には、こうもある。「ニーチェの船は、はじめからオケアノスの流れに漂っているのだ。生者と死者の境にあるステュクスの川は、かれの親しい風景であり、渡し守カローンは、子供の時からの顔なじみのように見える」(68)。背景には、安定した生活といえども大海原の孤舟のようなものだという、ショーペンハウアーに媒介された経験がある。

もちろん、平和主義者の蘆花(蘆花はそれゆえ国粋主義者の兄蘇峰と死の床での和解にいたるまで義絶していた)が落日の「金光」に染まる逗子の浜から伊豆の山々に落ちる太陽を見つつ抱く「大聖の臨終に侍するの感」と、キリスト教とプラトン主義との戦いに疲れ果てたニーチェが孤独のなかで落日の消えゆく黄金の光を浴び、人間の終焉を思うジェノヴァからの地中海の風景とでは、場所だけではなく、知的背景も異なる。しかし、自然と人生が混沌とつながった世俗からの離脱の経験は、自然と人生のつながりのかつての、そういってよければロマン主義的な、あるいは一九世紀的なあり方を思わせる。

もちろん、こうした一九世紀の経験は、もはや我々の世界ではない。しかし、ニーチェの中にこの経験を、アナクロニズムに陥ることなく反時代的に発掘した氷上氏の仕事は「永遠の濱」に属することはまちがいない。

それにしても、膨大な博識のなかで必要なところだけをさらっと表に出す氷上氏の文章は名文であり、それだけでも、日本の西欧思想研究の歴史に残すべきものである。最後になるが、氏の墓碑には、ご遺族が選んで「Et in arcadia ego　われもまたアルカディアに」とだけ銘されていることも付記しておきたい。アルカディアとはこの永遠のことかもしれない。

私事にわたるが、本書の編者は、学部生から大学院まで一貫して氷上氏が指導教官であった。編者が数ヶ月かかって苦労して読んだドイツ語のニーチェ研究の専門書の話しをすると、翌週にはもう読んで来られて感想を述べて下さった。氷上氏のお仕事を見ていなかったら、中学生の頃に読んだ蘆花の文章が今回記憶の底から浮かんでくることもなければ、ここに引くこともなかっただろう。

そうした経緯もあってか、岩波書店の編集者の小田野耕明氏から、氷上氏の論文やエッセイを編んで岩波文庫の一冊として出版したいので、案を一緒に考えてくれないだろうか、という話をいただいた時に、多少迷ったものの、表向きは二つ返事で引き受けることになった。「多少迷ったものの」というのは、学識、文章力の点で、氷上氏の亡くなった年齢を超えた今も、まったく敵わない不肖の弟子だからである。

（1）「哲学という嘆きの壁」は氷上英廣『ニーチェとその時代』に、「ニーチェと世紀末」および「草田男とニーチェ」は同『ニーチェとの対話』（ともに岩波書店）にそれぞれ収められている。

（2）日本では大杉栄のニーチェが重要だが、この側面はアカデミズムのなかでは忘却されているに等しい。フランスのニーチェははじめから左派的な受容だったが、ドイツでもこれは重要な側面である。例えば以下の文献を参照。Taylor, Seth, *Left-Wing Nietzscheans. The Politics of German Expressionism 1910/1920*, Berlin, New York 1990.

（3）　コリン・ウィルソン『アウトサイダー』（中公文庫）上巻、一三二頁。

初出一覧

ニーチェの顔

氷上英廣教授還暦記念論文集刊行委員会編『ニーチェとその周辺』（朝日出版社、一九七二年）。のち氷上英廣『ニーチェの顔』（岩波新書、一九七六年）に収録。

犀・孤独・ニーチェ

『現代思想』一九七四年六月号。のち『ニーチェの顔』に収録。

アスポデロスの咲く野――ニーチェの遺産――

『ユリイカ』一九六九年八月号。のち氷上英廣『大いなる正午――ニーチェ論考』（筑摩書房、一九七九年）、同『ニーチェとその時代』（岩波書店、一九八八年）に収録。

ニーチェとエピクロス（一）

『現代思想』一九七四年一二月号。のち『ニーチェの顔』、『ニーチェとその時代』に収録。

ニーチェとエピクロス(二)
『図書』一九七五年八月号。のち『ニーチェの顔』に収録。
ET IN ARCADIA EGO——ニーチェにおける英雄的・牧歌的風景——
『ドイツ文学における伝統と革新——手塚富雄教授還暦記念論文集』(筑摩書房、一九六五年)。のち『大いなる正午』、『ニーチェとその時代』に収録。
ニーチェにおける「大いなる正午」
『大いなる正午』(筑摩書房、一九七九年)が初出。
ツァラトゥストラとゾロアスター
『武蔵大学人文学会雑誌』第四巻第三・四合併号、一九七三年。のち『ニーチェの顔』に収録。
ニーチェにおける脱ヨーロッパの思想
『講座 比較文学 第六巻 東西文明圏と文学』(東京大学出版会、一九七四年)。のち『ニーチェの顔』、『ニーチェとその時代』に収録。

ニーチェにおけるヘーゲル像
『理想』一九七〇年一〇月号。のち『ニーチェの顔』、『ニーチェとその時代』に収録。

斎藤茂吉とニーチェ——日本におけるニーチェ影響史への一寄与として——
『比較文学研究』第一一号、一九六六年七月。のち『大いなる正午』、氷上英廣『ニーチェとの対話』(岩波書店、一九八八年)に収録。

芸術の夕映——鷗外・ニーチェ・ワーグナー——
『学燈』一九七四年一〇月号。のち『大いなる正午』、『ニーチェとの対話』に収録。

『悲劇の誕生』私解——ニーチェとボードレール——
『学燈』一九八一年六月号。のち『ニーチェとの対話』に収録。

漁樵問答——ニーチェとハイデガー——
『現代思想』(臨時増刊)一九七九年九月。『ニーチェとその時代』に収録。

〔編集付記〕

一、本書の底本には、『ニーチェの顔』(岩波新書、一九七六年)を用いた。同書未収録の論考については、『大いなる正午——ニーチェ論考』(筑摩書房、一九七九年)、『ニーチェとその時代』(岩波書店、一九八八年)、『ニーチェとの対話』(岩波書店、一九八八年)を用いた。
一、底本の明らかな誤記・誤植は訂正した。
一、固有名詞の表記の揺れは、著者のその時々の用法を尊重し、そのままとした。
一、読みやすさを考慮し、振り仮名を付した。

(岩波文庫編集部)

ニーチェの顔《かお》 他十三篇

2019年8月20日　第1刷発行

著　者　氷上英廣《ひかみひでひろ》

編　者　三島憲一《みしまけんいち》

発行者　岡本　厚

発行所　株式会社　岩波書店
〒101-8002 東京都千代田区一ツ橋 2-5-5

案内 03-5210-4000　営業部 03-5210-4111
文庫編集部 03-5210-4051
https://www.iwanami.co.jp/

印刷・三陽社　カバー・精興社　製本・中永製本

ISBN 978-4-00-381271-6　　Printed in Japan

読書子に寄す

――岩波文庫発刊に際して――

岩波茂雄

真理は万人によって求められることを自ら欲し、芸術は万人によって愛されることを自ら望む。かつては民を愚昧ならしめるために学芸が最も狭き堂宇に閉鎖されたことがあった。今や知識と美とを特権階級の独占より奪い返すことはつねに進取的なる民衆の切実なる要求である。岩波文庫はこの要求に応じそれに励まされて生まれた。それは生命ある不朽の書を少数者の書斎と研究室とより解放して街頭にくまなく立たしめ民衆に伍せしめるであろう。近時大量生産予約出版の流行を見る。その広告宣伝の狂態はしばらくおくも、後代にのこすと誇称する全集がその編集に万全の用意をなしたるか。千古の典籍の翻訳企図に敬虔の態度を欠かざりしか。さらに分売を許さず読者を繋縛して数十冊を強うるがごとき、はたしてその揚言する学芸解放のゆえんなりや。吾人は天下の名士の声に和してこれを推挙するに躊躇するものである。このときにあたって、岩波書店は自己の責務のいよいよ重大なるを思い、従来の方針の徹底を期するため、すでに十数年以前より志して来た計画を慎重審議この際断然実行することにした。吾人は範をかのレクラム文庫にとり、古今東西にわたって文芸・哲学・社会科学・自然科学等種類のいかんを問わず、いやしくも万人の必読すべき真に古典的価値ある書をきわめて簡易なる形式において逐次刊行し、あらゆる人間に須要なる生活向上の資料、生活批判の原理を提供せんと欲する。この文庫は予約出版の方法を排したるがゆえに、読者は自己の欲する時に自己の欲する書物を各個に自由に選択することができる。携帯に便にして価格の低きを最主とするがゆえに、外観を顧みざるも内容に至っては厳選最も力を尽くし、従来の岩波出版物の特色をますます発揮せしめようとする。この計画たるや世間の一時の投機的なるものと異なり、永遠の事業として吾人は微力を傾倒し、あらゆる犠牲を忍んで今後永久に継続発展せしめ、もって文庫の使命を遺憾なく果たさしめることを期する。芸術を愛し知識を求むる士の自ら進んでこの挙に参加し、希望と忠言とを寄せられることは吾人の熱望するところである。その性質上経済的には最も困難多きこの事業にあえて当たらんとする吾人の志を諒として、その達成のため世の読書子とのうるわしき共同を期待する。

昭和二年七月

岩波文庫の最新刊

デ・アミーチス作／和田忠彦訳

クオーレ

少年マルコが母親を捜してイタリアから遠くアンデスの麓の町まで旅する「母をたずねて三千里」の原作を収録。親子の愛や家族の絆、博愛の精神を描く古典的名作の新訳。〔赤N七〇四-一〕 本体一一四〇円

サルスティウス著／栗田伸子訳

ユグルタ戦争 カティリーナの陰謀

古代ローマを震撼させた、北アフリカ王との戦争と、国家転覆未遂事件の記録。サルスティウスの端正なラテン語は、ローマ共和政の崩壊過程を克明に伝える。〔青四九九-一〕 本体一〇七〇円

柳井 滋・室伏信助・大朝雄二・鈴木日出男・藤井貞和・今西祐一郎校注

源氏物語（六）

柏木―幻

年もわが世もけふや尽きぬる――。薫誕生、柏木・紫上の死、そして源氏は？「柏木」から「幻」までの六帖を、精緻な原文と注解で読む、千年の物語。（全九冊）〔黄一五-一五〕 本体一二〇〇円

バリントン・ムーア著／宮崎隆次、森山茂徳、高橋直樹訳

独裁と民主政治の社会的起源（下）

―近代世界形成過程における領主と農民―

各国が民主主義・ファシズム・共産主義に分かれた理由を、社会経済構造の差から説明した比較歴史分析の名著。下巻では日本とインドを分析する。（解説＝小川有美）（全二冊）〔白二三〇-二〕 本体一四四〇円

……今月の重版再開……

鈴木信太郎訳

ヴァレリー詩集

本体一〇二〇円 〔赤五六〇-二〕

キケロー著／大西英文訳

弁論家について（上）（下）

本体各一〇一〇円 〔青六一一-四〕〔青六一一-五〕

ガルシーア・ロルカ作／牛島信明訳

三大悲劇集 血の婚礼 他二篇

本体九二〇円 〔赤七三〇-一〕

岩波文庫の最新刊

氷上英廣著／三島憲一編
ニーチェの顔 他十三篇

『ツァラトゥストラはこう言った』の名訳で知られる著者の味わい深い文集。テクストを時代に丁寧に位置づけ、風景のなかを逍遥する静謐なニーチェを描き出す。〔青N一二七-一〕 **本体一一三〇円**

マルセー・ルドゥレダ作／田澤 耕訳
ダイヤモンド広場

スペイン内戦の混乱に翻弄されるひとりの女性の愛のゆくえを、散文詩のような美しい文体で綴る、現代カタルーニャ文学の至宝。〔赤七三九-一〕 **本体七八〇円**

石割 透編
久米正雄作品集

「受験生の手記」「競漕」等の青春小説、繊細・印象派的な俳句、鋭敏なセンスの溢れた随筆など、久米の作品を精選する。〔緑二二四-一〕 **本体八五〇円**

永井荷風作
問はずがたり・吾妻橋 他十六篇

戦中戦後にわたり弛みなく書き継がれた「問はずがたり」、晩年を迎えた文豪が戦後の新たな情景を描き出した作品を精選。(解説＝岸川俊太郎)〔緑四二-一三〕 **本体八一〇円**

……今月の重版再開……

池田亀鑑・秋山虔校注
紫式部日記

本体四六〇円 〔黄一五-七〕

上田 薫編
西田幾多郎歌集

本体七八〇円 〔青一二四-八〕

プリーモ・レーヴィ作／竹山博英訳
休　戦

本体九七〇円 〔赤七一七-一〕

高木貞治著
近世数学史談

本体七八〇円 〔青九三九-一〕